财税法译丛　熊　伟　主编

英国维多利亚时代的纳税人与法律

以宪法冲突为视角

Chantal Stebbings
〔英〕尚塔尔·斯特宾斯　著
熊　伟　毛　彦　译

商务印书馆
The Commercial Press
CAMBRIDGE

This is a Simplified Chinese Translation of the following title(s) published by Cambridge University Press:

THE VICTORIAN TAXPAYER AND THE LAW
A Study in Constitutional Conflict
ISBN: 9780521899246

© Chantal Stebbings 2009

This Simplified Chinese Translation for the People's Republic of China (excluding Hong Kong, Macau and Taiwan) is published by arrangement with the Press Syndicate of the University of Cambridge, Cambridge, United Kingdom.

© The Commercial Press, Ltd. 2023

This Simplified Chinese Translation is authorized for sale in the People's Republic of China (excluding Hong Kong, Macau and Taiwan) only. Unauthorised export of this Simplified Chinese Translation is a violation of the Copyright Act. No part of this publication may be reproduced or distributed by any means, or stored in a database or retrieval system, without the prior written permission of Cambridge University Press and The Commercial Press.

本书根据剑桥大学出版社2009年版译出

Copies of this book sold without a Cambridge University Press sticker on the cover are unauthorized and illegal.

本书封面贴有Cambridge University Press防伪标签，无标签者不得销售。

作者简介

尚塔尔·斯特宾斯（Chantal Stebbings），埃克塞特大学法学与法制史名誉教授，皇家历史学会理事，剑桥大学税法中心客座研究员。曾任埃克塞特大学法学院院长。

译者简介

熊伟，法学博士，深圳大学法学院院长，特聘教授，中国法学会财税法学研究会常务副会长。

毛彦，法学博士，深圳大学法学院专职副研究员。研究方向为财政法、中国税法、国际税法。

总　序

　　译书是个苦差事，翻译法律书籍更是苦上加苦。不同国家有不同的法制传统，有的属于大陆法系，有的属于英美法系，同一个法系内部也是异彩纷呈。要想将不同背景的法学论著翻译成中文，使之准确对应中国法的名词术语，的确不是一件容易的事情，词不达意在所难免。因此，对于语言能力强的人来说，直接阅读论著原文，深入特定国度的具体场景，当然是最为理想的选择。

　　然而，对于中国财税法学来说，这个目标还显得比较遥远。目前学科还处在成长阶段，年龄较长的学者很少用外语，中青年学者出国交流学习的机会多，其中不乏外语能力很强的人，但大部分人还只是掌握英语，阅读一般的外文读物没有问题，能熟练查阅专业文献的并不多见。在财税实务部门中，这方面的人才更加欠缺。总体来说，我们对境外财税法的研究并不全面和深入。

　　另一方面，随着推进建立现代财政制度，近年来我国财税改革的实践如火如荼。不管是中央与地方的财政分权，还是预算管理制度的强化；不管是地方债的规制，还是政府与社会资本合作；不管是税收法定原则的落实，还是税收征收程序的完善，结合国情的制度创新都是核心内容，迫切需要财税法学界提供理论支持，包括有关外国

i

学说和制度的借鉴。

尽管财税法发展离不开本土经验的总结,但这个领域总体来说是舶来品。基于市场经济的愿景,各国在观念、制度、规则和应用等方面有共通之处。外国学者的成果,不管是基础理论提炼方面的,还是历史梳理及制度比较的,抑或是规则阐释及应用方面的,只要考据翔实、言之成理,对提升我国立法、执法、司法以及研究的水平,应该都会有所裨益。

二十年来,我国财税法学经历了"摇旗呐喊""跑马圈地",现在需要进入"精耕细作"的阶段。译介外国的论文著作、法律文本,有的放矢地学习国外先进的治学方法和法治经验,方便财税法学者从事比较研究,方便政策制定者了解国际动态,这是学科精耕细作的必然要求,民法学、行政法学、宪法学、刑法学都经历了这个过程,新兴的财税法学也不可逾越。

鉴于此,笔者不揣冒昧,积极从各个方面争取资源,策划组织"财税法译丛",并得益于金莹莹编辑的帮助,在商务印书馆成功立项。作为总主编,我深知此事之艰难,除了需要不时亲自示范,直接参与翻译工作,更为重要的是,要认真筛选待译文献,物色合适的翻译人员,为译稿质量最终把关,为出版筹集足够经费,等等。但兹事体大,不敢犹豫,只有迎难而上。

这套丛书的顺利出版,要感谢商务印书馆的支持,感谢中国财税法学研究会会长、北京大学刘剑文教授的鼓励。约克大学奥斯古德霍尔(Osgoode Hall)法学院的李金艳教授、不列颠哥伦比亚大学法学院的崔威教授、悉尼大学商学院的Antony Ting教授、香港中文大学法学院的许炎教授、南开大学法学院杨广平教授积极推荐优秀著作，国内不少中青年学者和实务专家纷纷表示愿意加入翻译团队，这份热情让我感动，借此机会一并表示感谢。

译丛的选题覆盖财政法和税法，既可以是理论性的思想探索，也可以是制度方面的比较研究，还可以是行政或司法案例的分析整理，作者的国别不限，书稿的语言不限，只要是优秀的作品，版权方面不存在争议，都可以列入选题范围。恳请各位师友不吝荐稿，并帮助联系作者和出版社，也欢迎有志之士加入翻译团队。如有慷慨者愿意资助出版，更是功德无限。

随着"财税法译丛"项目的推进，一本又一本优质图书将被引入国内，与学术研究者、政策制定者、法律执行者见面，成为中外思想交流的又一平台，成为推动我国税法学进步的新动力。这一幕情景虽然需要付出非常努力，却无比令人向往，值得我和学界同仁一起去实现。笔者相信，所有投身于这项事业的人，其收获的快乐将远超预期。

此为序，与诸君共勉！

熊　伟

2017年9月8日

译者序

纳税人、法律、权利保障以及宪法冲突，毫无疑问，这是一组充满张力的概念组合。尚塔尔·斯特宾斯教授运用一种独到而精湛的税法史研究手法，将我们熟悉的纳税人权利保护话题，回溯到18世纪维多利亚时代的英国，在一个独特的场域内展开宪法性的论辩。彼时的英国纳税人，身处政治、经济、文化、社会乃至法律变革的工业革命时期，偏爱来自法律的保障，尤其热衷以英国宪法为理据，为其法律保障措施辩护。彼时的英国中央政府，一改"小政府"、自由放任与地方主义的传统意识形态，开始积极作为，企图在王室、议会与地方政府共同组成的税收权力版图中攫取利益。彼时的英国宪法以及纳税人法律保障措施也展现出强大力量，虽然在部分领域遭到削弱，但是纳税人权利保护的基本内核依旧完好。一个时局动荡的变革时代，议会、中央政府、地方政府以及司法机关轮番登场，在纳税人与法律关系的场域内上演一场场宪法冲突以及权利捍卫的戏码。本书便以此为脉络，娓娓道来。

本书围绕着英国维多利亚时代的三项纳税人法律保障措施展开：议会的宪法保障、地方主义的行政保障以及司法保障。这些保障措施历经百年，构成英国纳税人权利的坚实堡垒。在法律保障之下，议会经过长时间的审查和辩论，以"人民代表"之姿行使征税同意权，而人民只依据议会颁布的法律纳税；税收征管工作主要交由特定的地方机构负责，地方主义替中央政府的干预行动套上"紧箍咒"；当税务争议产生，当事人有权诉诸税务裁判庭和普通法院，享受着来自司法系统的有力救济。本书从宪法冲突的视角出发，以维多利亚时代的纳税人与法律关系为核心，由"议会、中央政府、地方行政机关、司法机关以及纳税人"充当主要角色，描绘出一个相对完整却又动态调整的纳税人法律保障机制，以及英国纳税人权利与国家课税权力之间的动态平衡。

即使当下，无论英国还是中国，建立和维护纳税人的法律保障机制仍然是各国税法需要共同面对的关键命题。不论处于维多利亚时代的英国工业革命时期，还是身处中国财税体制改革的浪潮之中，纳税人权利保护制度的构建和完善始终面临着来自公权与时代的严峻考验。今日的世界，正经历着"百年未有之大变局"，这是我们与维多利亚时代的英国人共同面对的挑战。一方面，当今全球各个主权国家内部的政治板块和国际关系正发生着激烈变动，牵动着税收法律与政策的制定方向；另一方面，全球化进程的摇摆以及技术爆炸，让主权国家和纳税人无不正视税法的复杂性、纳税人权利以及全球范围的税基侵蚀与利润转移问题。在数字经济的时代背景下，如何恪守国家税基不受侵蚀，如何保护纳税人的合法权利，与百年之前的维多利亚时代一样，都是备受瞩目的话题，也是财税学人研究的永恒命题。尚塔尔·斯特宾斯教授采用税法史的研究径路，为纳税人权利保护研究提供了一个全新的视角；而维多利亚时代的英国如何应对时代挑战，也为中国纳税人权利保障的研究和制度建设提供了新鲜素材。

感谢北京金诚同达律师事务所王朝晖律师对本书翻译和出版的支持。财税法学术事业的发展，专业服务人士的支持功不可没。商务印书馆编辑金莹莹女士对财税法译丛的坚持，也是本书得以面世的重要原因，在此特致敬意。

囿于时间和精力，加之本书涉及百年之前英国政治、经济、法律以及社会领域的诸多内容，译文表述难免存有错漏与不当之处，敬请广大读者不吝指正。

熊伟　毛彦
2021年10月4日

献给我的儿子，马克

目　录

致　谢 ··· 1

缩略语 ··· 2

第一章　英国法律中纳税人保障机制的建立 ························ 3
序　言 ··· 3
第一节　工商业新时代的来临 ··· 8
第二节　财政应对 ·· 18
第三节　议会保障 ·· 21
　　一、实质性的宪法保障 ·· 21
　　二、议会的程序性保障 ·· 27
第四节　地方主义的行政保障 ·· 30
　　一、地方主义模式的本质 ·· 30
　　二、地方主义的采用 ·· 34
　　三、地方主义的保障属性 ·· 37
第五节　司法保障 ·· 42
　　一、法律解释 ··· 44
　　二、裁判 ·· 48
　　三、司法监督 ··· 50

第六节　纳税人法律保障的实现渠道……56
　　一、获取税法知识的渠道……56
　　二、申诉程序的可及性……61
第七节　小结……62

第二章　纳税人的宪法性议会保障……65
第一节　引言……65
第二节　议会同意的削弱……66
　　一、行政机关的角色……66
　　二、1913年《临时征税法》……73
第三节　两院之间的紧张关系……83
　　一、1860年《纸张税法案》……84
　　二、1911年《议会法》……87
第四节　议会改革的影响……92
　　一、下议院的主导地位……92
　　二、议会辩论的限缩……93
　　三、下议院中的行政力量……95
　　四、议会审查的质量……98
第五节　小结……101

第三章　地方主义的行政保障……103
第一节　引言……103
第二节　行政机关的角色……109
第三节　行政权与地方主义……112
　　一、地方专员……114

目录

  二、来自国内税务局的控制……119

 第四节 对地方主义的挑战……124

  一、正式干预……124

  二、对地方主义的非正式侵蚀……135

 第五节 地方主义的政府替代品：所得税特别专员……137

 第六节 小结……143

第四章 司法保障……145

 第一节 引言……145

 第二节 税法解释……145

  一、恪守字面文义方法……145

  二、税收立法的本质……159

  三、法律的行政解释……167

 第三节 上诉至法院……170

  一、对税务案件上诉的态度……170

  二、上诉权的扩张……175

 第四节 监督保障的强化：提审令的扩张……180

 第五节 小结……186

第五章 纳税人保障的实现渠道……188

 第一节 引言……188

 第二节 税法的可及性……189

 第三节 上诉机构的可及性……202

  一、申诉权……202

  二、上诉的提出……207

三、费用因素 ………………………………………… 209
　　四、位置因素 ………………………………………… 212
　第四节　专家建议 ………………………………………… 215
　第五节　小结 ……………………………………………… 222

第六章　纳税人、宪法与同意权 ……………………………… 226
　第一节　维多利亚时代纳税人的法律保障 ……………… 226
　第二节　人民支持变革 …………………………………… 232
　第三节　纳税人保障遭受侵蚀的反对声浪 ……………… 237
　第四节　对国家干预的态度 ……………………………… 245
　第五节　合宪性 …………………………………………… 251
　　一、宪法论辩的合法性 ……………………………… 257
　　二、宪法渊源的影响 ………………………………… 267

　结　　语 …………………………………………………… 278

法规列表 ……………………………………………………… 281
案例列表 ……………………………………………………… 286
索　引 ………………………………………………………… 292

致　谢

本项目得到了勒弗尔姆信托基金（Leverhulme Trust）专业研究奖金的资助。我非常感谢勒弗尔姆信托基金慷慨的支持，没有它，自己就不可能有持续研究和写作的时间。我想感谢剑桥大学皇后学院税法教授、研究员、大英帝国司令勋章（CBE）获得者、英国国家学术院院士（Fellow of The British Academy, FBA）约翰·泰利（John Tiley）教授，感谢他对这项工作的鼓励，并在我频繁访问剑桥大学税法中心时对我表示热忱的欢迎。我也要感谢剑桥大学乡绅法律图书馆的馆员大卫·威尔斯先生，感谢他在我询问时给予慷慨的帮助；感谢德文和埃克塞特协会图书馆的罗杰·布莱恩先生，感谢他在我撰写本书的过程中提供的便利和一如既往的周到；感谢世界各地大学院校的朋友和同事，他们愿意与我进行深入的讨论，对我来说，他们的见识和专业知识是极为宝贵的。当然，本书文责自负。最后，向一直支持我的家人们再次致以特别的感谢，在过去的四年里，他们一直忍受着维多利亚时代纳税人的问题：感谢马克和詹妮，他们乐于助人，拥有很好的洞察力，我非常珍视他们正在开展的研究；感谢我的丈夫霍华德，他始终以他一贯的热情、洞察力和矢志不渝的爱阅读着每一章的草稿。

缩略语

案例：案件判决的引注已使用标准的缩写格式，依据唐纳德·雷斯特里克（Donald Raistrick）：《法律引注和缩写索引》（*Index to Legal Citations and Abbreviations*），第二版（London: Bowker-Saur, 1993）。

BTR	*British Tax Review*《英国税务评论》
CIR	Commissioners of Inland Revenue 国内税务局主管专员
DRO	Devon Record Office 德文郡档案局
HCPP	House of Commons Parliamentary Papers 下议院议会文件
Parl. Deb.	Parliamentary Debates 议会辩论
TNA: PRO	The National Archives: Public Record Office 国家档案馆

第一章　英国法律中纳税人保障机制的建立

序　言

美国大法官霍姆斯曾说过："税收是我们为文明社会付出的代价。"[1]一直以来，英国人民以税收的形式向国家支付公共管理的费用，国家则向人民提供有效、健全的政府服务、国防以及基础设施等公共服务。[2]国家能否实现有效治理，很大程度上取决于它的财政状况，国家与人民之间关系的核心便是征税权，而税法成为描述国家与人民关系的主要场域。无论是创设新税种，还是提高既有税种的税率，都是具有重大宪法意义的行为。而征税权也成为国家权力及其合法性的体现。课税是为实现国家的有效治理，而且拥有潜在的正当性，因此成为国家主权的一种象征。在税收领域，私人利益与中央政府利益之间发生着直接而持久的冲突。这种紧张关系难以避免，原因在于，不论纳税本身是否值得或有无必要，大多数人并不愿

---

[1] *Compañía General de Tabacos v. Collector* 275 US 87 (1927) at 100 per Holmes J.
[2] J. S. 密尔（Mill），《政治经济学原理》（*Principles of Political Economy*），第六版，人民版（London: Longmans, Green & Co., 1896），第五册，第483页。

意向政府支付税款，由此引发纳税遵从的困难。国家与人民之间这种根深蒂固的紧张关系源于以下三个因素。第一，税收侵犯了人民的私人财产权，私人财产权作为一项基本权利，是英国人民拥有的三项绝对权利之一，[3]是个人自由的重要体现。[4]因此，私人财产权受到英国人民的高度重视，并且在英国的传统政治思想中占据重要地位。[5]因为私人财产权神圣不可侵犯，同时受到法律的保护，[6]所以捍卫私人财产权成为反对任何新税开征的共同思想基础。[7]然而，税收被视为"牺牲部分公共财产……以实现社会整体利益"。[8]这确实是一种牺牲，但属于必要的恶。第二，从国家与人民关系的本质而言，二者之间的权力配比存在天然的不均衡，相较于国家拥有的强大公权力，个人的弱势地位在税收领域更为凸显。多数纳税人属于普通的中产阶级，但是即使身处富裕阶层，个体在国家公权面前也显得

---

[3] 威廉·布莱克斯通爵士（Sir William Blackstone），《英国法释义》（*Commentaries on the Laws of England*），1783年版（printed for W. Strahan and T. Cadell, London and D. Prince, Oxford），共4卷（New York: Garland Publishing Inc., 1978），第1卷，第138页。同时参见第127—140页。

[4] 参见简·弗雷克纳尔·休斯（Jane Frecknall Hughes），《税收概念与启蒙时代》（The Concept of Taxation and the Age of Enlightenment），载约翰·泰利（John Tiley）主编，《税法史研究（二）》（*Studies in the History of Tax Law II*）（Oxford and Portland, Oreg.: Hart Publishing, 2007），第256—265页。

[5] W. R. 科尼什（Cornish）、G. de N. 克拉克（Clark），《1750—1950年英国的法律与社会》（*Law and Society in England 1750-1950*）（London: Sweet & Maxwell, 1989），第3页。

[6] 9 Hen. III c. 29 (1225).

[7] 例如，三倍评定税被谴责为"肆意蔑视财产的行为"，参见《议会历史》（Parliamentary History）第33卷，第1111—1112栏，1797年12月14日，报告人：查尔斯·詹姆斯·福克斯（Charles James Fox）。

[8] 同上文献，第1075栏，1797年12月4日，报告人：威廉·皮特（William Pitt）。参见弗雷克纳尔·休斯，《税法概念》，第262—263页。

无力和渺小。[9]于是,当国家主张资金需求时,作为个体的纳税人可能无法做出任何有效的应对措施,只能被动地缴纳国家所需的税款。英国的政治演进过程表明,随着国家财政需求的增长,国家的权力、权威和资源也随之扩张,纳税人个体将不可避免地处于从属地位,在国家公权力面前也更显脆弱。第三,税收高度属人化的特点,尤其在直接税领域,加之纳税评定与税收征收的机制,促使国家与纳税人之间建立一种紧密且持续的关系。这种关系致使税收成为强势的国家权力的一种高度可见且具象化的表达,纳税人可以清晰感受到国家权力对其个人权利的影响。以上三种因素相结合,导致税收成为政府与人民关系中的高度敏感区域。的确,税法的历史本身就是国家权力与人民权利之间相互妥协的过程。纳税人之所以同意缴纳税款,是为了换取国防安全和可靠的政府。[10]但是,基于纳税人和国家之间的内在紧张关系与紧密连结,纳税人会不时发出质疑,这种安排是否会导致国家滥用其优势地位,以牺牲私人财产权为代价的公共财政需求是否符合纳税人的偏好。[11]

很明显,税法就其本质而言是一种限制措施,它主要表现为"国家警察权(Police Power)运行中最广泛和最特殊"的一种权力。[12]税法以刑事制裁为后盾迫使纳税人依法缴纳税款,并规定了针对纳税

---

9 参见《泰晤士报》(*The Times*)1864年6月29日,第9页f栏;1864年7月7日,第14页a栏。

10 关于洛克的社会契约理论,参见弗雷克纳尔·休斯,《税法概念》,第261—262页。

11 约翰·布斯(John Booth),《国内税务局……是圣人还是罪人?》(*The Inland Revenue ... Saint or Sinner?*)(Lymington: Coracle Publishing, 2002),该书的作者认为,这一平衡显然有利于国内税务局。

12 约翰·泰利,《税法》(*Revenue Law*),第四版(Oxford: Hart Publishing, 2000),第9页。

人财产和收入信息的强制披露制度。正是由于这种限制的强大威力,引发了纳税人对权利保障机制的强烈渴求。[13] 13世纪时布雷克顿(Bracton)曾说,国王居于上帝和法律之下。[14] 法律对英国的政府体制不可或缺,政府是法律的仆人,而非法律的主人。正如威廉·布莱克斯通所观察到的那样,法律是"每个人生命、自由和财产的最高裁决者"。[15] 因此,英国纳税人主张寻求法律的保护。在税收领域,纳税人只有依赖法律才能确保政府不会滥用其强势地位。这种具有公民权利保障属性的法律同样契合着英国的国家利益。虽然国家利益同样需要保护,例如纳税评定不得过分宽松恣意,但纳税遵从的重要性是不言自明的,其中最佳的方式便是向纳税人提供一套机制,确保公民的应纳税额计算准确,且严格依照立法文本的规定。只有发挥法律保障的作用,才能促进公众合作的行稳致远。更有甚者,法律保障的缺位可能导致国家征税权滥用,不可避免地加剧纳税人与国家之间的紧张关系,并由此引起纳税人对税收的广泛抵触。针对这一点,已经有大量的证据可以证明。一旦强征滥取,课税很容易引起纳税人的不满与反抗,国家与纳税人之间关于税收性质或范围的争议,甚至成为西方世界政治革命的主要动因。[16] 英国内战、美国独

---

[13] 关于"纳税人",参见詹姆斯·科菲尔德(James Coffield),《收税者》(*Tax Gatherers*)(London: Hutchinson, 1960),第10页。

[14] 乔治·E. 伍德宾(George E. Woodbine)主编,《布雷克顿关于英国法律和习俗的研究》(*Bracton on the Laws and Customs of England*),塞缪尔·S. 索恩(Samuel S. Thorne)译,共4卷(Cambridge, Mass.: Harvard University Press, 1968),第2卷,第33页。

[15] 布莱克斯通,《释义》,第1卷,第141页。

[16] 参见H. C. G. 马修(Matthew),《迪斯雷利、格莱斯顿与维多利亚中期预算中的政治》(*Disraeli, Gladstone, and the Politics of Mid-Victorian Budget*),载《历史杂志》(*Historical Journal*)(1979年)第22卷,第615—616页。

立战争和法国大革命的爆发,尽管程度不同,均是源于中央政府无节制地滥用这种强制性工具。国家在财政与政治方面的需求,使得有必要为纳税人建立起完整的法律保障机制,进而定义了纳税人与法律之间关系的性质。

纳税人对税收的考量并不限于经济和道德因素,虽然这两个因素促使税收领域内产生公正、平等和适度管理等观念,[17]并能在税收政策的制定和公民税收意识的发展中发挥重要功用。[18]他们更为渴望的是来源于法律的保障,渴望通过基于议会民主的宪法性保障机制,在课税程序中能发挥自身的作用;也渴望得到一个无可争辩的权利,即仅须按照议会通过的税法,支付议会同意国家征收的税款。这可以确保国家征税不会超越议会和法律的限制,确保国家课税权合法行使,而不是恣意妄为。纳税人还享有两项特殊的税收法律保障措施,以防出现过度或不公正的纳税评定,分别是地方征管和司法机关的最高强制力。而前述三项法律保障措施,即宪法性

---

17 尤其是亚当·斯密(Adam Smith)提出的税收四大经典原则,参见亚当·斯密,《国民财富的性质和原因的研究》(*An Inquiry into the Nature and Causes of the Wealth of Nations*),R. H. 坎贝尔(Campbell),A. S. 斯金纳(Skinner),W. B. 托德(Todd)主编,共2卷(Oxford: Clarendon Press, 1976),第2卷,第5册,第2章,第825—828页。参见H. 劳埃德·里德(Lloyd Reid),《英国纳税人的权利》(*The British Tax-Payers' Rights*)(London: T Fisher Unwi, 1898),第210页。在当代关于税收的辩论中,充斥着公平的理念,参见亚瑟·赫勒尔德(Arthur Herald):《乌托邦中的所得税》(*The Income Tax in Utopia*)(Letchworth: Garden City Press Ltd., 1917),第5页;*Young v. IRC* (1875) 1 TC 57 at 61。

18 关于避税的普遍观点,参见G. S. A. 惠特克罗夫特(Wheatcroft),《立法机关和法院对避税的态度》(*The Attitude of the Legislature and the Courts to Tax Avoidance*),载《现代法律评论》(*Modern Law Review*)(1955年)第18卷,第212页;亨克·沃尔丁(Henk Vording),《广义税收概念的规范背景》(*The Normative Background for a Broad Concept of Tax*),载布鲁诺·皮特斯(Bruno Peeters)主编,《税收概念》(*The Concept of Tax*),荷兰国际财政文献局,第3辑(Amsterdam: IBFD, 2008),第30—48页。

的议会保障、地方主义的行政保障和普通法院的司法保障,构成一套相对完整的法律保障体系,以保护纳税人免受国家及其税务机关的肆意侵犯。

第一节 工商业新时代的来临

由议会、地方行政和司法共同搭建的纳税人法律保障机制,诞生于英国以农业经济为主导的时期。这一时期的社会经济环境与19世纪英国维多利亚时代截然不同。当时英国国内工商业的规模较小,通常属于本地化的家庭经营,无需太多资本。劳动力的组织形式通常是个体或小型的团队,其中多数是在家中完成相应的工作。工人所使用的工具和机器并不复杂,动力的使用范围、可靠性、持续性等方面均受到限制,只有对外贸易在规模效应和资本投入方面受到重视。这种社会形态反映出当时的英国仍然高度依赖农业经济。因此,土地成为当时英国政治权力、社会地位和物质财富的基础和载体;社会的主要关注焦点仍然在乡村或小型城镇,这些地区的人口规模较小且交流方式有限。[19]

英国当时的财政体制与此相适应。在维多利亚时代之前,英国的财政收入主要源于消费税和关税等间接税,而只有国家出现紧急情况时才会征收直接税,通常是战争爆发时。当时主要的直接税为土地税。最初,土地税的征税范围包括不动产、个人财产与所得等多

---

19 参见M. J. 唐顿(Daunton),《进步与贫困》(*Progress and Poverty*)(Oxford University Press, 1995)。

种类型。[20]但是到18世纪末,土地税的征税范围逐渐限缩,演变成为永久征收的纯粹土地税。[21]虽然英国的土地税一直持续地征收,构成对土地所有人的真实负担,[22]但这一税种的重要性和有效性却逐渐降低,直至1798年法律最终规定了土地税的买断政策(redemption)。[23]因为战争的需要,威廉·皮特(William Pitt)转而寻求其他筹集财政收入的方法,他将目光转向存在已久的针对奢侈商品征收的评定税,扩大了它的征税范围,包括著名的窗户税和住宅税,并将该税的征税范围扩展到仆人、马匹与各类马车。[24]基于庞杂的免税政策,这

20　38 Geo. III c. 5 s. 2 (1797).

21　参见《国内税务局主管专员第十三次报告》(CIR Thirteenth Report), HCPP (1870) (82, 82-1) xx 193, 377;查尔斯·威尔逊(Charles Wilson),《1603—1763年英格兰学徒制度》(England's Apprenticeship 1603-1763) (London: Longman, 1965),第130—131页;普雷托·W. 钱德勒(Pretor W. Chandler),《土地税:诞生和征管》(The Land Tax: its Creation and Management) (London: Reeves & Turner, 1899);W. R. 沃德(Ward),《十八世纪英国土地税》(The English Land Tax in the Eighteenth Century) (London: Oxford University Press, 1953);保罗·兰福德(Paul Langford),《1689—1798年的公共生活与英国有产者》(Public Life and the Propertied Englishman 1689-1798) (Oxford: Clarendon Press, 1991),第339—366页;J. V. 贝克特(Beckett),《土地税或消费税:十七和十八世纪英国的税收征管》(The Levying of Taxation in Seventeenth-and Eighteenth-Century England),载《英国历史评论》(English Historical Review) (1985年)第100卷,第285页;威廉·菲利普斯(William Phillips),《要求无需鲜花》(No Flowers, By Request),载《英国税务评论》(BTR) (1963年),第285页。

22　参见R. A. C. 帕克(Parker),《十八世纪科克地区不动产的直接税》(Direct Taxation on the Coke Estates in the Eighteenth Century),载《英国历史评论》(1956年)第71卷,第247页。

23　38 Geo. III c. 60 (1798). 参见《议会历史》第33卷,第1434—1454栏,1798年5月9日;匿名(Anon.),《关于土地税买断法的思考》(Considerations on the Act for the Redemption of the Land Tax) (London: J. Payne, 1798)。

24　有关这些税收的历史,参见斯蒂芬·道尔(Stephen Dowell),《英国税收历史》(A History of Taxation and Taxes in England),共4卷(London: Longmans, Green & Co, 1884),第4卷。

一税种的征收变得十分复杂,而且获得的财政收入有限。1798年,威廉·皮特开始征收一种全新且具有重要意义的税种,即三倍评定税*,根据上一年度纳税评定额的倍数进行征收。[25]在18世纪的最后一年,威廉·皮特引入所得税,一项针对各类主要所得普遍征收的全新税种。[26]但是所得税的征收情况最初并不理想,直至1803年亨利·阿丁顿(Henry Addington)进行实质性的程序改革后,所得税才获得成功。[27]然而,各类直接税的收入并不高,关税、消费税和印花税的收入总和远远超过直接税。[28]各国政府之所以倾向于征收间接税,不仅是因为间接税征管便利,而且是因为它们可以对财富进行

---

* 三倍评定税(triple assessment)依据1798年《三倍评定税法》(1798 Triple Assessment Act)征收,是一种基于"上一年度缴纳的评定税额",按照不同倍数(通常为上一年度应纳税额的0—5倍)缴纳的税收,由于多数人支付3倍于之前的税收,因此称之为三倍评定税。参见斯科特·N.杜里亚(Scott N. Duryea):《威廉·皮特,英格兰银行,以及1797年暂停纸币支付:拿破仑战争时期中央银行的战争财政政策》(William Pitt, The Bank Of England, And The 1797 Suspension Of Specie Payments: Central Bank War Finance During The Napoleonic Wars),载《自由主义者报》(Libertarian Papers)(2010年)第2卷,第11页。另可参见http://humanities.uwe.ac.uk/bhr/Main/income_tax/incometax_2.htm,最后访问日期:2021年9月23日。——译者

25　38 Geo. III c. 16 (1798).

26　39 Geo. III c. 13 (1799). 关于所得税的历史,参见B. E. V. 萨宾(Sabine),《所得税的历史》(A History of Income Tax)(London: George Allen & Unwin Ltd, 1966);皮特·哈里斯(Peter Harris),《普通法管辖范围内的所得税》(Income Tax in Common Law Jurisdictions),载《剑桥税法论丛》(Cambridge Tax Law Series)(Cambridge University Press, 2006); B. E. V. 萨宾,《巨额预算:皮特的1799年预算》(Great Budgets: Pitt's Budget of 1799),载《英国税务评论》(1970年),第201页;《国内税务局主管专员第十三次报告》,第326—327页。

27　43 Geo. III c. 122 (1803). 参见A. 法恩斯沃思(Farnsworth),《阿丁顿:现代所得税的书写者》(Addington: the Author of the Modern Income Tax)(London: Stevens and Sons, 1951)。

28　帕特里克·K.奥布莱恩(Patrick K. O'Brien),《1660—1815年英国税收的政治经济学》(The Political Economy of British Taxation, 1660-1815),载《经济史评论》(Economic History Review)(1988年)第41卷,第1页。

精准课征。英国公共财政收入主要源于古老的关税,[29]针对烈酒、啤酒、葡萄酒和烟草进行征收。税款先由进口商品的商人向政府支付,而后转嫁给消费者。消费税设立于1643年,是当时英国应对内战的财政措施之一,在18世纪是政府财政收入的重要来源。[30]这一时期消费税的征税对象囊括各类国内消费品和原材料,包括但不限于啤酒、麦芽、烈酒、肥皂、食盐、玻璃、茶叶、咖啡、烟草和纸张。然而,在当时的所有税种中,消费税遭遇到纳税人最为强烈的抵触和不满,主要因为其征税对象是生活必需品而非奢侈商品。作为普通民众,奢侈品税可以避免,而消费税却难以避免。与此同时,消费税的征收管理同样存在问题。布莱克斯通注意到,"就消费税这个名称而言,就已经足够令英国纳税人憎恶了"。[31]甚至,在消费税开征后还曾发生过严重的暴力抗争。[32]18世纪,消费税和关税收入均呈

---

29 关于关税的历史,参见《关税主管专员的第一次报告》(First Report, Commissioners of Custom),HCPP (1857) (2186) iii 301, 第358—376页。参见罗纳德·马克斯·哈特韦尔(Ronald Max Hartwell),《工业革命时代英格兰的税收》(Taxation in England during the Industrial Revolution),载《加图杂志》(Cato Journal) (1981年)第1卷,第145页;约翰·克雷格爵士(Sir John Craig),《官僚作风的历史》(A History of Red Tape) (London: Macdonald & Evans Ltd, 1955),第91—96页;威廉·菲利普斯,《任何需要申报的事项》(Anything to Declare),载《英国税务评论》(1965年),第226页。

30 哈特韦尔,《英格兰的税收》,第145页;克雷格,《官僚作风》,第99—101页。

31 布莱克斯通,《释义》,第1卷,第321页。参见威尔逊,《英格兰学徒制度》,第129—130页。

32 迈克尔·J. 布拉迪克(Michael J. Braddick),《公众政治和公共政策:1647年2月史密斯菲尔德的消费税暴动及其后果》(Popular Politics and Public Policy: the Excise Riot at Smithfield in February 1647 and its Aftermath),载《历史杂志》(1991年)第34卷,第597页;斯蒂芬·马修斯(Stephen Matthews),《1805年托克斯伯里的税收暴动》(A Tax Riot in Tewkesbury in 1805),载《英国税务评论》(2002年),第437页。

现增长趋势，[33]并在19世纪初达到顶峰。随后消费税收入同关税一样，在自由贸易的驱使下开始下降。除此之外，1694年引入的印花税也是源于英国政府对法战争[34]的财政资金需求。印花税的征税范围包括记载合法交易的牛皮纸、羊皮纸或普通纸张，以及各类证照、印花税票、书册以及报刊。[35]印花税可以是根据应税物品性质征收的定额税，也可以是根据应税物品价值而征收的从价税。1694年遗嘱检验税[*]开始征收，这是一种关于遗嘱认证或管理文件的印花税。而遗产税（Legacy Duty）最初也是一种印花税，其可追溯至1780年，[36]针对遗产中的动产进行征收。二者主要适用于因死亡而留下的个人财产。

1837年维多利亚女王登基时，英国的经济和社会各领域正处于历史性的变革时期，国民生活样态也随之改变。此时的英国逐渐从依赖农业经济的国家转变为世界领先的工业国家。工业技术的发展

---

[33] 参见爱德华·卡森（Edward Carson），《直至十八世纪的税收发展》（The Development of Taxation up to the Eighteenth Century），载《英国税务评论》（1984年），第237页；格雷厄姆·史密斯（Graham Smith），《需要申报的事项》（Something to Declare）（London: Harrap, 1980）。

[34] 5 & 6 Will. & M. c. 21 (1694)．参见R. S. 诺克（Nock），《1694年以及诸如此类事项》（1694 And All That），载《英国税务评论》（1994年），第432页。

[35] 参见宝琳·萨德勒（Pauline Sadler）、林恩·奥茨（Lynne Oats），《"文学世界的大危机"——1712年对报纸和书册征收印花税》（"This Great Crisis in the Republick of Letters" – The Introduction in 1712 of Stamp Duties on Newspapers and Pamphlets），载《英国税务评论》（2002年），第353页。

* 遗嘱检验税（Probate Duty）作为1694年《印花税法》的一部分，引入英格兰地区。这是一种固定税率的税收，取决于被继承人的个人财产数额，并以印花税的形式征收。参见R. W. 卡林顿（Carrington）：《遗产税》（Death Duties），载《弗吉尼亚法律评论》（Virginia Law Review）（1920年）第6卷，第568页。——译者

[36] 20 Geo. III c. 28 (1780)．另可参见36 Geo. III c. 52 (1796)。关于这些税种的历史，参见《国内税务局主管专员第一次报告》，HCPP (1857) (2199 sess.) iv 65, 附录10。

促使蒸汽动力代替人工劳动力,并不断激发优质钢铁生产和工业机械化的发展潜力。交通行业的发展则表现在道路和运河的发展方面。随着美国、印度和远东新市场的逐步开放,英国海外贸易的规模开始激增。煤炭、钢铁和棉花制造行业均呈现快速扩张的趋势。与此同时,铁路行业的发展也令人刮目相看。这些成果均源于市场扩张以及人口增长所提供的可用劳动力。规模化生产和重工业开始在英国经济中占据主导地位,各个城镇坐落于工业中心城市的周围,而伦敦也成为新兴的金融中心和商业中心。上述所有变化与发展都是相互联系的,工业进步与经济发展相互促进。英国繁荣的商业、发达的工业、国家自信以及全球影响力在1851年世界博览会上展露无遗,而这一时期的繁荣景象反映在当时的生产统计数据中。[37] 英国经济在19世纪保持着高速而持续的增长,[38] 到1870年已经远超其欧洲邻国与美国。除此之外,一种新兴的商业财富基金在英国应运而生。原本土地上所附着的政治、经济和社会价值逐渐下降,开始以货币占有量代表财富多寡,以股份银行、公共事业和大英帝国扩张为载体的股票和债券等新兴投资形式颇受民众追捧。[39] 这些新型商业机会大大增加了财富获取和经济运行的复杂性。更好的通信和邮政服务逐步将工作节奏提高到前所未有的程度,商业运作模式也变得越来越精致。因此,工业革命彻底改变了英国的工商业模式,并深刻形塑着英国的社会、政治局势以及未来发展的前景和重点。

与此同时,英国社会和经济中出现的新情势几乎挑战着英国法

37　科尼什、克拉克,《法律与社会》,第5页。
38　《国内税务局主管专员第五次报告》,*HCPP* 1872 (646) xviii 259,第318页。
39　参见P. L. 科特雷尔(Cottrell),《十九世纪英国海外投资》(*British Overseas Investment in the Nineteenth Century*)(London: Macmillan, 1975)。

律体系的各个方面,[40]该法律体系的内容、结构、程序和机制均沿袭于中世纪。当面临政治、社会和经济等各个领域的压力时,英国既有的法律程序和制度被迫寻求革新。随着全国人口的不断增长以及乡村向城市的人口迁移,英国主要城市出现人满为患的情况以及各类城市问题,[41]急需政府进行有效的社会治理,这对政府体制是一个巨大的考验。工厂与冶金行业内极端恶劣的工作环境、[42]对未成年劳动力的严重剥削导致新的公共健康和劳工安全问题,随处可见的贫困人口挑战着陈旧的济贫法律体系。[43]以往规制主仆关系的法律从未关注工厂中出现的新型劳动关系。与此同时,拥挤的城市环境以及被新兴工作方式侵蚀的家庭关系可能导致犯罪率的上升,既有的刑法无法对此做出有效因应。当商业营利与道德戒律产生冲突时,传统的财富保有与支撑家庭关系的法律制度遭受着考验。[44]随着新兴

---

[40] W. 布莱克·奥德格(Blake Odgers),《国内立法的变迁》(Changes in Domestic Legislation),载法律教育委员会(Council of Legal Education)主编,《法律改革的世纪》(*A Century of Law Reform*)(London: Macmillan & Co. Ltd, 1901),第131—141页;德里克·弗雷泽(Derek Fraser),《英国福利国家的演变》(*The Evolution of the British Welfare State*)(London: Macmillan, 1973),第28—50页;大卫·罗伯茨(David Roberts),《维多利亚时代英国福利国家的起源》(*Victorian Origins of the British Welfare State*),耶鲁大学出版社1960年再版(Hamden, Connecticut: Archon Books, 1969),第38—39页。

[41] 济贫法专员(Poor Law Commissioners):《关于大不列颠劳动人口卫生状况的调查报告》(*Report on an Inquiry into the Sanitary Condition of the Labouring Population of Great Britain*)(London: HMSO, 1842)。

[42] 《中央专员委员会关于工厂雇佣童工的第一份调查报告》(First Report of the Central Board of Commissioners for inquiring into the Employment of Children in Factories),*HCPP* (1833) (450) xx 1,第36页。

[43] 参见 S. G.、E. O. A. 切克兰德(Checkland)主编,《1834年济贫法报告》(*The Poor Law Report of 1834*)(Pelican Books, 1974),引言部分。

[44] 参见 C. 斯特宾斯(Stebbings),《维多利亚时代英格兰的私人受托人》(*The Private Trustee in Victorian England*)(Cambridge University Press, 2002)。

商品经济的发展，面临巨大挑战的还有完全建立在土地所有权之上的财产法，不合时宜的破产法，发育不全的商业组织法，以及立足于土地和矿产充分利用的不动产法。最后，英国的法律程序本身更迭缓慢、充斥着专业的技术性细节、诉讼成本高昂，已经无法适应新兴经济和社会的需求。所有这些对既有法律及其适用的期待都是前所未有的，国家必须进行大刀阔斧的革新，甚至在某些情况下有必要对法律原则做出一些调整。

1837年的税收和税法也无法豁免这些来自经济和社会的巨大压力。税收必须在这种新兴的商业环境中运作，不仅个人的税务情况不可避免地出现复杂化倾向，而且纳税主体的数量也在不断增长。在一个几乎所有税种都纯粹立足于为政府筹资的时代，新的维多利亚时代所面临的财政挑战，仍然是传统的财政收入不足问题。18世纪中后期，英法战争导致早期的维多利亚政府出现财政危机。1841年罗伯特·皮尔（Robert Peel）组建第二届保守党政府时，国库早已空空如也。战争造成政府债台高筑，每年偿债金额占中央政府年度总支出的一半以上，海军和陆军的开支也居高不下。除此之外，一系列的歉收和普遍的低薪导致人们呼吁减免既有的间接税。早期为促进辉格党的自由贸易政策而减免税收，也将当时可能产生的财政盈余抵销殆尽。政府所面临的问题不仅是开辟新的财政收入来源，还包括保持财政收入的稳定和可持续，以支撑当时迅速而广泛的社会改革，应对官僚体系日渐扩张所需的财政支出。因此，维多利亚时代的英国亟待扩张财政收入规模，以满足越发紧迫的军事和国内需求。至于工业革命，它既是解决这一问题的机会，同时也是一种挑战。机会在于，工业革命转变了英国的经济结构，并带来更多的商业财富，而挑战则在于政府如何应对。然而，现存的两个困境使得政府所面临的挑战愈发复杂化。

首先,现有税收体系无法筹措到足够的财政收入,以满足政府的长期需求。虽然商业活动和社会财富增加自然会带来更高的财政收入,虽然18和19世纪初多数税种的征税范围和税率有所增加,虽然合并和创新的举措开始进入税收领域,但结论仍然如此。尤其是虽然土地税能够继续提供稳定的税收收入,但其征管方式有损其功效的发挥。该税能否满足政府不断增长的财政收入需求,也是值得考虑的问题。受制于过时的税额评定方法,土地税早就不适合作为主体税种,其对英国财政的意义已经微乎其微。[45]

其次,纳税人的态度不利于新税种的开征或税率的增加。在前维多利亚时代,英格兰已经成为个人税收负担较重的地区之一。[46]在19世纪初,三倍评定税的开征,土地税的持续征收,加上当时的所得税,使得较为富裕的阶层已经背负沉重的纳税负担。[47]自1816年以来,所得税一直处于停征的状态,其重新引入并非易事。皮特在1799年开征这项新税种时就已经面临严峻考验,在长时间停征后再重新引入,几乎无异于开征一项新的税种,会引发各种政治挑战和现实问题。对于1837年的英国民众而言,具有强制性的个人所得税仍然非常新奇。仅有小部分的工作群体仍然记得约40年前征收的所得

---

45 参见《国内税务局主管专员第二十九次报告》,*HCPP* (1886) (4816) xx 279,第307—308页。

46 门罗引用了西德尼·史密斯(Sidney Smith)的名言,参见H. H. 门罗(Monroe),《无法忍受的职权调查? 关于税法的思考》(*Intolerable Inquisition? Reflections on the Law of Tax*)(London: Stevens & Sons, 1981),第18—19页。

47 约翰·哈巴库克(John Habakkuk),《婚姻、债务和不动产制度,1650—1950年英国土地所有权》(*Marriage, Debt, and the Estates System, English Landownership 1650-1950*)(Oxford: Clarendon Press, 1994),第522—523页。

税，大部分人完全没有经历过。所得税是一种带有隐私调查职能的直接税，意识形态层面的反对声浪虽然较为微弱，但是仍旧广泛地存在。正如一位评论员在40年后所指出的，所得税本身是一种"极易触动纳税人敏感神经"的税种。[48]此外，工业革命直接导致英国政府出现中央集权趋势。中央政府干预新兴的社会问题，导致国家官僚机构的膨胀。尽管国家直到19世纪30年代才开始着手干预和解决重大的公共社会问题，但是税收却率先成为当时官僚主义膨胀的领域。18世纪60年代布莱克斯通就观察到，英国王室政府对财政收入的管理催生出"体量庞大"的官员队伍，"将政府的影响力扩展到国家的每一个角落"，这是一种被他称为"极其不可思议的广泛的"影响力。[49]纳税人已经意识到，官僚机构的膨胀必将带来财政支出的扩大，也必将导致其税收负担的增加。他们并不希望国家权力过度干预其权利自由，因为这与英国自由放任的传统理念相违背，同时也与地方自治的传统信仰相悖。实体性的国家税收是中央集权和国家干预私人财产权的表现。从该角度来看，税收并不受到纳税人的欢迎。正是在这种情势之下，税法必须做出相应调整，提供实体性和程序性的税收框架，以应对迫切的财政资金需求。因此，不管是既有的税法制度还是任何相关的新发展，都需要确保其适应商业活动领域日趋技术化、回应性和动态化的要求。

---

48 利昂·列维（Leone Levi），《所得税和财产税的重建》（On the Reconstruction of the Income and Property Tax），载《伦敦统计协会杂志》（Journal of the Statistical Society of London）（1874年）第37卷，第157页。

49 布莱克斯通，《释义》，第1卷，第336页。

第二节　财政应对

　　维多利亚时代的英国政府面临财政紧张，不可避免地需要提高部分既有税种的税率，同时适时引入新的税种，以筹措财政资金。尽管三倍评定税一直在征收，土地税买断也在快速推进，[50]但是皮尔始终认为，重新引入所得税是解决英国日趋严重的财政赤字这个"巨大公共肿瘤"的唯一方法。1842年，[51]皮尔不顾民众的抗议，恢复了1799年皮特开征的所得税。[52]不过，1842年皮尔开征的所得税与1799年所得税并不完全相同。1803年阿丁顿对1799年所得税的原则和程序做了修正，形成一套新的所得税体系。[53]1842年所得税沿袭的正是1803年阿丁顿的"新所得税体系"，实际上照搬了1806年《所得税法》的内容，[54]税收征管所依据的也仍是1803年《税收管理法》。所得税是"解锁自由贸易的钥匙"。[55]它的引入为皮尔改革关税、消费税和取缔若干进口税腾挪了政治空间。[56]在所得税体系内，

50　参见《国内税务局主管专员第一次报告》，附录14。

51　5&6 Vict.c.35。

52　39 Geo. III c. 13。参见B. E. V.萨宾，《巨额预算（三）：1842年罗伯特·皮尔爵士的预算》（Great Budgets III: Sir Robert Peel's Budget of 1842），载《英国税务评论》（1971年），第50页。

53　43 Geo. III c. 122 (1803)。

54　46 Geo. III c. 65。

55　G. M.特里维扬（Trevelyan），《十九世纪及其后的英国历史（1782—1919）》（*British History in the Nineteenth Century and After (1782-1919)*），第二版（London: Longmans, Green & Co., 1937），第267页。

56　参见J. H. 克拉帕姆（Clapham），《现代英国经济史：1850—1886年自由贸易和钢铁》（*An Economic History of Modern Britain: Free Trade and Steel 1850-1886*）（Cambridge University Press, 1932），第398—399页。

他还引入新的纳税评定方法,以解决经营所得的征收难题。[57]十余年后,英国政府推出继承税,这是当时引入的第一个新税种,目的是为消除有关遗产继承的征税空白。1853年《继承税法》将征税对象瞄准公民死亡时可供继承的财产,从而使得个人的全数动产和不动产首次被纳入应税范围,无论是否属于预先分配的遗产。[58]遗产税的征税范围由此被拓展至长期以来严重征收不足的不动产领域。[59]这些税种的收入稳步增长,19世纪末,在激烈的议会辩论与持续的反对声浪下,英国政府开始对个人全部遗产征收遗产税。[60]尽管相对于其他税种,遗产税贡献的收入并不多,但是随后仍然证明了其财政价值。[61]

英国通过开征新税、引入旧税种或提高既有税种的税率等方式,回应工商业时代的财政挑战。然而,这些选项并不独特,而是各国政府在财政资金短缺时可选的常用手段。不过,英国政府为应对1842年金融危机而施行的种种措施,成就了新时期财政政策的基本框架。所得税的重新引入成为英国现代税收制度形成阶段的起点。在随后的六十年中,英国的税收法律体系得以确立和完善,为下一世纪及以后的税收立法者应对别样的全球化环境而制定新的财政政策奠

---

57 关于特别专员,参见下文第105—109页(原书页码,下同)。

58 约翰·斯图亚特·密尔(John Stuart Mill)曾将遗产视为"非常合适的征税对象",参见密尔,《政治经济学原理》,第5卷,第2章,第3节。

59 《议会辩论》(Parl. Deb.),第127卷,第3辑,第259—271栏,1853年5月12日(下议院)。

60 关于1884年之前各类遗产税的历史,参见《国内税务局主管专员第二十八次报告》,HCPP (1884-5) (4474) xxii 43,第102—112页。参见威廉·菲利普斯,《七十年》(Three Score Years and Ten),载《英国税务评论》(1964年),第152页。

61 《国内税务局主管专员第三十九次报告》,HCPP (1896) (8226) xxv 329,第386页。

定了坚实基础。这种征税的基础在维多利亚时代实现,并在皮尔执政时期开始确立,是一种广泛且持续征收的直接税。所得税的征税范围不断扩张,其财政重要性也随之上升,而间接税的财政重要性则开始下降。[62]同时,由于所得税的强制性和普遍征收的属性,也导致自愿主义意识形态的空间遭到挤压。因此,尽管所得税在英国财政收入中占比不高,但是其仍旧是英国新税收制度的核心。在所得税开征仅十五年后,国内税务局主管专员(Commissioners of Inland Revenue)就称其为"我们所管理的至关重要的税种"。[63]虽然所得税在政治层面始终坚持其理论上的临时性,[64]但是在现实中却被永久保留下来,成为英国现代社会的主要税种。第一次世界大战后所得税的税率飙升,与之相关的税收规避与"税务筹划"(taxmanship)也不断涌现。[65]这项制度之所以能够确立,一方面仰赖征管机制的高效运行以及历届政府的不懈努力,另一方面也源于英国民众大体接受这一制度,尽管谈不上很普遍。维多利亚时代的税收制度触及范围深远且意义重大,标志着英国有关税收法律与征管机制的财政文化正在发生变革。[66]

---

62 H. C. G. 马修,《格莱斯顿》(*Gladstone*)(Oxford: Clarendon Press, 1997),第121—125页。

63 《国内税务局主管专员第一次报告》,第94页。

64 参见克拉帕姆,《经济史》,第399—405页。

65 卡尔·S. 舒普(Carl S. Shoup),《英国、法国和美国公共财政体系的显著特征》(Some Distinguishing Characteristics of the British, French, and United States Public Finance Systems),载《美国经济评论》(*American Economic Review*)(1957年)第47卷,第194页。参见大卫·斯托福斯(David Stopforth),《1920年之前的汇算清缴与避税》(Settlements and the Avoidance of Tax on Income—the Period to 1920),载《英国税务评论》(1990年),第225页。

66 参见马修,《维多利亚中期预算中的政治》。

税收法律、征管程序与税务实践不可避免地经历着调整与革新，财政文化也在不断更迭，在这样的时代，纳税人法律保障可能会变得更加脆弱。这是一个真问题。鉴于自我驱动的商业模式开始普及，伴随着国家官僚权力的急剧扩张和既有法律体系持续变革的需求，纳税人迫切需要政府保证严格依法征税。维多利亚时代初期，纳税人拥有法律所赋予的三项保障措施，它们源于英国延续五百余年形成的基本未变的原则。然而，考虑到时代变迁，这些传统的法律保障措施与其他法律制度一样，能否因应税法制度及税法实践的变革，仍是一个有待探究的问题。

第三节　议会保障

一、实质性的宪法保障

纳税人权利保护的底线是人民仅依据法律缴纳税款，而英国税收的基本原则强调，只有经过议会中人民代表的同意后，政府才能合法地征税。纳税人通过议会行使其征税同意权，这一点与税收合法性也息息相关，同时成为纳税人与法律之间互动关系的基石。任何征税事项必须经过议会同意，也即议会掌握税收立法权成为英国公民的一项基本自由、权利及特权，这是"自由臣民与生俱来的权利"。[67]唯基于此，才能对私人财产权做出限制。

14

---

[67] *Darnel's Case* (1627) 3 ST 1 at 85 *per* Sir Dudley Diggs.

早在13世纪，直接税征收就需要经过纳税人同意，[68]这一原则反映在英国长久以来的法律、惯例与政治实践中，即使是国王也很少背弃这一原则。[69]到14世纪，课税同意权由下议院行使的必要性已经得到确认，下议院议员代表人民成为宪法与政治理论的基本信条，更被议会的实践反复印证。[70]事实证明，征税同意原则并非是一种幻想，每个公民都可以通过他在议会中的代表表达自己对税收议题的意见，而且按照当时的标准，英国纳税人享有一定程度的实质代表。[71]到15世纪，议会组成人员不仅囊括教会人员，一些小地主和中心城镇的重要人士同样可以进入议会。因此，议会逐渐能够代表社会的各个阶层，表达对政府政策的"担忧与不满"，并且代表纳税人行使同意权。[72]在法理层面，纳税人同其他被代表的臣民一样，被视为亲自出席议会并行使其同意权。[73]因此，从这个意义上来说，这是纳税人以实质同意的方式，允许政府通过征税的形式合法剥夺其私人财产。

在英国内战时期，议会同意作为一项基本宪法保障被固定下来，并且成为内战期间的核心议题。在英国政局动荡的17世纪，纳税人

---

[68] 关于间接税的早期区别，见A. L. 布朗（Brown），《中世纪晚期英格兰的统治（1272—1461）》（*The Governance of Late Medieval England 1272-1461*）（London: Edward Arnold, 1989），第226—227页。

[69] 同上书，第224—225页；杰弗里·戈德斯沃西（Jeffrey Goldsworthy），《议会主权》（*The Sovereignty of Parliament*）（Oxford: Clarendon Press, 1999），第46—47页，第69—70页；马丁·唐顿（Martin Daunton），《信任利维坦：英国的税收政治学（1799—1914）》（*Trusting Leviathan: the Politics of Taxation in Britain, 1799-1914*）（Cambridge University Press, 2001），第1—8页。

[70] 布朗，《中世纪晚期英格兰的统治》，第228—229页。

[71] 戈德斯沃西，《议会主权》，第69—70页。

[72] 布朗，《中世纪晚期英格兰的统治》，第232—235页。

[73] 戈德斯沃西，《议会主权》，第96—97页。

权利保护变得前所未有的重要。斯图亚特王朝与议会之间针对"王权至上"的斗争,时刻贯穿着纳税人的权利诉求。但是只有在议会同意的前提下征税,才能够保障英国纳税人的基本自由。因此,税收这一要素动摇着"王权至上"的根基,并且在"君主立宪制"的制度确立与"议会至上"的法律思想形成上发挥着至关重要的作用。[74] 与此同时,财政问题由此成为宪法议题。当时,英国王室的权力边界并不清晰,国王不断利用王室权力筹集财政资金,而议会在"王权至上"的背景下几乎形同虚设。[75]

1610年,英国下议院就间接税的合法性进行广泛辩论。[76] 下议院认为,法律规定,国王未经议会同意,无权向英国境内的臣民强行征收关税,但对外贸易管制措施除外。[77] 归根结底,正是由于查理一世在位时期的横征暴敛,致使英国民怨沸腾。查理一世曾通过各种方式筹措财政资金,但一切未经议会同意的征税事项均属非法。[78] 虽

74　科尼什、克拉克,《法律与社会》,第6—12页。

75　参见德里克·霍尔(Derek Hall),《1554—1606年法院与强制执行》(Impositions and the Courts 1554-1606),载《法律评论季刊》(Law Quarterly Review)(1953年)第69卷,第200页;威尔逊,《英格兰的学徒制度》,第92—96页。

76　参见1610年议会辩论,编辑自萨缪尔·罗森·加德纳(Samuel Rawson Gardiner),《下议院议员笔记》(the notes of a Member of the House of Commons)(First Series 81, London: Camden Society, 1862)。

77　参见大卫·W.威廉姆斯(David W. Williams),《三百年过去了,我们的税收法案还依旧正确吗?》(Three Hundred Years On: Are our Tax Bills Right Yet?),载《英国税务评论》(1989年),第375页,关于税收的特权。

78　T. F. T. 普拉克内特(Plucknett),《塔斯韦尔-兰米德的英国宪法史》(Taswell-Langmead's English Constitutional History), 第11版(London: Sweet & Maxwell Ltd., 1960),第365—372页;理查德·卡斯特(Richard Cust),《强迫贷款与英国政治(1626-1628)》(The Forced Loan and English Politics, 1626-1628)(Oxford: Clarendon Press, 1987)。

然理论上国王在间接税领域内有一定的征税权,因为贝茨案[79]裁判中明确了船舶的吨位与课税标准,但是国王征税权无法染指直接税领域。1629年,查理一世向沿海城镇的居民征收海军防卫费,加之随后1637年的造舰税*案,[80]都在检验着议会同意原则的效力。国王强制要求人民支付防卫费用以充实海军基金的行为,[81]在许多人看来其实就是在征税,是一种国王未经议会同意而课征的税收。这与国王几年前刚刚批准的《权利请愿书》中的规定背道而驰。[82] 1627年,白金汉郡领主兼下议院议员的约翰·汉普顿(John Hampden)拒绝支付国王要求的强制性贷款,随后再次拒绝缴纳20先令的造舰税。据此,一场英国宪法与财政领域中最重要的司法裁判拉开帷幕。法官必须要做出裁决的焦点问题在于,国王在行使其保护领土的权力和义务时,是否应当充分尊重臣民的私人财产权。在这个案件中,国王的征税权力与臣民的财产自由之间爆发了冲突。约翰·芬奇爵士

79　Bates' Case (1606) 2 ST 371.

*　中世纪时,英格兰国王有权要求沿海城镇和郡县在战时提供船只。这种义务有时会折算成货币,这就是所谓的"造舰税"(ship-money)。相较于其他税种,造舰税较为特殊,因为它是国王未经议会批准而有权征收的少数税种之一。1634年,国王查理一世发布命令,要求伦敦和其他沿海城镇提供一定数量的战船或等值税收。当时,人们对于造舰税征收普遍感到不满,因为它与先例相悖,在和平时期而非战时征收。参见D. L. 凯尔(Keir):《造舰税案》(The Case of the Ship-Money),载《法律评论季刊》(1936年)第52卷,第546页;康莱德·罗素(Conrad Russell):《布兰斯顿和达文波特的造舰税判决书》(The Ship Money Judgments of Bramston and Davenport),载《英国历史评论》(1962年)第77卷,第312页。——译者

80　参见爱德华·海德(Edward Hyde),《英国叛乱和内战史》(History of the Rebellion and Civil Wars in England),载W. 邓恩·麦克雷(Dunn Macray)主编,共2卷(Oxford: Clarendon Press, 1888),第1卷,第92页; W. J. 琼斯(Jones),《政治与法官:法官与英国内战的起源》(Politics and the Bench: the Judges and the Origins of the English Civil War)(London: George Allen and Unwin Ltd, 1971)。

81　关于向伦敦发出的令状,参见: R. v. Hampden (1637) 3 ST 825 at 830-3。

82　3 Car. I c. 1 (1628). See Darnel's Case (1627) 3 ST 1 at 221-4.

（Sir John Finch）跟其他法官都认为，这是"我们所经历过的最伟大的案件，也是英国有史以来最伟大的案件"。[83]

汉普顿拒绝向查理一世支付造舰税。汉普顿认为，造舰税的征收未经议会同意，对臣民的私人财产权造成非法侵害，违背了自《大宪章》到《权利请愿书》的一系列规范。其危险是显而易见的。试想，如果国王有权不经议会同意征收20先令的税款，他就同样可以课征20英镑。然而，最终该案以汉普顿的败诉告终，法庭以微弱优势支持查理一世。法庭无法否认"未经议会同意不能征税"这一基本法律原则，所以只能寻求将"王权至上"作为裁判依据。[84]不容置疑的是，国王并不能随心所欲地对其臣民征税，因为他们"是臣民并不是奴隶，是自由的公民并不是罪犯"。[85]但如果因此就说，未经议会同意，国王没有任何征税权，这也是经不起推敲的。法律是国王的"忠实仆从"，用于统治其臣民，它"知道没有这样的王权观"。[86]当国家处于紧迫危险之中时，国王仍可未经议会同意向其臣民征税。[87]换言之，这仅仅是王权在保家卫国时的非常态表现。乔治·克罗克爵士（Sir George Croke）毫无保留地支持汉普顿的观点，[88]他认为国王未经议会同意开征造舰税违反了普通法和制定法，不论是国王特权还是财政必要性，都无法让查理一世的征税行为合法化。每个人都

---

[83] R. v. Hampden (1637) 3 ST 825 at 1217 per Sir John Finch.

[84] 尽管这些国王权威存在缺陷，参见伊恩·费里埃（Ian Ferrier），《重新考虑造舰税》（Ship-Money Reconsidered），载《英国税务评论》（1984年），第229页。

[85] R. v. Hampden (1637) 3 ST 825 at 1090 per Sir Robert Berkley.

[86] 同上文献，第1098页。

[87] 同上文献，约翰·芬奇爵士，第1224—1243页，为国王做出最有力、最明确的判决。

[88] R. v. Hampden (1637) 3 ST 825 at 1127-81.

由其在议会中的代表行使同意权,这是区分纳税人是奴隶还是自由臣民的标志。自《大宪章》颁布以来,这一项税收原则已经完全渗透到英国普通法和制定法体系之中。

尽管裁判结果有利于国王,但是汉普顿得到了乔治·克罗克爵士的支持并获得了道义和政治上的胜利。与此同时,议会同意原则也得到强有力的肯定。虽然有观点认为,该案并不涉及税收,因此并未直接挑战议会同意原则,[89]但是本案的重要性远超其纸面的裁判结果。从长远的角度看,该案抛出了"国王课税依据"这一核心问题。1640年,国王被迫解散议会,就是因为议会已经获得对征税的全面控制权,无论是实体还是程序。[90] 1689年的《权利法案》最终明确了征税权的归属。虽然《权利法案》没有完全否认王室特权的存在,但是它要求,国王向其臣民开征新税时,必须获得议会的同意。它明文规定:"未经议会同意,国王动用任何特权向人民征税皆为非法。"[91] 就像《权利法案》中规定的其他权利一样,这也是英国人民"真实、悠久、不容置疑的权利和自由"。[92] 议会权力,即下议院、上议院和王室的同意,成为国家征收税款与公民负担纳税义务的唯一合法依据。[93] 正如洛克在其《政府论》中所指出的,这是一项自然法中

---

[89] 参见 D. L. 凯尔,《造舰税案》,载《法律评论季刊》(1936年)第52卷,第546页;康莱德·罗素,《布兰斯顿和达文波特的造舰税判决书》,载《英国历史评论》(1962年)第77卷,第313页;海德,《叛乱史》,第1卷,第85页。

[90] 16 Car. I c. 14 (1640); 16 Car. I c. 8 (1640)。另可参见 F. W. 梅特兰(Maitland),《英格兰宪法史》(*The Constitutional History of England*)(Cambridge University Press, 1926),第96页。

[91] 1 Will. & M. sess. 2 c. 2 s. 4 (1689)。

[92] 同上。

[93] 参见戈德斯沃西,《议会主权》,第106页、第200—201页,另外参见此处的引注文献。

的基本规范,它限制国家权力,[94]也使得国家对个人私有财产的干预合法化。[95]这为纳税人提供了最终的保障,以免受国家征税权的肆意侵犯。

二、议会的程序性保障

虽然税收的实质合法性源于议会同意,但为了让这种保障措施在实践中发挥作用,严格的程序保障同样重要。因此,征税同意原则受到来自宪法、议会权力和议会程序的三重保障。[96]议会的议事程序本身已经十分复杂,尤其是税收法案的审议和下议院发挥作用的方式,以至于程序本身就构成了纳税人法律保障的一部分。自17世纪起,英国议会已经建立起规范的动议程序,先在全院委员会中进行自由辩论,然后在下议院进行正式辩论,并且在报告阶段向全体议员进行汇报,以促进法案的深度审议。[97]专门委员会的辩论可以调降税率,下议院对法案进行三读,最后才是提交上议院和国王审议同意。此时,国家对纳税人的征税才具备合法性。议会审议程序繁复而细致,可以保障人民通过其选举的代表充分知悉税收法案的内容,也可以保障这些法案被充分辩论、分析和审查,而政府则必须向人民代表解释和辩护自己的提议。此种议事程序设立的目的,是为确保人民免受草率恣意的课税,未经下议院充分和审慎的讨论审查,

---

94 约翰·洛克(John Locke),《政府论》(*Two Treatises of Government*),第二版,P. 哈斯莱特(Haslett)主编(Cambridge University Press, 1970),第2册,第142节。

95 同上书,第2册,第138—140节。

96 布莱克斯通,《释义》,第1卷,第141页。

97 约翰·哈特塞尔(John Hatsell),《下议院诉讼程序的先例》(*Precedents of Proceedings in the House of Common*),第二版,共4卷(London: T. Payne, T. Cadell, W. Davies, 1796),第3卷,第158页。

27

政府不得向纳税人征税。[98]议会程序的整个过程贯穿着制衡、检讨和审查，纳税人的实质宪法保障由此得以实现。

上下两院均参与课税，引发了不小的紧张。自14世纪开始，下议院就坚持认为上议院无权参与征税。[99]这是一项下议院全力护持的权力。[100]尽管上议院在16世纪中叶就已经修改过拨款法案[*]，[101]但是下议院始终主张，所有对人民课税的法律都只能出自下议院，[102]这项权力已于1640年被上议院所承认。不仅如此，上议院还不能对下议院提交的课税法案做出任何修改。下议院表示，上议院可以选择否决法案，但不能修改其内容。事实上，上议院曾多次否决下议院提交的税收法案，包括开征新税种、提高税率或废除某一税种，涉及形形色色的商品，下议院并未对此表示异议。此时，上议院否决税收法案是出于保护人民利益的目的，这是一项被布莱克斯通认可[103]和下议院所接受的权力。然而，下议院一直拒绝承认上议院有权修改

98　同上书，第157页。参见丹尼斯·莫里斯（Dennis Morris），《任何其他名称的税收》（A Tax by Any Other Name），载《制定法评论》（Statute Law Review）（2001年）第22卷，第211页；丹尼斯·莫里斯，《关于货币、票据和其他课税政策的一些思考》（Some Thoughts on Money, Bills and Other Taxing Measures），载《制定法评论》（2002年）第23卷，第147页。

99　有关财税法案的历史，参见亨利·哈勒姆（Henry Hallam），《英格兰宪法史》（The Constitutional History of England），1846年伦敦，J. 默里（Murray）出版，共2卷（New York: Garland Publishing Inc., 1978），第2卷，第192—198页。

100　布朗，《中世纪晚期英格兰的统治》，第229—230页。

* 拨款法案（Supply Bills）是以税收或者支出为主要目的的法案。拨款法案只能由下议院提出，上议院无权修改。参见英国议会官方网站：https://www.parliament.uk/site-information/glossary/supply-bills/?id=32565。——译者

101　哈特塞尔，《诉讼程序的先例》，第3卷，第100—132页。

102　布莱克斯通认为下议院"创制财税法案的权利"是"无可争议的特权"，参见布莱克斯通，《释义》，第1卷，第169页。

103　同上。

任何财税法案*。一旦上议院修改，下议院便直接否决、不予理睬或自行颁布新法案。[104] 1671年，糖税法案的提出让这个问题进一步激化。上议院通过调低税率，修改了糖税法案。下议院在随后的会议中一致决议，上议院无权干涉和改变税率，并举出了详细的法律依据与在先判例。[105] 1678年，下议院进一步提出，上议院无权对任何拨款法案进行修改。约翰·哈特塞尔在其1785年首次出版的著作《下议院诉讼程序的先例》中，阐释了议会审议税收法案的指导规范。[106] 这些规范源于下议院"明确且不容置疑的特权"、英国旧时惯例与公认先例，并且通过"议事惯例"的形式在下议院得以确立。[107] 正是这些规范，限制着上议院在财税法案中的作用。18世纪末，下议院将财税法案的制定权视为其特权，确立了下议院在税收议题上至高无上的地位。上议院也默认下议院独享财税法案的修改权。[108] 因此，正如梅特兰所言，下议院坚守的这项特权虽然没有明确的渊源，但在议会的议事惯例中却得以遵守，这使得下议院实际取得两院中的主导地位。[109]

---

* 财税法案（Money Bills）是下议院议长认为只涉及国家税收、公共财政资金或者公共贷款的法案。根据1911年《议会法》的规定，无论上议院批准与否，下议院认定并通过的财税法案将在一个月后成为正式的法律。参见英国议会官方网站：https://www.parliament.uk/site-information/glossary/money-bills/. ——译者

104　参见哈特塞尔，《诉讼程序的先例》，第3卷，第105—106页。

105　关于1671年的先例，参见《特别委员会的报告》（the Report of the Select Committee），该委员会负责检索议会两院的日志，以确定两院在征收或废除税收法案方面的做法，HCPP (1860) (414) xxii 1，第7页；哈特塞尔，《诉讼程序的先例》，第3卷，第110页、第369—393页。

106　哈特塞尔，《诉讼程序的先例》，第3卷，第138—139页。

107　同上书，第139页。

108　同上书，第132页。

109　梅特兰，《宪法史》，第310—311页。

29

第四节　地方主义的行政保障

议会确定税种、税率与征税范围后,接下来便是税收的实际实施环节。税收征收管理包括纳税评定与税款征收两个部分。纳税评定阶段尤其要防范权力滥用,它包括纳税人财产的信息披露、价值评估、减免税适用以及税率确定。除此之外,它还包括争议裁决环节,纳税人有权就纳税评定的结果提出申诉。虽然税收征管理论上只是在机械地适用税法,但其结果是衡量税收成功与否的标志。因此,健全高效的税收征收管理机制,对于确保政府持续稳定地筹集财政资金至关重要。对纳税人而言,在税收征管中他们将不可避免与征管机构直接接触,纳税人可以亲身感受到税收的影响。因此,税收征收管理是一项精细而复杂的工作,其对纳税人的重要程度丝毫不亚于税收本身。英国法律在直接税领域为纳税人提供地方主义的保障机制,即由同为纳税人的地方专员进行直接税的征收管理,而非将征管权力交由中央政府行使。纳税人对评定结果不服时,裁决权不再保留在征收机构,纳税人可向位阶更高且理论上保持独立的裁判机构申诉。这种机制确保税收不会成为国家手中不受控制的"吸金工具",成为英国纳税人的第二项也是最主要的法律保障措施。

一、地方主义模式的本质

在英国早期的税法中,直接税征收管理牢固建立在地方非专业

第一章　英国法律中纳税人保障机制的建立

专员控制的基础上,来自中央的专业监督非常微弱。[110]在维多利亚时代之前,非专业的地方专员机构已经成为英国财政体系中一个成熟的组织。[111]自13世纪以来,地方专员机构一直负责直接税的征收管理,间或会承担间接税的征管工作。[112]至18世纪末,地方主义原则成为公认的税收征管制度的基石,并且在直接税领域已然根深蒂固。除了少数情况外,从事直接税征收管理的均为地方的非专业专员。作为特设的公共机构,它们由特定的税法所创设,各自负责特定的税种。它们还是最早出现的准司法机构,后来逐渐演化为行政裁判庭(tribunals),并自19世纪中叶开始,逐渐成为民事司法制度的重要组成部分。

地方的非专业专员被任命负责土地税的征管,这种模式被后续所有地方税收专员所效仿。他们的职责就是执行法律,监督并协调纳税评定与税款征收。为此,地方专员的组织法(parent Act)明确规定其组织架构及其权力配置,包括有权任命下属官员[113]负责财产评估、纳税评定和税款征收的具体工作。地方专员控制着税收征管的过程。在每个地区设定相应的配额后,地方专员委任的评税员(assessors)必须积极评定税款,以实现税款征收入库。依照地方主义的传统模式,地方专员参照既有模式任命并监督其下属的评税员,并且额外承担着对大量奢侈商品征收各类评定税(Assessed

---

110　参见E. V. 亚当斯(Adams),《税务督察员的早期历史》(The Early History of Surveyors of Taxes),载《季度报告》(Quarterly Record)(1956年),第292—293页。

111　参见W. R. 沃德,《1696—1798年窗户税和评定税征管》(The Administration of the Window and Assessed Taxes 1696-1798)(Canterbury: Phillimores, 1963),第1—2页。

112　参见布朗,《中世纪晚期英格兰的统治》,第69—72页。

113　38Geo. IIIc. 5s. 8 (1797); 4Will. & M. c. 1s.8 (1692)。

Taxes）的职责。[114] 1798年，当《三倍评定税法》(Triple Assessment Act）交由地方专员执行时，地方专员仍然通过既有的传统模式进行征管。[115] 1799年，威廉·皮特在引入新所得税时，同样借助地方主义模式征收管理所得税。[116] 尽管他的地方专员机构被称为首席专员（General Commissioners），是一个为执行"税法整体目标"而设立的新机构，但它们仍然立足于原先的土地税专员体系，由这些土地税专员任命，人选也来自其中。此外，商业专员（Commercial Commissioners）负责评定纳税人的经营所得，这是一个相当敏感的领域。[117] 1803年，亨利·阿丁顿在所得税中引入分类所得税制，对所得税实行源泉征收，[118] 同时改革威廉·皮特时期的专员制度，修改了地方专员的数量、权力以及职能。阿丁顿保留了首席专员这一职位，并且扩大其职权范围。他废除了商业专员，代之以附加专员（Additional Commissioners），负责经营所得的纳税评定。这些改革仅仅是为实现地方专员机构的简化，并未触及地方主义这一基本的征管原则。

---

114 他们管辖权的基础源于1747年的住宅税和窗户税立法，参见：20 Geo. II c. 3 s. 6. 参见沃德，《窗户税和评定税》，第8—9页。

115 38 Geo. III c. 16.

116 39 Geo. III c. 13. 匿名，《所得税法评论》(Observations upon the Act for Taxing Income)（London: Bunney and Gold, 1799），第33—35页；B. E. V. 萨宾，《首席专员》(The General Commissioners)，载《英国税务评论》(1968年)，第18页。

117 参见匿名，《所得税法评论》，第56—61页。

118 43 Geo. III c. 122 ss. 31, 66, 84, 175（土地，年金和股息，任何财产、专业、贸易或职业所产生的利润，公职、就业、养老金和年金）. 关于源泉征税的早期演变，参见皮罗斯卡·E. 苏斯（Piroska E. Soos），《英格兰的源泉征税与扣缴制度（1512—1640）》(Taxation at the Source and Withholding in England, 1512 to 1640)，载《英国税务评论》(1995年)，第49页。参见威廉·菲利普斯，《阿丁顿所得税新论》(A New Light on Addington's Income Tax)，载《英国税务评论》(1967年)，第271页。

在纳税评定的过程中,地方专员与纳税人之间的争议无法避免。可能发生争议的问题包括:将纳税人财产纳入征税范围的决定,拒绝纳税人的免税或抵扣申请,不准确的纳税评定。因此,应当制定具体规则解决这些争议,这不仅仅是为确保税法得到有效执行并筹集财政收入,更是为了争取纳税人对税法的普遍遵从。通常税收是不受欢迎的,即使遵循熟悉的惯例,也难以改变这一点,尽管它会有助于提高纳税遵从度。一种保证申诉能顺利提起并得到妥善处置的税务争议解决机制,不仅能够消弭纳税人对税收的抵触情绪,更能收获芸芸大众对税收的认同。除此之外,它本身即是一个强大的政治工具。当税种本身存在巨大的争议时,就如建立在强制征缴和职权调查基础上的所得税一样,征纳纠纷的处理更应该小心谨慎,以便让该税种能为公众所接受,也包括真正被议会所认可。规定申诉机制可以让公众确信,他们对税收征管的任何不满,都能通过适当的途径得到清楚明确的处理。而税务争议的审理与裁判权自然被授予地方专员。这种行政程序中的申诉机制被纳税人和政府视为地方主义模式中重要的权利保障机制。

《土地税法》授权地方专员处理土地税征管过程中发生的争议。[119]同样,在评定税的征管中,对纳税评定错误或在三倍评定税征管过程中产生的计算错误,纳税人有权提出申诉,地方专员有权审理并做出裁定。[120] 1798年,在引入土地税买断制度时,威廉·皮特将

---

119 38 Geo. III c. 5 ss. 8, 23, and ss. 17, 18, 28 (1797). 这种裁决和申诉管辖权并非创新,在17世纪的土地税立法中也有类似性质和范围的权力,参见:4 Will. & M. c. 1 s. 20 (1692); *Re Glatton Land Tax* (1840) 6 M & W 689。

120 20 Geo. II c. 3 ss. 12, 21 (1747); 38 Geo. III c. 16 s. 54 (1798)。

土地税争议申诉的审理与裁决权赋予一个独立的专员机构,[121]不过并未损及征管过程中的地方主义原则。在所得税领域,威廉·皮特同样支持"申诉审理与征收管理分离"的模式,将纳税人申诉的管辖权置于一个独立且位阶更高的申诉专员机构。[122]此外,申诉专员的管辖范围甚至扩展至纳税人与首席专员间的税务争议,以及对政府工作人员和督察员(surveyors)的投诉。然而,1803年亨利·阿丁顿废除了申诉专员机构,并将申诉案件的审理权交由首席专员行使。自此,首席专员作为最高纳税评定机构的同时,也成为最高的申诉处理机构。[123]

二、地方主义的采用

直接税不同于间接税,其税负大多无法规避,与纳税人的生活息息相关,"税痛感"直接而强烈。坚持直接税由地方征收管理拥有充分的理由。首先,地方主义模式可以满足民众对地方控制公共事务与公共机构的强烈愿望。传统上,英国保有对地方利益和地方自治的意识形态效忠,[124]英国人一直高度重视地方自治,地方自治机构被视为对公民自由的尊重。此外,地方行政与司法系统中非专业人士的参与,同样是英国自治传统的表现。英国地方自治历经数百年后形成了深厚的自治传统,并且逐渐获得政治认可与立法表达。英国地方主义的集中体现——治安法官制度,成为地方自治体系的核

---

[121] 38 Geo. III c. 60 s. 121.当案涉金额超过500英镑时,当事人可以向衡平法院或财政法庭提起上诉。

[122] 39 Geo. III c. 13 s. 16 (1799).

[123] 43 Geo. III c. 122 s. 144.

[124] 参见弗雷泽,《英国福利国家》,第109页。

心。治安法官是由当地地主担任的非选举、不授薪职位,他们并不具备法律专业知识,却承担着地方行政与司法两方面的公共管理职能。治安法官并不领取任何报酬,其工作完全是出于自身的社会责任感,并具有强烈的独立意志。治安法官成为英国主要的地方执法机关,[125]并成为多数人眼中地方司法机关的代表。

其次,地方主义模式有助于税收征管工作的进行。如果创设全新的税收征管机构,不仅耗时和耗资甚巨,同时也不能确保征管效率的提高,甚至存在疏离纳税群体的现实危险。的确,在18世纪的英国引入全新的征管机构并不现实,当时中央政府并未拥有强大的官僚体系。英格兰地区这套运行已久的税收征管机制,其优势已经得到充分检视,发展到了比较精致的阶段,运行相对有效,且早已被纳税人所熟悉。在任何政府看来,税收征管费用的最小化,即实现稽征经济都是其征管目标之一。[126]如果能够避免额外的征管成本,在某种程度上就能争取到对新税开征的支持。因此,当威廉·皮特开征三倍评定税时,他向议院保证,"该税的征管不需要新的授权,不需要设立新的机构,不会产生新的成本"[127]。

最后,地方主义征管模式在英国具有强大的意识形态和文化传统的支持,并且具备一定程度上的形式合法性,使其成为英国历任政

---

[125] 埃里·哈勒维(Elie Halevy),《1815年英格兰人的历史》(*A History of the English people in 1815*)(London: Ark Paperbacks edition, 1987),第33—34页;J. P. 道森(Dawson),《非专业法官的历史》(*A History of Lay Judges*)(Cambridge, Mass.: Harvard University Press, 1960)。

[126] 参见皮特在1797年的预算辩论中对印花税的评论:《议会历史》第33卷,第432栏,1797年4月26日。

[127] 《议会历史》第33卷,第1049栏,1797年11月24日。

府的一种政治需要。[128] 所有的税收都不受纳税人欢迎，纳税人反对税收的理由却不尽一致：税收不公、税率过高、职权调查的性质、缺乏现实必要性，或者难以规避，等等。这些反对理由并不是法律赋予纳税人的权利，没有任何一项法律明确要求税收必须公平、低税率、不得具有职权调查的性质、有现实必要性、具备规避的空间，但对以上要素的违背将使得自愿纳税的意愿降低。一旦某项税收特别明显地呈现了上述单个或多个因素，就有必要对其做出调整，以平息公众的抵触情绪，确保最起码的纳税遵从。如果反对意见过于强烈，逃税、避税或纯粹不服从等情况将不断涌现，税收收入也将难以保障。因此，历任政府都十分清楚，税收只有获得纳税人的实际认同，才能够良好地实施。征税得以成功往往不是由税法的实体内容决定，而是取决于税收的征管机制。税收征管机制常常影响着公众对税收的态度，而这决定着税收的可接受程度。18—19世纪的纳税人更加关心税收的征管过程，而非税收的原则。任何国家的财政政策都不应低估一项高效且被公众遵从的税收征管机制的重要程度。正如1798年詹姆斯·贝亚德在美国国会上所说的那样，"与其说是税法的文字冒犯了人民，不如说是征管人员迫使他们缴纳税款时触怒了他们"，[129] 威廉·皮特在开征所得税时，对这一点应该是心有戚戚然的。[130] 税收的成功取决于纳税人是否愿意主动如实申报其财产

128　唐顿，《信任利维坦》，第180—204页。

129　《议会年鉴》(*Annals of Congress*, 5 Cong., 2 sess., 1231)，1798年3月5日，报告人：詹姆斯·贝亚德（James Bayard）。另可参见同上文献（13 Cong., 1 sess., 367），1813年6月29日，报告人：查尔斯·英格索尔（Charles Ingersoll）。

130　《议会历史》第34卷，第6—24栏，1798年12月3日。另可参见《议会辩论》第61卷，第3辑，第1025栏，1842年3月21日，下议院，报告人：查尔斯·布勒（Charles Buller）。

或所得，在这方面，公平、公正和高效的税收征管机制至关重要。良好的征管机制能够让公众相信，其所缴的税款不仅是其依法应当负担的，而且有助于促进公共合作。

英国纳税人早已习惯于传统地方主义的税收征管机制，它既可以回应纳税人的基本诉求，契合人民对地方控制税收征管的愿望，在理念上又能明显为纳税人提供保障。鉴于公众对税收的深刻关切与不信任，它还成为安抚纳税人的有效工具，以至于19世纪的英国立法者都认为，其功能不能被削弱。当皮特在1797年提出三倍评定税时，他意识到，该税的征管将"完全依据那些即将成为纳税人的臣民们早已熟悉和付诸实施的既有法律"。[131] 同样，在第二年开征备受争议的新所得税时，[132]他清楚地知道，只有紧紧依靠传统的地方主义税收征管原则，才能够确保法案在议会顺利通过。因此，他有意识地借助广为人知的既有征管机制，促使一项集强制缴纳、职权调查和极具敏感性的私人财务披露制度于一身的所得税，在政治层面能够被接受。

三、地方主义的保障属性

在传统上，地方主义模式早已被官方与民众所接纳，并视之为有效的纳税人法律保障措施。它所提供的保障体现在两个方面，其一是地方的非专业专员独立于中央政府，其二是专员们深谙当地

---

131 《议会历史》第33卷，第1049栏，1797年11月24日。

132 参见威廉·菲利普斯，《1799年所得税的实质反对意见》(The Real Objection to the Income Tax of 1799)，载《英国税务评论》(1967年)，第177页；威廉·菲利普斯，《所得税的起源》(The Origin of Income Tax)，载《英国税务评论》(1967年)，第114—115页。

事务。

由于地方专员体系独立于政府，其基本特征就是非政府性。在行政或司法程序中，如果一方当事人是政府，尤其是在税收领域，这种独立性就具有一定的意义。地方专员的独立性表现在两个方面：一是职能独立，地方专员并不隶属于中央政府；二是人员独立，地方专员在财政与政治上独立于中央政府。正是由于地方专员体系的独立属性，促使其能够在法律层面保障纳税人权利。如果由代表着纳税人的地方专员行使征管权，这些专员可以保持自身的独立性而不效忠于中央政府，那么他们就没有理由以不恰当的方式过度维护政府利益。地方专员的职能独立性源于创设该机构的法律。虽然这些法律规定，地方专员承担正式和最终的税收征管职责，但是在实际的征管过程中，财产评估、纳税评定与征收往往是由地方专员任命的下属官员负责。[133] 法律赋予地方专员管辖申诉案件的权力，是为强调地方专员对税收征管的控制性，特别是当法律一再重申地方专员作出的征管决定是最终决定时，[134] 在多数情况下，纳税人根本无权向普通法院提起上诉。

地方专员的职能独立性并未因为赋予行政机关的法定权力而遭到削弱。虽然财政裁判庭（fiscal tribunals）反映了早期中央与地方行政部门间的权力配置，但是税收立法中行政机关的职能显然从属于地方专员体系。以土地税为例，土地税专员是税收征管机制中地

---

[133] 38 Geo. III c. 5 s. 8 (1797) (land tax); 20 Geo. II c. 3 ss. 6–10 (1747) (assessed taxes).

[134] 38 Geo. III c. 5 s. 8 (1797) (land tax); 20 Geo. II c. 3 s. 13 (1747) (assessed taxes), though see the provisions of the amending Act 21 Geo. II c. 10 s. 10 (1748); 38 Geo. III c. 16 s. 54 (1798) (triple assessment).

方主义的典型代表，因为土地税的征管中几乎不允许任何来自中央政府的干预。然而在评定税领域，中央政府开始以积极的姿态参与其征管工作。按照法律的规定，财政部有权任命授薪官员，即税务督察员，在伦敦中央税务机关的直接控制和指导下，监督地方专员对税收法律的执行情况。[135]除检查财产、修正评税结果和征收附加费外，代表着中央行政权力的督察员制度不断发展，对未来英国地方主义的征管模式产生重要影响。在所得税领域，皮特意识到，如果没有来自中央的控制与支持，征管体系可能面临崩溃。因此，所得税征收管理需要中央与地方机构相互合作，也需要专业的督察员的参与，这是该体系有效运行的重要保障。督察员有权质疑地方专员做出的纳税评定结果，[136]也有权检查纳税申报表，以确定评税结果是否正确。然而，相对于地方专员，他仍然是下属而不是上级。[137]地方专员的任命过程中不应当附带任何私人的利益交换，否则专员个人将失去独立性，进而危及其机构职能的独立地位。为保证专员体系的独立性，他们并不由政府任命，并且不领取任何报酬。地方专员像治安法官一样，他们将自己的履职过程视为公民责任与社会义务。因此，只有拥有足够的财产、[138]具有无私奉献品质的公民才有资格被委任为地方专员，而他们也将自己的闲暇时间奉献给公共服务事业。

135　参见亚当斯，《督察员》，第294—295页、第300—301页。

136　《议会历史》第34卷，第7栏，1798年12月3日。

137　同上文献，第102栏。

138　38 Geo. III c. 5 ss. 92–3 (1797) (Land Tax Commissioners); 20 Geo. II c. 3 s. 6 (1747); 17 Geo. III c. 39 s. 7 (1777); 18 Geo. III c. 26 s. 10 (1778); 25 Geo. III c. 47 s. 11 (1785) (Assessed Taxes Commissioners); 39 Geo. III c. 13 ss. 23–26 (1799) and 43 Geo. III c. 122 s. 12 (1803) (General Commissioners of Income Tax).

地方主义模式固有的第二个保护因素,源于专员们对当地事务的熟悉,这有助于地方专员在征管中准确评定税款,确保所有应税财产依法足额、准确地缴纳税款。在英国传统语境中,治安法官并不需要具备任何专业知识,只要其拥有足够的常识、熟悉地方事务即可。在税收领域,这一现象表现得更为充分。正统的财政思想认为,执掌税收征管权的人应当能够体察当地人民与经济的基本状况、特定行业的薪资水平、个体的营利水平与获利方式、当地土地的价值,以及其他商业生活中的日常事务,这对于征管工作的有效开展至关重要。在土地税、评定税和所得税领域,地方性知识更是构成征管体制的基础。[139]在高度敏感的经营所得课税中尤其如此。这要求地方专员通常都是在当地拥有不菲财富的商人,但由此不可避免的是,这些专员对其商业竞争对手的财务状况会十分熟悉。事实证明,在18世纪末期,这一棘手问题困扰着历届立法者。皮特设立商业专员这个独立机构,试图解决这一问题。商业专员需要满足很高的财产资格,来自商界且由商界推举产生,全权负责经营所得的征管并负有保密义务。[140]虽然商业专员没有被明确要求具备商事专业知识,但是,要求其从商界中产生的任命机制,本身就蕴含了这种要求,以求在无损于地方主义的前提下追求专业的极致。鉴于商业专员需要了解财产数量和地点,借助于财产资格的要求,就可以保证其熟知地方事务。[141]居住地的要求也让专员们可以广泛地了解其所在地、财产和人民的情况。

---

139 《议会历史》第33卷,第1073栏,1797年12月4日。
140 39 Geo. III c. 13 ss. 95–118 (1799).
141 38 Geo. III c. 48 s. 2 (1798) (Land Tax Commissioners); 39 Geo. III c. 13 s. 25 (1799) and 43 Geo. III c. 122 s. 17 (1803) (General Commissioners of Income Tax).

至于对法律专业能力的要求，立法机关在政策中阐释的并不清楚，但毋庸置疑的是，如果没有法律专业能力，任何专员机构都无法有效运作，尤其在处理申诉案件时。虽然摆在地方专员面前的申诉通常都是小宗且简单的事实争议，他们仍然需要从独立和中立的角度审查证据并做出价值判断，这是一种只有经过长期训练的法律专业人士才具备的技能。财税专员要想具备这种能力，只有借助他们的书记员（clerks）提供协助。尽管书记员的法定职责总是被界定为纯粹的行政事务，包括关键文件的接收、归档、誊写和保管工作，然而这一职位在庭审程序中发挥着更为实质性的功能。地方税务专员会向其书记员咨询法律意见，不论是实体性问题还是程序性问题，由此使得书记员成为纳税评定中的一个关键角色。[142]

地方专员对纳税人的内在保障源于其独立性与地方性，一旦作为个体的地方专员本人缺乏廉洁、道德诚信和能力，其保障程度将大为减损。立法者认为，所有地方专员都应当宣誓，"保证在执行职务时，以最佳的能力和判断力，做到忠实诚信、公正无私、恪尽职守"，[143]以督促其在履职时秉持正直、诚实与公正的立场。不过，高素质的专员及其下属官员直接影响税务裁判庭的权威性与有效性，如果任用得当，可以强化纳税人权利保障的效果。然而，不同于法律职业人士，专员本身缺乏严格的法律专业培训与任命程序，税务裁判庭也没有像法院一样，为纳税人提供正式而复杂的程序。当时的英国人

---

142 参见《所得税委员会部门的证据记录》（Minutes of Evidence before the Departmental Committee on Income Tax），HCPP (1905) (2576) xlv 245, qq. 1978, 2014, 报告人：治安法官亚瑟·张伯伦（Arthur Chamberlain），提出伯明翰商会关于所得税的意见。

143 参见例如：38 Geo. III c. 16 s. 60 (1798); 43 Geo. III c. 122 Schedule F (1803)。

民普遍认为，要求专员拥有足够的个人财产，可以保障这些位高权重之人拥有充足的能力、可信赖度和个人荣誉感。个人财富反映其道德水平，至少可以确保其拥有一定程度的教育水平与社会责任感，并且不会在行使权力时因金钱诱惑而陷入腐败的境地。1799年，当皮特推出其富有革命性但不太受欢迎的所得税法时，他对地方专员的遴选标准和任命程序表现得十分谨慎。皮特向议院保证，被遴选的地方专员均为"拥有殷实生活的人士，并且在征管中尽可能地不存偏心、保持正直与独立性"。[144]在他看来，这些人"肆意滥用权力或沉溺于有害诱惑"的可能性微乎其微。[145]正是基于这样的遴选标准，大多数首席专员都是郡内有威望的富人，通常是上流人士或专业人士。在以商业为中心的城镇，被任命的地方专员多是商人领袖。[146]以个人财富作为专员的遴选标准，开启了商业新贵进入非专业司法队伍的大门，这一点在城市中格外显著。而多数首席专员同时兼任治安法官和土地税专员，其总是频繁地参与着各类公民生活和公共管理。而税务裁判庭基于其自身的聘任条件与续职规则，成为了精英人士持续活跃的舞台。

第五节　司法保障

英国纳税人的第三项法律保障机制是司法保障。18世纪，法

---

144 《议会历史》第34卷，第6栏，1798年12月3日。
145 《泰晤士报》1798年12月4日。
146 参见亚当斯，《督察员》，第299—300页。

治原则主导着英国的法学理论界,[147]并且衍生出权力分立的宪法理论。[148]1689年光荣革命后,通过孟德斯鸠在1748年出版的著作《论法的精神》[149]以及约翰·洛克完善和发展了权力分立理论。[150]这一理论强调限制王权,推崇议会至上的原则。与此同时,议会掌握立法权,政府掌握行政权,而审判权则归属于普通法院的法官,用于解决公民之间以及国家与公民之间的纠纷。只有法官才是宪法赋予国家司法权的人,他们的宪法职责是依据议会制定的法律进行公正裁判。当然,如果一项法律出现理解或适用的模糊或分歧,法官在法律适用时则必须对条文进行解释,因此衍生出法院的另一项司法职能,即法律解释权。17世纪英国的宪制变革确立了议会法律至上的原则,法官只能在制定法中寻找裁判的依据,而不能违背宪法随意造法。基于前述,法官通过以下三种方式保护个人权利:其一,确保议会法律的真实意旨得以贯彻与遵循;其二,由训练有素的专业人士负责

---

147 关于该术语含义的分析,参见威廉·韦德爵士(Sir William Wade)、克里斯托弗·福赛斯(Christopher Forsyth),《行政法》(*Administrative Law*),第九版(Oxford University Press, 2004),第20—42页;H. W. 阿瑟斯(Arthurs),《行政法的反思:一个略显冒险的事项》(Rethinking Administrative Law: A Slightly Dicey Business),载《奥斯古德·霍尔法律杂志》(*Osgoode Hall Law Journal*)(1979年)第17卷,第3号;W. 伯内特·哈维(Burnett Harvey),《历史视角下的法治》(The Rule of Law in Historical Perspective),载《密歇根法律评论》(*Michigan Law Revie*)(1961年)第59卷,第487页。

148 参见艾弗·詹宁斯爵士(Sir Ivor Jennings),《法律与宪法》(*The Law and the Constitution*),第五版(London: University of London Press Ltd, 1959),第18—28页。

149 Charles Louis de Secondat, Baron de Montesquieu, *De L'Esprit des Lois*, 1748 (Paris: Librairie Garnier Frères, 1949), Livre xi, Chapitre vi, 'De la Constitution d'Angleterre'. 参见詹宁斯,《法律与宪法》,第18—28页;C. K. 艾伦(Allen),《法律与秩序》(*Law and Orders*)(London: Stevens and Sons Ltd, 1947),第6—18页。

150 参见M. J. C. 瓦伊尔(Vile),《宪治与权力分立》(*Constitutionalism and the Separation of Power*)(Oxford: Clarendon Press, 1967),第76—118页。

纠纷与争议的裁判;其三,上级法院有权监督下级法院的司法裁判。因此,司法保障具有解释、裁判和监督三重属性。1637年的造舰税案严重影响了法官的公众形象,"他们原本应该像牧羊犬一样呵护羊群,却像狼一样让其保持警惕"。[151]不过,随着宪法层面分权原则的形成与实施,法官的地位逐步提高,法官独立于行政部门的审判独立理念也渐渐深入民心。[152]因此布莱克斯通认为,法官建构起一种"外墙或屏障",[153]以保障人民的绝对权利,其中当然包括衍生出征税同意原则的私人财产权。

一、法律解释

1689年英国《权利法案》明确,未经议会同意不得征税。因此,税收只能由法律创制,而解释税法的职权,宪法赋予了法官。早期,法官运用的法律解释方法是"缺陷纠正规则"(the mischief rule),这种解释规则不仅宽泛,而且可以参考立法目的,它超越了法律条文的字面含义,转而寻求法律的立法原意进行目的性解释。[154]它允许法官在解释法律时,"通过探求立法者的真实意图和公共利益目标的方式,纠正缺陷,加以补救",[155]布莱克斯通认为,"至少当字面

---

151 R. v. Hampden (1637) 3 ST 825 at 1260.

152 参见A. H. 曼彻斯特(Manchester),《1750—1950年英格兰和威尔士现代法律史》(A Modern Legal History of England and Wales 1750-1950)(London: Butterworths, 1980),第79—83页。

153 布莱克斯通,《释义》,第1卷,第141页。

154 参见D. J. 卢埃林·戴维斯(Llewelyn Davies),《英国法院根据其政策对制定法的解释》(The Interpretation of Statutes in the Light of their Policy by the English Courts),载《哥伦比亚法律评论》(Columbia Law Review)(1935年)第35卷,第520—522页。

155 Heydon's Case (1584) 3 Co 7a at 7b.

文义存在模糊时，这一规则是探求法律含义最为普遍与有效的方式"。[156] "理性与精神"在法律解释中应该受到倚重。第二种法律解释方法是"黄金规则"（the golden rule），这是一种最为宽泛、约束条件最少的解释方法。照其要求，如果法律条文的字面原意与议会立法意图相违背，可能引起显而易见的荒谬结论，法官可以通过增加或删除部分表述的方式探求文字表述的不同含义。[157]

然而在税法领域，这两种法律解释方法都不被认可。第三种法律解释规则，即"字面文义规则"（the literal rule），便成为19世纪之前英国法官解释税法和大多数制定法的工具。这一规则要求，法官作出的法律解释只能依据制定法的字面文义去阐释立法意图。正如培根所言，"制定法是立法机关意志的书面表达"。[158] 当法官面临其不熟悉的法律领域时，字面文义解释规则便是最为安全也最为简单的法律解释方法。在税法领域，法官仅依据"语法书籍与字典解释税法条文，而不存在任何其他指引"。[159] 鉴于税法通常没有显著的目的缺陷，因此缺陷纠正规则并不适合于税法解释。与此同时，税法明显不是权利救济法，传统税法的唯一目的便是为王室政府筹集财政资金。然而，除了法官追求税法解释的安全，税法避免使用目的性解释的主要原因在于，缺陷纠正规则和黄金规则可能破坏宪法确立的基本原则，即只有议会才可以对人民征税。言外之意，只有当法律文

156　布莱克斯通，《释义》，第1卷，第61页。

157　参见：Parke B in *Becke v. Smith* (1836) 2 M & W 191 at 195。

158　马修·培根（Matthew Bacon），《法律新一轮的精简》（*A New Abridgment of the Law*），亨利·格维利姆（Henry Gwillim）主编，第五版，共7卷（London: A. Strahan, 1798），第6卷，标题："制定法"，第364页。

159　维尼洛特法官（Vinelott J），《财政法解释》（Interpretation of Fiscal Statutes），载《制定法评论》（1982年）第3卷，第80页。

本中有清楚明确的规定时，人民才有义务纳税。

　　按照目的性解释的方法，当一个案件无法依据法律条文的字面文义进行裁判时，通过合理探求立法者意图，[160]法官可以扩张法律的适用范围，因为"立法者无法用明确的表述为每个具体案件立法"。[161]但在税法领域，这是立法者应该做的事情，税法应当明确地规定任何有关征税的事项。针对税法的文义，法官既无权作扩大解释，也不能进行限缩解释，以便归入或排除任何特定情况。只有严格依据字面文义解释法律，才契合这一基本原则。此外，法官唯有严格依据税法的字面文义进行解释，才能尽可能地维护纳税人对税收的稳定预期，以便与议会法律的内在要求保持一致。通过对字面文义解释规则的坚守，纳税人的司法保障逐步建立起来。法官据此所认可的是，纳税人仅需要严格依据税法文义缴纳税款；税收固然重要，但是其对个体权利也会造成内在侵害。因此，税法必须使用明确且清晰的文字表述，避免造成含混或模糊的情况。在维多利亚时代之前，这项纳税人的基本权利已经不断得到重申。1807年，首席大法官艾伦伯勒（Lord Ellenborough）即指出，一切针对臣民进行课征的法律都应当"尽可能地明确和清晰"。[162]

　　如果法律条文的表述清晰且意涵明确，法官便可直接适用。无论纳税人是否感觉负担沉重，仍须遵从条文的字面文义。法律续造之所以不被允许，是因为这可能会侵蚀议会的税收立法权。[163]哪

160　培根，《精简》，第380页。
161　同上书，第386页。
162　*Warrington v. Furbor* (1807) 8 East 242 at 245.
163　培根，《精简》，第391页。

怕在免税的问题上，法官也没有任何自由发挥的空间。[164]当法官依据税法文义进行裁判时，即便可能造成不公、谬误甚至违反常理的裁判结果，如果该条文的文义清晰明确，法官仍会依据传统，恪守这种最为严格的解释规则。例如，1800年首席大法官凯尼恩（Lord Kenyon）拒绝针对本票征收9便士印花税，因为依据印花税法的条文，这一印花税额应当是8便士。凯尼恩法官认为，"印花税法的字面文义清晰而明确，无法针对该条文作出其他非文义的解释。"[165]在此种情况下，法官运用字面文义规则解释法律是一个中性的、不添附价值判断的工作，它既不偏向纳税人，也不偏向税务机关。尽管这会限制法律解释的范围，但其结果往往有利于纳税人。相反，按照探求税法意旨的路径，裁判结果可能会有利于税务机关。法官会去揭示特定税法出台的原因，并据此对照行政机关的意图，而这二者肯定高度吻合。换言之，当缺陷纠正规则被适用于税法解释，而"缺陷"恰恰是"国家财政收入不足"时，法官的解释必然呈现"国库主义"倾向。

然而事实上，税法条文中常常出现模糊、不精确的表述或措辞，法官因此有机会选择有利于一方而导致另一方受损的法律解释路径。一直以来，国家利益与纳税人权利之间的紧张关系从未得到真正缓解。在二者利益发生冲突时，法院在多数情况下会选择支持纳税人，偶尔也会持有保障国家公共财政收入的观点。1809年布莱克斯通《释义》的编辑人员观察到，在税法适用存在疑义时，少数法官会选择作出有利于国库的法律解释，并认为"此种解释符合政府政

---

164 *AG v. Coote* (1817) 4 Price 183.
165 *Farr v. Price* (1800) 1 East 55 at 57.

策和社会公共利益的诉求"。[166]不过,这些仍属例外情况。由于课税的宪法重要性及其对人民财产自由的影响,法官在面对模糊的税法条文时,往往将其利益授予纳税人。这种税法解释的立场源自只有议会才能对纳税人征税的基本原则,在19世纪早期就已经以法律的形式固定下来了。[167]

二、裁判

法官以其中立裁判者的身份,审理和裁判公民之间以及公民与国家之间的纠纷与争议。然而,不同于英国其他法律部门,税务案件的审理由专门致力于解决直接税争议的地方裁判庭负责,成为英国纳税人一项重要且正式的裁判保障机制。法官通过裁判为纳税人所能提供的保障程度,取决于税法是否允许当事人向普通法院提起进一步的上诉。

在维多利亚时代以前,地方税务裁判庭作出裁决后,只有例外情形下才会允许当事人向普通法院提起上诉。这不会令人感到惊讶。在普通法的诉讼程序中没有上诉的传统,当事人认为下级机构的裁决存在事实或法律上的错误时,不会向上级法院提起上诉。因此,尽管1723年公民拥有上诉权被称为"英国宪法的荣光",[168]但司法实践似乎呈现不同的状态。传统观点认为上诉既无必要,也不可取。英国多数民事和刑事审判中,陪审团已经实际参与案件审理,他

---

166 布莱克斯通,《释义》,爱德华·克里斯蒂安(Edward Christian)主编,第15版,共4卷(London: T. Cadell and W. Davies, 1809),第1卷,第324页注释。这一评论似乎没有囊括在下一版本中。

167 *Gildart v. Gladstone* (1809) 11 East 675.

168 *R. v. Cambridge University* (1723) 1 Stra 557 at 564 *per* Pratt CJ.

们被广泛认为是案件事实的最佳和最终裁判者。[169]确实，陪审员本身就是非专业人士参与英国司法审判的另一体现，展现出司法对地方性知识的重视。另外，从更为实际的角度考虑，事实认定需要评估证人证言的可信度，难以依据纸面材料得出准确的结论。而重审案件事实或确保证据材料的绝对完整，是一个耗费甚巨、不切实际且漫长的过程。[170]因此，传统观点并不支持当事人就案件事实部分提起上诉，而法官裁判案件的法律适用问题是其法定权限内的职责。鉴于英国司法机关的规模精简且地位崇高，法官确信能够承担案件法律适用的职责。[171]因此，只有法律明确同意时，当事人才有权上诉。在这样的司法传统背景下，多数观点认为，当事人不应当就税务裁判庭的裁决结果向普通法院提起上诉，这些裁判庭的组织法也都已经对此加以确认。因此，各类地方专员机构作出的裁决几乎成为终审裁决。以土地税为例，土地税专员作出的申诉裁决具有终局性，[172]纳税人不享有上诉权，即便是法律争议也不例外。1799年所得税开征时套用此模式，1803年的所得税立法仍然延续这一惯例。[173]

然而，18世纪英国建立的税务案件上诉机制，以及据此形成的

169　参见H. J. 斯蒂芬（Stephen），《英格兰法律的新评注》（New Commentaries on the Laws of England），1844年伦敦，亨利·巴特沃斯（Henry Butterworth）印刷，共4卷（New York: Garland Publishing Inc., 1979），第3卷，第622—623页。另可参见《司法专员第一次报告》（First Report of the Judicature Commissioners），HCPP (1868-9) (4130) xxv 12；科尼什、克拉克，《法律与社会》，第19—21页。

170　《司法专员第二次报告的证据记录》，HCPP (1872) (631) xx 245，问题答复23—28。另可参见《皇家所得税委员会报告》（Report of the Royal Commission on the Income Tax），HCPP (1920) (615) xviii 97，第590段。

171　参见斯蒂芬，《新评注》，第3卷，第622—623页。

172　38Geo.IIIc.5ss.8,17,23,28(1797).

173　43Geo.IIIc.99s.29.

纳税人司法保障机制没有持续很长时间。尽管所有法律都承认非专业裁判庭作出的裁决具有终局性，有时候这种终局性也会受到限制，上诉因此得到允许。从18世纪中叶起，督察员或纳税人对地方专员作出的有关评定税或三倍评定税的裁决不服时，有权向中央法院系统提起上诉。上诉案件的审理是依据普通法传统的案件要点陈述[*]方式进行，即由陪审团针对事实问题进行最终裁决，同时在特定情形下允许"上级法院"复查案件所涉及的法律适用问题。[174] 上级法院需要认定地方专员作出的决定是否违背"法律的真实立法意图"，[175] 并根据法官的认定，维持或更正专员的裁决决定。这种权力被普遍地行使并据此产生大量判例。

三、司法监督

在税务案件的上诉制度中，纳税人渴望拥有程序性的保障机制。在上诉审理的过程中，秉持自然正义的程序能确保纳税人的申诉获

---

[*] 案件要点陈述（case stated）是当事人不服下级法院的判决或者裁判庭的裁决，提起上诉的一种方式。案件要点陈述中应当包含诉讼性质、现有进展、事实审查结果以及各方争议焦点的简要说明等内容。参见《通过案件要点陈述的方式提起上诉》（Appeal by way of case stated），https://www.lexisnexis.co.uk/legal/guidance/appeal-by-way-of-case-stated，最后访问时间：2021年9月23日。——译者

[174] 这一程序一般适用于一些特殊情况。参见律师协会（The Law Society），《普通法实务汇编》（*A Compendium of the Practice of the Common Law*）（London: R. Hastings, 1847），第383—384页；M. J. 普里查德（Pritchard），《不起诉：过早的讣告》（Nonsuit: A Premature Obituary），载《剑桥法律杂志》（*Cambridge Law Journal*）（1960年），第92—96页；C. 斯特宾斯，《通过案件要点陈述的方式对所得税首席专员的决定提出申诉：一个历史视角》（The Appeal by way of Case Stated from the Determinations of General Commissioners of Income Tax: An Historical Perspective），载《英国税务评论》（1996年），第611页。

[175] 21 Geo. II c. 10 s. 10 (1748). 这条规定被载入或被完全复制到后来的法律中，例如：17 Geo. III c. 39 s. 22 (1777); 18 Geo. III c. 26 s. 42 (1788)。

得公正审理。这些程序性权利在普通法院诉讼中大多能够得到保障，如要求证据材料遵循指定格式、符合证明标准，规定详细严密的庭审程序，可以聘请诉讼代理人核验证据，等等。地方和行政机关的非专业财政裁判庭并不享有这么完备的程序性保障，行政机关总是希望税务申诉解决得越快越好。尽管简易审理程序符合纳税人和行政机关双方的愿望，但它可能带来的结果是，裁决的公正性标准会受到减损。而在普通法院系统中，法官有权对下级法院的裁判进行司法审查，以确保其审判程序正确无误，且符合管辖方面的要求。这种权力涵盖非专业裁判庭的权力行使和程序保障，避免各类专员机构在申诉审理中出现程序瑕疵或错误，因而成为另一个潜在而有力的纳税人保障机制。

法院应在其管辖范围内受案，诉讼程序亦应恪守自然正义，这是英国法对司法程序古老而明确的要求。例如，人不能做自己案件的法官，法官判案时应保持独立与公正，这些都是牢不可破的规则。[176]王座法庭（the Court of King's Bench）通过行使其司法监督权，也让这些规则普遍适用于所有下级法院。税务裁判庭的组织法中同样包含了这些内容。例如，它要求宣誓恪守公正、避免利益冲突，[177]也要求防止明显的程序滥用，以及保证审理过程的公正。然而，在普通法体系中，上级法院有权监督和审查下级法院的裁判。王座法庭有权向下级法院发出再审令（writ of error），[178]要求其提供诉

---

[176] 参见：Coke CJ in *Dr Bonham's Case* (1610) 8 Co Rep 113b at 118a and Holt CJ in *City of London v. Wood* (1702) 12 Mod 669 at 687。

[177] 参见例如：38 Geo. III c. 5 s. 23 (1797); 38 Geo. III c. 16 s. 61 (1798)。

[178] 参见：*Jaques v. Caesar* (1670) 2 Wms Saund 100 n。

讼记录以备核查，确保其裁判中不存在法律适用错误。[179]再审令以及类似的非存卷法院的错判令（writ of false judgment）[180]被广泛地使用。[181]18世纪至19世纪初，尽管英国的再审令制度已经确立，并逐渐形成一项重要却稍显烦琐的当事人保障机制，但它却无法为地方税务裁判庭的纳税人诉讼提供司法保障。地方的非专业税务裁判庭并不隶属普通法的法院体系，无法享有存卷法院*的地位，也无法适用普通法法院所遵循的一般性原则。各个地方专员机构实际上形成一套全新的管辖体系，它依据议会的制定法而设立，在税收领域适用

179　参见爱德华·科克爵士（Sir Edward Coke），《英国法律学会第一部分》（*The First Part of the Institutes of the Laws of England*），1628年版，共2卷（New York: Garland Publishing Inc., 1979），第2卷，第288b页；培根，《精简》，第3卷，标题：错误A3（Error A3）；*Groenvelt v. Burwell* (1698) 1 Salk 144; *Scott v. Bye* (1824) 2 Bing 344; *Bruce v. Wait* (1840) 1 Man & G 1 at 2 n (a)。

180　参见F. 波洛克爵士（Sir F. Pollock）、F. W. 梅特兰，《英国法律史》（*The History of English Law*），第二版，1898年再次发行（Cambridge University Press, 1968），第2卷，第666—668页；*Dyson v. Wood* (1824) 3 B & C 449。

181　参见约瑟夫·迪克森（Joseph Dixon）主编，《卢氏高等法院实务》（*Lush's Practice of the Superior Courts of Law*），第三版，共2卷（London: Butterworths, 1865），第2卷，第657—686页。

*　存卷法院（court of record）是指那些其行为及程序被书面记录的法庭。17世纪普通法法庭发展出"只有存卷法庭方能对藐视法庭的行为处以罚金或监禁"的原则，即存卷法庭是能对藐视该法庭自己的那些行为处以罚金或监禁的法庭。对于刑事法庭而言，这是唯一的考查标准。而对于民事法庭则是指那些有权听审债务、赔偿及诉请财产价值在2英镑以上的案件的法庭。另外，当发生错判补救时，民事存卷法庭适用的是再审令，而民事非存卷法庭则适用错判令。存卷法庭对它自己在诉讼过程中所采取的措施均要作记录，这些记录是相关问题的结论性证据。非存卷法院（court not of record）相对于存卷法院而言，是一种低级别的法院，只具有有限的或专门的司法管辖权，例如由治安法官、市长或其他地方司法官员主持的裁判庭。存卷法院和非存卷法院的称谓不是很确切，非存卷法院也有对诉讼活动和判决的记录，只是相对于存卷法院来说，它的记录不具有权威性和永久见证作用。它与存卷法院的主要区别在于其司法权的大小。参见薛波主编：《元照英美法词典》，北京大学出版社2015年版，第344—345页。——译者

特定的专业规则，其审理方法与普通法的法院系统大相径庭。普通法法院由精通法律的专业法官组成，在诉讼阶段运用拉丁文，案件审理采用令状、诉状和陪审团的方式进行，审理结束后会形成正式的裁判文书。税务裁判庭并非如此，它们由不谙法律规则的非专业人士组成，审理过程中运用英语，同时避免使用书面辩护意见和陪审团审判，审理程序很不正式。正是因为双方存在这些程序上的差异，使得它们处理错误裁判的思路迥然有别。

然而，普通法通过执行令（mandamus）、禁止令（prohibition）以及提审令（certiorari）等王权令状（prerogative writs），在公共机构的监督领域内提供司法保障。执行令具有非司法属性，这来源于其监督自治地方和其他地方当局的目的。它可以要求法院去履行某项公共职能，或者报告为何未能履行某项职能。执行令也可以确保行政机关拥有法定的裁量权，并督促其积极而适当地使用这一项权力。禁止令涉及法院管辖权的控管，以及对设定该管辖权的法律或章程作出解释，目的是禁止下级法院超越其法定管辖权范围。[182]此外，禁止令同样适用于案件卷宗记载错误或裁判违反自然正义的情形。在纠正裁判错误方面，最为重要的令状当属提审令。[183] 1700年，首席法官霍尔特（Holt）认为，提审令适用于不依据普通法行事的法院机构，其效果"与再审令如出一辙"。[184]如果下级法院未能实现公正裁

182　参见：*Re Crosby Tithes* (1849) 13 QB 761; *Worthington v. Jeffries* (1875) 10 LR CP 379; *Mayor and Aldermen of City of London v. Cox* (1867) LR 2 HL 239; *Hall v. Norwood* (1663) 1 Sid 265。另参见：*Chabot v. Lord Morpeth* (1844) 15 QB 446。

183　关于提审令的早期历史，参见弗兰克·J.古德诺（Frank J. Goodnow），《提审令》（The Writ of Certiorari），载《政治学季刊》（*Political Science Quarterly*）（1891年）第6卷，第493—501页。

184　*Groenvelt v. Burwell* (1700) 12 Mod 386 at 389。

判，提审令可以让上级法院直接接手。[185]它有权要求下级法院将特定案件的诉讼记录移送王座法院。有了这些信息之后，王座法院就可以对其审理程序和裁判结果进行审查。[186]通过综合运用执行令、禁止令、提审令可以确保下级法院在其管辖权范围内依法裁判，让任何呈现在案卷记录上的错误得以纠正，并严格遵从自然正义的基本准则。[187]基于王座法庭的"伟大权威"[188]和内在力量，其有权"依据普通法"[189]发出提审令。王座法院执掌该权是出于公共政策的需求，它不允许下级法院不受上级法院的控制。[190]因此，这种监督机制在17世纪与18世纪的英国得到广泛应用。早期的司法实践已经确定，提审令的适用需要满足三项法律要求：其一，案件依据普通法规定的诉讼程序进行；其二，其所适用的是一个存卷法院；其三，该法院具有司法法庭地位。税务裁判庭明显不满足以上三项基本要求，因此，提审令的适用似乎面临着难以逾越的法律障碍。

维多利亚时代初期，税务裁判庭适用提审令的三个法律障碍中，

185　参见：counsel's argument in *R. v. Coles* (1845) 8 QB 75 at 79。

186　*R. v. Inhabitants in Glamorganshire* (1701) 1 Ld Raym 580; see too S.C. *The Case of Cardiffe Bridge* (1700) 1 Salk 146.

187　R. M. 杰克逊，《英格兰的司法机制》（*The Machinery of Justice in England*），第七版（Cambridge University Press, 1977）第167—168页。参见路易斯·L.谢菲（Louis L. Jaffe）、伊迪丝·G.亨德森（Edith G. Henderson），《司法审查与法治：历史渊源》（Judicial Review and the Rule of Law: Historical Origin），载《法律评论季刊》（1956年）第72卷，第345页；S. A. de 史密斯，《王权令状》（The Prerogative Writs），载《剑桥法律杂志》（1951年）第11卷，第40页；伊迪丝·G.亨德森，《英国行政法基础》（*Foundations of English Administrative Law*）（Cambridge, Mass: Harvard University Press, 1963）。

188　12 Mod 386 at 390.

189　*Groenvelt v. Burwell* (1697) 1 Ld Raym 454 at 469.

190　参见J. H. 贝克（Baker），《英国法律史导论》（*An Introduction to English Legal History*），第四版（London: Butterworths LexisNexis, 2002），第135—154页。

已经有两个障碍被逐渐克服。首先，第一项要求已经被克服，即提审案件应当依据普通法规定的诉讼程序进行。虽然在非正式的法定诉讼程序中禁止使用错判令，但是适用提审令的主体已经相对宽松，并不严格限定其是否为普通法法院。第二项要求，即提审令应适用于存卷法院原本难以克服。依据18世纪英国法律的观点，非存卷法院作出的裁判无法适用提审令。[191]科克已经将存卷法院定义为，有权依据普通法程序审理案件，并形成书面诉讼记录的裁判法院；[192]布莱克斯通主要聚焦于诉讼过程的书面记录在案，[193]以及这些书面记录的不容置疑性。然而，为何适用提审令的主体限定于存卷法院，并未获得清晰且明确的论证。部分法律人士坚持这一立场，其他人则鲜有提及。鉴于地方专员组成的税务裁判庭并不属于存卷法院，因此科克和布莱克斯通认为，税务裁判庭适用提审令极为不妥。从司法实践的层面来看，税务裁判庭因不具有存卷法院的正式司法地位而无法适用提审令，实际上转化成了一个程序问题。既然提审令适用于存卷法院只是强调着"存卷"这一要素，税务裁判庭就可以通过错判令制度克服这一限制。这些令状能够迫使下级裁判庭编纂完整的诉讼记录，虽然他们并非传统意义上的存卷法院，但实际上已经形成了诉讼记录，足以满足上级法院签发提审令的要求。[194]尽管只有普通法法院有权利用错判令获取下级法院的诉讼记录，[195]其他司法

---

191 Per Holt CJ in *Groenvelt v. Burwell* (1699) Carth 491 at 494; *R. v. Lediard* (1751) Sayer 6. 约翰·科曼斯爵士（Sir John Comyns），《英国法律文摘》(*A Digest of the Laws of England*)，第四版（Dublin, 1793），第2卷，标题：提审令A.1。

192 科克，《法律学会》，第2卷，第260a页。

193 布莱克斯通，《释义》，第3卷，第24页。

194 *Edwards v. Bowen* (1826) 5 B & C 206; *Ex parte Phillips* (1835) 2 Ad & E 586.

195 *Scott v. Bye* (1824) 2 Bing 344.

系统实际上也在尝试这一做法。这些裁判庭并不遵循普通法程序，却在实质层面适用着普通法。因此，它们有资格得到上级普通法法院的审查。很显然，税务专员们符合这些要求。他们所执行的就是英格兰的法律，尽管是制定法；他们也要受到证据体系、自然正义和司法先例等普通法基本规则的约束。

第三项要求，即正式的法庭地位，税务裁判庭在19世纪之前并未将其克服，维多利亚时代能否解决这一问题仍有待观察。更为根深蒂固的是，提审令无法适用于行政行为。贯穿整个18世纪，常有法官以这一理由拒绝适用提审令。[196]其原因在于，在英国维多利亚时代之前，税收征管被视为纯粹的行政程序，税务专员处理申诉案件也并未与之相区分。鉴于此，提审令制度无法发挥纳税人保障的功能。

第六节 纳税人法律保障的实现渠道

纳税人充分利用法律保障措施的程度，取决于他们对于法律保障的认知度、理解能力，以及获得法律保障的简便性。

一、获取税法知识的渠道

能否在税收领域获得法律保障措施，纳税人自己无法完全掌控。虽然议会同意原则已经成为纳税人最基本的保障措施，但英国没有任何一项官方文件规定税收领域内政府的规范框架或价值准则。英

---

196 *R. v. Lediard* (1751) Sayer 6; *Miller v. Seare* (1777) 2 Black W 1141.

国宪法历经数百年的演变,其内容散见于少数的宪法性文件、制定法与判例法的详细规范以及议会和政府实践惯例中。[197] 英国税收领域的宪法性原则既未被明确归类,也未能编纂成法典。因此,英国纳税人难以从宪法性原则中明确地找寻到有关税收的内容,也难以对税收的宪法性原则形成普遍的认知。

税收的开征、评定与征收均由法律明确规定,这是议会同意原则的具体表征。虽然维多利亚时代之前的税收立法数量明显少于现代,但是对于普通纳税人而言,知晓和理解这些繁复的税法仍旧困难重重。税收是英国议会立法的关键领域,在总体数量较少的制定法体系中,税法的数量占据较大的比重。制定法或公开出版,[198] 或私下印制传播,受过良好教育、拥有一定财富或专业能力的人士都能够实际接触。多数城镇的私人图书馆或阅览室中也存放着大量的法规文本,尽管不一定非常完整。此外,有文化的纳税人可以阅览《泰晤士报》,它会追踪刊载议会新近的重要立法成果,其中就包括税法。[199] 这些出版物和当地报刊中的文章、通讯和零星报道中有关税务案件的内容也是一个获取信息的渠道。

另一方面,对于普通纳税人而言,税法知识的获取几乎成为难以逾越的障碍。首先,纳税人无法推定新近颁布的税法业已囊括现行有效的全部规范。绝大多数的税收立法都会参引或援用既往的法

---

197 参见埃米尔·布特米(Émile Boutmy),《宪法研究》(*Studies in Constitutional Law*),E. M. 迪西(Dicey)译,第二版(法语)(London: Macmillan & Co, 1891);R. C. van 卡内格姆(Caenegem),《西方宪法史导论》(*An Historical Introduction to Western Constitutional Law*)(Cambridge University Press, 1995)。

198 参见曼彻斯特,《现代法律史》,第32页。

199 例如皮特引入所得税的报告,参见:《泰晤士报》1798年12月4日、15日、20日,1799年1月1日、9日,1799年3月15日。

律，并且适用单行的税收管理法。土地税法的数量相对较少，但评定税法的体系则显得十分庞杂。1799年《所得税法》属于新创设的税种，其内容也相对自成一体。即便如此，该法仍旧不是唯一生效的所得税法，议会当年就接连通过两部涉及所得税修订的法律。[200] 更有甚者，印花税与特别税局（the Board of Stamps and Taxes）负责管理的全部税种，要同时适用1803年、1808年与1810年颁布的《税收管理法》。通过参引援用的方式，程序规则得以楔入主要的实体法。尽管印花税与特别税局出版了有关所得税法的指引手册，名义上为了"通过简明扼要的方式解释所得税法的内容，以帮助民众快速熟悉法律的具体规则"，[201]然而多数纳税人仍旧无法理解所得税法的实质内容。1816年，亨利·布劳厄姆（Henry Brougham）指出，"仅税法的摘要部分就已经包含了大量的实质内容；即便是税法的索引部分，也能够占据不小的篇幅"。[202]关税法的复杂与混乱程度更甚。英国关税法的数目之多有目共睹，每届议会都会颁布新法或修改全部商品的关税税率，造成关税领域"混乱与错综复杂的现状"，纳税人和海关官员对此都感到非常困扰。[203] 1797年，关税法的征税范围超过1200类商品，单此一部关税法的条文就已经达到六大本之巨。[204] 1797年至1815年之间，仍有600部关税法得以通过。虽然17世纪至18世纪初曾有人尝试归并关税法的内容，但是均无法达到预

200　39 Geo. III c. 22; 39 Geo. III c. 42.

201　参见萨宾,《新的纳税人宪章或简易税收》（The New Taxpayer's Charter or Taxation without Tears）, 载《英国税务评论》（1991年）, 第411页。

202　《议会辩论》第33卷, 第1辑, 第856栏, 1816年4月2日（下议院）。

203　《关税主管专员的第一次报告》, 第323页。

204　同上文献, 第323页。

第一章　英国法律中纳税人保障机制的建立

期的效果,关税法体系变得"晦涩庞杂并陷入混乱"。[205] 1815年出版的《关税法摘要》是一次最成功的简并尝试。在维多利亚时代之前,该书一直成为海关官员的官方指导手册。[206]然而,众所周知,关税规则过于复杂,海关官员都难以理解其内容,普通商人更无从确定其应纳税额。[207]这一情况不仅限于关税领域,在消费税和印花税法中同样存在。

面对繁杂的税收法律体系,纳税人不仅难以将税法规则应用于自身的具体情景,而且阅读和系统完整地理解税法也成为一项难题。考虑到税收立法本身的特点,这个问题会更加严重。税法条文往往十分冗长,习惯于每一节仅使用一个连续的长句,没有标点符号断句,逻辑关联性不强,有时甚至存在前后矛盾的问题,加之经常使用古代英语的表述,让常人更加难以理解。综合复杂的税法内容、技术性十足的规范体系、陈旧过时的语言表达,以及多门类法律的整合需求,让税法成为律师的专门领地。[208]对于纳税人而言,税法逻辑混乱、内容模糊,让他们束手无策。

税法具有制定法的性质,加之税收争议几乎无法向普通法院提起上诉,致使税法判例发展缓慢。在一些重要的案件中,法官不得不对税法进行解释,这些解释记载于18世纪和19世纪初的私法判例汇

205　《关税主管专员的第一次报告》,第324页。
206　同上文献,第325页。
207　同上文献,第374页。参见爱德华·卡森,《十八世纪关税的复杂性》(The Complication of the Customs Duties in the Eighteenth Century),载《英国税务评论》(1982年),第315页。
208　《皇家所得税委员会的证据记录》(Minutes of Evidence taken before the Royal Commission on the Income Tax), HCPP (1919) (288) xxiii, q. 16028, A. M. 布雷姆纳(Bremner),大律师,代表英格兰律师协会总理事会。

59

编（Private Law Reporters）中。尽管理论上纳税人有机会接触到这些，但其内容通常令人费解，除非是受过专门训练的律师。另一方面，鉴于向公众开放的法律图书馆查无所知，即使有关评定税的判例法简明扼要、明确清晰，也仅有专业律师和政府官员可以了解和掌握其内容。

即使纳税人无法接触和理解正式的税法渊源，鉴于税务裁判庭的地方属性，纳税人也能接触部分税法知识。大部分有关税法实际应用的争议裁判均在地方进行，纳税人既能从其中了解一些税法基础理论，又能获取有关地方主义税务实践的相关信息。土地税和评定税尤其如此，其案件审理面向公众开放，但所得税则不然。英国纳税人对披露个人财务信息极为敏感，无论披露对象是政府还是公众。皮特为确保所得税法案在议会顺利通过，不得不在其征收管理程序中规定了严格的保密要求。[209]他不仅任命了一批品行良好的地方专员，并且要求他们以及所有相关工作人员宣誓不得泄露任何个人信息。虽然宣誓程序对专员和官员个人的法律影响有限，[210]但是通过规定证据只能提交给宣誓保密的人，要求对证人"分开"询问，[211]奠定了非公开审理及裁决的法律基础。与此相适应，任何与所得税审理程序有关的文书均不得向公众公开。

---

209 参见C.斯特宾斯，《1798年预算：所得税保密条款的立法》（The Budget of 1798: Legislative Provision for Secrecy in Income Taxation），载《英国税务评论》（1998年），第651页。

210 这些是承诺式的誓言，即与未来做或不做某事的意图有关的誓言，因此违背誓言不会导致以伪誓起诉。对未宣誓的行为规定了惩罚措施，即100英镑，参见：39 Geo. III c. 13 s. 22 (1799)。那些违背誓言的政府官员最终将被解雇。

211 39 Geo. III c. 13 s. 98 (1799)。另参见：39 Geo. III c. 22 s. 22 (1799)，其含义是只限于该法规定的必须宣誓群体。

二、申诉程序的可及性

由非专业的地方专员负责的申诉程序，只有在纳税人知晓该权利时，才能发挥其纳税人权利保护的功能。与纳税申诉相关的法律都包含信息公开条款且对此极为重视。申诉会议的时间、地点等信息会在礼拜仪式后张贴在教堂内，教堂门前、集市、交叉路口亦会张贴相关通知。[212]随着报刊的普及，申诉审理的通知开始出现在当地报刊上。在纳税人知晓其享有申诉权利之后，提出申诉的便利性才开始成为纳税人保障制度的核心。在十八世纪，这是个简单易行的事情，纳税人向专员或相关工作人员提交一个非正式的书面文件，表达申诉或拒绝的意思即可。[213]

申诉程序的可及性还体现在费用低廉上。18世纪和19世纪初，公众普遍认为申诉程序的费用低廉且易于启动。首先，作为地方主义的纳税人保障措施，申诉的审理在当地举行，纳税人无需前往伦敦的普通法院提起诉讼，可以避免交通、食宿以及误工损失等高额费用。地方税务裁判庭在英国各地设有数百个分部，纳税人可以向距其居所较近的裁判庭提出申诉。其次，地方税务申诉的审理程序简单随意，所涉及的通常是事实问题而非法律问题，纳税人无需聘请诉讼代理人协助。再则，虽然土地税、评定税和消费税领域的申诉案件允许公开审理，在所得税领域却被法律所禁止。[214]所得税的潜在申诉人数量众多。为保证所得税的程序便捷，以便高效评定和征收税

212　38 Geo. III c. 5 s. 8 (1797) (land Tax); 43 Geo. III c. 122 s. 145 (1803) (income tax).

213　38 Geo. III c. 5 s. 8 (1797) (land Tax); 38 Geo. III c. 16 s. 63 (1798) (triple assessment); 43Geo. III c. 122 s. 144 (1803) (income tax).

214　43 Geo. III c. 99 s. 26 (1803).

款,及时支应政府财政支出,作为一项公共政策,法律才会禁止公开审理所得税申诉案件。此外,这也有助于节省常规司法诉讼的巨额成本。

18世纪的纳税人能够轻松启动地方申诉程序,至于向普通法院提起上诉,即便是很少的那几类有资格的税务案件,程序启动也是极为困难的。在18世纪,一些特殊案件利用案件要点陈述的方式进行上诉被誉为运作高效且价格低廉的救济程序,[215]普通法领域则不然,纳税人向普通法院提起上诉的费用几乎高不可攀。1798年的一位评论家就针对衡平法院的土地税买断案件提出批评,认为其上诉程序费用高昂、耗时冗长。他指出,"单从金钱和时间成本的耗费而言,衡平救济甚至比罹患疾病更为糟糕"。[216]正因为普通法院的诉讼程序极尽复杂、充斥技术性、缺乏灵活性、运作缓慢且耗资甚巨,所以它在18世纪及以后被斥为无异于"拒绝司法"。[217]

第七节 小结

早在维多利亚时代之前百余年,纳税人法律保障已然确立在英

---

[215] 布莱克斯通,《释义》,第3卷,第378页。

[216] 匿名,《关于土地税买断法的思考》,第13—14页。

[217] 参见1828年亨利·布劳厄姆就普通法法院情况发表的精彩长篇演讲:《议会辩论》第18卷,最新一辑,第127—247栏,1828年2月7日(下议院),以及第833—897栏,1828年2月29日(下议院);《普通法专员的第一次报告》(First Report of the Common Law Commissioners), HCPP (1829) (46) ix 1;《普通法高等法院的程序、惯例和诉状制度调查专员的第一次报告》(First Report of the Commissioners for Inquiring into the Process, Practice and System of Pleading in the Superior Courts of the Common Law), HCPP (1851) (1389) xxii 567。

国的法律体系中。它们数量不多，均为原则性规范，而非细节性规则，法律表述的方式也从未变动。然而，随着维多利亚时代的到来，英国面临着众多新情势。不管是刻意安排，还是潜移默化，既往的纳税人法律保障措施难免随着社会变迁而需要被重新评估。问题在于，能否以及如何在新时代保持这些保障措施的功能与活力，纳税人对这些变革会过于敏感还是能够坦然接受。维多利亚时代还将向大家展示立法者和法官面临的抉择：是积极支持纳税人保障措施的变革，还是被动面对时代变迁而疏于因应，抑或是反对任何有关的革新。可以想象到，更多的现代政府认为纳税人保障对政府征税会造成过多约束，阻碍工业时代国家财政政策的施行。首先，政治观念的演进、选举权的扩大将影响议会同意权的行使。其次，在一个国家认同感增强、地方效忠度趋弱以及中央政府权力扩张的时代，地方主义的税收征管制度势必面临挑战。然后，司法观念的保守性和公共政策考量会影响对税务裁判庭进行司法控制的定性。有待观察的问题是，税收法律及其机构是能够被普通法体系接纳，还是因其过分吸纳行政色彩、缺乏法律属性而逐渐被边缘化？最后，税法领域是否也会掀起简便化、可及性的法律变革浪潮，暂时无从判断。

本书基于19世纪新的法律、财政、经济、社会及政治现实，对英国法律中保障纳税人利益的措施进行检视，并进一步阐述这些保障措施如何因应时代变迁向现代转型。它着力探索传统措施在多大程度上被保留或摒弃，观察法律在支持或适应新环境方面哪些做得还不够，不管是消极应对还是积极作为。它考察了法律文本及其所展现的规则、原则，以检视其是否保持了法的内在一致性。它审查了法律制度、司法实践、律师执业以及政府角色之间的互动，以评估这种纳税人保障措施受到损害的程度，或者换一个角度说，以确定这些措施在英国法律体系及其适用过程中是否成为基本法律原则。它揭示了税收与法律、行政与法律、法律理论与法律实践之间各种传统的外在障碍，也揭示了各个税种之间、直接税与间接税之间内在分野的规律性，以及它们对法律保障措施发展演进的影响。它评估了这些措施对维多利亚时代纳税人所能提供保护的程度，还有它在维系纳税人与国家之间关系平衡上的有效性。最后，本书讨论了这些保护措施的法律传承，包括税法及相关制度在整个法律体系中的地位，以及在税法中盛行且富有专业性的各种概念。研究结论部分所要论证的是，这些保护措施是否存在宪法渊源，在英国法律中是否潜藏着纳税人保护的宪章。

即便在当下，建立和完善纳税人的法律保障，确保纳税人只需缴纳合法课征的正确税额，仍然是现代税法需要面对的重要问题，其政治和法律意义不断增强。现代世界面临着与维多利亚时代同样的问题。欧盟体系内的税法整合，商业领域不断增进的全球化，税法越来越复杂，税率总体上不断上升，都是需要纳税人与税务机关共同应对的现代挑战。这使得纳税人法律保障更为迫切，必须将其置于强调个体人权保护、司法救济畅通、政务公开和问责的新要求中予以考虑。纳税人保护已经成为现代财政思想和财政政策中的核心议题。不过，作为一个如同税收一样古老的话题，伴随着现代世界财政秩序的型塑，纳税人权利保护在维多利亚时代所面临的，是首次也许也是最为严峻的一次考验。

第二章 纳税人的宪法性议会保障

第一节 引言

在维多利亚时代初期,纳税人的基本保障成为所有税收课征的先决条件,即只能依据议会法律的明文规定才能课税。《权利法案》中明确规定的议会同意,成为英国宪法防范国家肆意征税的基本规则。我们已经看到,[1]这一宪法原则一旦确立,就需要通过议会惯例中的程序性规则来实现,以确保税收政策在上下两院均接受严格且连续多轮的自由辩论,这种审查既不能削弱更不能废止。议会同意原则作为一项基本原则,自《权利法案》颁布后从未遭遇到实质性的挑战。1850年,首席法官王尔德说,议会同意原则"经常成为法律裁判的主题,甚至可以被视为一项法律公理,无须援引任何论据加以证明"。[2]然而,19世纪通过对议会程序进行的一系列公开法律改革,以及在法律执行领域内发生的潜在变化,这一保障在实体和程序层面均遭到削弱。

---

1 参见上文第13—19页。
2 *Gosling v. Veley* (1850) 12 QB 328 at 407 *per* Wilde CJ.

第二节　议会同意的削弱

一、行政机关的角色

中央政府希望对税收征管实行强效有力的控制。最重要的是，它希望在全国范围内形成统一的征管体制，促使全国各地纳税人以同一标准接受税法约束。这种体制必须能够确保所有税款及时征收，以维持稳定的财政收入。税收征管不可避免地需要一个专责税收事务的行政部门，而这个角色必然被赋予中央政府，因为它集税收的需求方、接收方与使用方于一体。行政机关自身直接管理着关税、消费税和印花税，然而即使是地方负责征管的税种，中央政府也不能毫无动作，只是把征管任务完全交由非专业的地方专员。即便是最具地方性的税种——土地税，也需要一些来自中央的指导，包括确定土地税的资金筹集数额、在地方征管体系下制定合理的征收规则，同时确保一旦征收完成，相关资金可以安全入库并且用于指定用途。

维多利亚时代初期，中央政府下属的税务机关承担着不同税种的征管职责。[3]消费税由英格兰和威尔士、苏格兰以及爱尔兰的三个税务局分别负责，直至1823年，三个税务局合并为统一的消费税局，[4]

3　参见约翰·克雷格爵士，《官僚作风的历史》，第9章。
4　4 Geo. IV c. 23 (1823).

关税领域也同样如此。1833年,印花税局与特别税局*合并。[5]然而,整个19世纪最为重大的一次机构整合发生在1849年,印花税与特别税局和消费税局合并为国内税务局(Board of Inland Revenue)。[6]国内税务局负责三类税种。首先是消费税,19世纪中期该税的征税范围包括烈酒、麦芽、纸张、马车和贸易许可证等众多商品;其次是印花税,征税范围包括契约、一般金融票据、遗嘱认证、遗产管理文书、遗产继承以及各类许可与证书等凭证;最后是一些特别税,包括对仆佣、马车、马匹、发粉和徽章等奢侈商品征收的评定税,以及土地税和所得税。国内税务局必须在全国范围内任命、培训、组织和监督大量工作人员,以有效履行征收管理职责,制定与所有新法相关的法律解释和政策并广泛宣传,同时处理公众不断提出的各类咨询问题。当时,政府对稳定财政收入有着不懈追求,税收制定法日益复杂却不成体系,以及英国工业化惊人发展所带来的复杂商业环境,正是在此背景之下,政府实施了以上举措。这是一项艰巨的任务,而且其艰巨性在整个19世纪都稳步地提升。

作为国内税务局的成员,主管专员的法定职责在其组织法、税

---

* 特别税局(the Board of Taxes)成立于1718年,主要负责特别税的征收,包括土地税、窗户税、住宅税以及评定税等。后与印花税局合并,成立印花税与特别税局(the Board of Stamps and Taxes)。此处"taxes"译作特别税,主要包括除关税、消费税和印花税以外的土地税、评定税以及所得税等在内的"特别"税种。参见英国国家档案馆资料,https://discovery.nationalarchives.gov.uk/details/record?catid=161&catln=1。——译者

5　4 & 5 Will. IV c. 60(1834).

6　12 & 13 Vict. c. 1. 参见温·格里菲斯(Wyn Griffit),《百年,1849—1949年的国内税务局》(*A Hundred Years, The Board of Inland Revenue 1849-1949*)(London: Inland Revenue, 1949),第2—6页。1909年,国内税务局不再征收消费税,征管工作交由关税和消费税局负责。

务局各个组织机构的旧法、与具体税种相关的法案，以及在专员的任命状中均有规定。[7] 1849年《国内税务局法》赋予专员"监督和管理"其主管税收的职责。[8] 尽管这一术语具有至关重要的意义，且为税务机关所熟知，[9] 但是在"监督和管理"税收的总体要求下，国内税务局所对应的职能和权力缺乏法律层面的保障。该法案和既往的立法都没有给这个术语下定义，也没有成为司法审查的对象。1849年法案还赋予国内税务局主管专员在执行税法过程中必需的所有权力，包括那些既往机构掌握的职权，同时确认所有规则、命令和条例的有效性，无论是老的中央税务机关既有的，还是新的国内税务局即将制定的。[10] 立法机关向国内税务局主管专员授予了极为广泛的法定职权，不仅缺乏明确界定且范围广泛，而且几乎涵盖税收征管的方方面面。由于法律定义的缺乏，加之国内税务局对控制和统一全国征管的渴望，执行法律的过程不可避免会出现内部惯例，而这正是纳税人所担忧的。

国内税务局享有的广泛而又模糊的法定职权，要求并允许其制定与税收征管相关的内部规则和惯例，进而遮掩其不为人知的一面。税务局往往利用"实用性和常识"为其行为辩护，并在"监督和管理"条款中寻求法律依据。税务局向其工作人员派发其制定的条例、指示和通知，并通过地方管道予以强化，[11] 要求工作人员遵从。通过这

---

7 参见1833年消费税专员的任命状，转载自《消费税机构调查专员第二十次报告》，*HCPP* (1836) (22) xxvi 179，第340页。

8 12 & 13 Vict. c. 1 s. 1 (1849); 53 & 54 Vict. c. 21 s. 1 (1890).

9 7 & 8 Geo. IV c. 55 s. 4 (1827); 4 & 5 Will. IV c. 60 s. 8 (1834).

10 12 & 13 Vict. c. 1 s. 3 (1849); 53 & 54 Vict. c. 21 s. 1 (2) (1890).

11 例如，国内税务局在地方报纸上发表一封公开信，针对1842年《所得税法》A类与B类报税单中税款评定是否适当，向督察员发出指示，参见《特雷曼的埃克塞特飞邮时报》(*Trewman's Exeter Flying Post*)，1843年1月5日。

一方式,税务局可以制定和传播税法的实施政策,同时约束其工作人员的行为,并解决征管过程中的常见问题。它对晦涩难懂的税法进行解释,同时援引司法裁判解决日常征管问题。在19世纪,国内税务局依职权对特定纳税个人或群体减免税收的情况较为罕见,[12]但这在下一世纪变得尤为重要。[13]正如这一术语所表达的那样,这一做法几乎无一例外[14]地会影响纳税人应纳税款的减免。由于减免税不是直接对特定纳税人征税,只是在理论上增加其他纳税人的总体负担,因此没有侵犯只有经过议会同意才能征税这一基本权利。税务局自我辩护的理由是,税收减免有利于纳税人,因为它可以消除纳税困难或税收不公。同时,税收减免事项会经过议会下设的公共账目委员会(Public Accounts Committee)审查,尽管该议题一般较为次要,现实中不会占用议会的辩论时间。不过到19世纪,这些内容已经被认定意义重大,其做法不仅危险而且不合法律。[15]

---

12 例如,国内税务局降低了1853年《继承税法》的恶劣影响,参见《国内税务局主管专员第二次报告》,HCPP(1857-8)(2387) xxv 477,第502—503页;针对外国驻英大使,减免其部分评估税和关税,参见《公共账目委员会第二次报告的证据记录》(Second Report and Minutes of Evidence before Committee of Public Accounts), HCPP (1897) (196) viii 5, qq. 423-6,报告人:E. W. 汉密尔顿爵士(Sir E. W. Hamilton);1894年俄罗斯亚历山大三世去世后,对遗产税进行减免,参见同上文献,第9—12页;约翰·布斯,《国内税务局……是圣人还是罪人?》,第167—175页。

13 在那时,通常被称之为额外的法定税收减免(extra-statutory concessions)。参见亚历山大·约翰斯顿爵士(Sir Alexander Johnston),《国内税务局》(The Inland Revenue)(London: George Allen & Unwin, 1965),第67—68页;大卫·W. 威廉姆斯:《额外的法定税收减免》(Extra Statutory Concessions),载《英国税务评论》(1979年),第137页;布斯,《国内税务局》,第17—19页、第145—175页;惠特克罗夫特,《立法机关和法院对避税的态度》,载《现代法律评论》(1955年)第18卷,第220—221页;H. W. R. 韦德(Wade),《宪法基础》(Constitutional Fundamentals)(London: Stevens & Sons, 1980),第57页。

14 建筑协会的综合税率体系是一个例外。

15 《公共账目委员会第二次报告的证据记录》,第5—12页,qq. 359-463, 878-1006。

国内税务局在实践中始终存在着非中立的质疑，因为保持税收稳定增长符合其利益。这可能对纳税人产生议会不曾预料的实质影响，也从未依据法律要求在正式法律条文中得以体现。[16]国内税务局可能会对司法裁判的适用范围和程度独立发表意见。1851年布拉德利·哈弗斯托案（Bradley Haverstoe）便是典型的例证。在此案中，高等法院王座法庭拒绝在土地税的评定中运用实时反映财产价值变动的传统评定方法，而认为应当在全部区域针对所有财产按照统一的英镑汇率进行评定。然而，国内税务局拒绝接受裁判的权威性，认为王座法庭无权管辖土地税的评定，同时认为法庭接收到的信息不全面。[17]国内税务局面对明确的司法裁判、法律意见书以及地方专员的疑虑，仍然保持自己的观点。税务局此举是基于务实的立场，因为这将破坏作为交易基础的传统且普遍的土地税评定方式。

这些内部惯例可能会影响税收征管的严格程度，税务局可根据其需求增加或减少税收收入。这些解释新税法的通告会分发给工作人员，以确保部门内部观点的一致性。内部文件的立场既可能有利于纳税人，也可能有利于国家。例如，当法律条文的表述足够灵活时，税务局既可以允许也可以拒绝税收减免。这些内部的征管规则、惯例和实践，从性质而言不属于法定的范畴。如果它们具备准法律的性质，且用于税收的征收而非减免，就会威胁到纳税人仅依据议会法律纳税这一基本法律权利。税务局可以利用这些内部惯例，在

---

16 参见门罗，《危机中的宪法》（The Constitution in Danger），载《英国税务评论》（1969年），第30页。

17 在女王诉土地税专员关于布拉德利·哈弗斯托（Queen v. Commissioners of Land Tax for Bradley Haverstoe）的案件中，与王座法庭判决书有关的信函，HCPP (1851) (528) xxxi 329，第337页。

政府财政需求增长时采取更为严苛的征管政策,提高征收管理效率;[18] 同时,基于控制公共支出的需求,税务局也能够积极作为,相应地精简或优化其内部编制,只是这一举措本身可能影响税法的执行。1860年议会中有人甚至略带嘲讽地评论称,"这拓宽了税务局的职责范围,扩充了工作人员的队伍,或许还能享有更高的薪资"。[19] 简而言之,当受到来自政治或经济方面的施压时,税务局可以在税收征管中采取相应的政策措施。中央税务机关的这些"立法"不属于税收法律的范畴,因此其侵犯了纳税人只能由议会授权征税的法律权利。无论其必要性如何,也不论其对纳税人而言是多么的合理或有利,这都是未经议会批准的。对于反对税务局解释或执行税法的纳税人而言,这种统一且严密的中央控制是一个巨大的障碍。由于官僚机构普遍不愿承认其错误,并且熟知复杂的技术性法律和实务操作,纳税人以其自身的实力无法与之抗衡。

纳税人的担心并不是多余的,因为在监督和管理公共收入职能方面,对税收委员会行为的法律约束是严重不足的。税种和税率是由政府决定的一项政治议题,也是19世纪议会通过正常立法程序重点关注的问题,但行政管理机制才是财政部关注的重点。[20] 虽然各类

---

18 关于税务局从雇主处获取信息,以核实其雇员纳税申报表的做法,参见罗伯特·科利(Robert Colley),《维多利亚时代中期的雇员与税务人员:1860年国家收集信息的研究》(Mid-Victorian Employees and the Taxman: A Study in Information Gathering by the State in 1860),载《牛津法学研究杂志》(*Oxford Journal of Legal Studies*)(2001年)第21期,第593页。

19 《议会辩论》第157卷,第3辑,第384栏,1860年3月12日(下议院),报告人:约翰·马奎尔(John Maguire)。

20 参见布斯,《国内税务局》,第30—36页;诺曼·切斯特爵士(Sir Norman Chester),《1780—1870年英国行政体系》(*The English Administrative System 1780-1870*)(Oxford: Clarendon Press, 1981),第225页。

资料均不断重申财政部对国内税务局的控制权，但是这种控制不仅模糊，而且非常微弱。至于国内税务局的主管专员，尽管在大多数早期组织机构法案[21]和委任状中包含了这一点，[22]但是在1849年国内税务局的组织法中对此没有明确规定。这种控制关系还以规章形式存在于财政部的会议记录中。中央税务机关与议会之间的关系有别于其他行政部门，它们的专员由王室任命，享有普通公务人员不具备的独立性。[23]而纳税人的议会保障则仰赖于其议会代表对税收法案的高度警觉，以及公共账目委员会的审查程序。[24]

早在19世纪之前，中央税务机关的独立属性和财政部的微弱控制就已经存在。[25]下议院敏锐地察觉到这一问题，并在1836年对消费税局表达了深切关切。虽然消费税局的宪法地位是财政部的下设部门，但是在实践中，其行为模式看起来像是一个独立部门，拥有不为宪法所认可的自主权。同时，税务局的权力存在着扩张的趋向，无论从形式上还是实质上，税务局似乎都是在不受约束的环境下执行税法，以至于财政部的控制几乎可以忽略不计。[26]同时，由于税务局

21　5 & 6 Will. & M. c. 21 ss. 11, 13 (1694); 4 Geo. IV c. 23 s.8 (1823); 7 & 8 Geo. IV c. 53 s. 2 (1827); 7 & 8 Geo. IV c. 55 s. 10 (1827); 3 & 4 Will. IV c. 13 s. 6 (1833); 39 & 40 Vict. c. 36 s. 2 (1876); 43 & 44 Vict. c. 19 s.12 (1880); 53 & 54 Vict. c. 21 s.1 (2) (1890); 56 Geo. III c. 98 (1816).

22　《消费税机构调查专员第二十次报告》，第340页；《关于印花税局和特别税局合并的财政部会议记录》(Treasury Minutes relative to Consolidation of Boards of Stamps and Taxes), *HCPP* (1833) (647) xxxii 655, 第661页。

23　约翰斯顿，《国内税务局》，第21页。

24　参见切斯特，《英国行政体系》，第275—281页。

25　参见爱德华·休斯（Edward Hughes），《1558—1825年的行政和金融研究》(*Studies in Administration and Finance 1558-1825*) (Manchester University Press, 1934), 第279—316页。

26　《消费税机构调查专员第二十次报告》，第303页。

的专员享有平等的权力,专员无需对税务局的行为负责,这一属性导致财政部的监督缺位现象更为严重。[27]

二、1913年《临时征税法》

中央税务机关在税法执行过程中,享有几乎不受约束的自由裁量权,这对议会同意原则的保障构成潜在而广泛的危害。这一现象之所以能够发生,是因为官僚体系和政治意愿的失败,也是因为税收征管工作的实际需求,使得税务机关必须拥有广泛的自由裁量权。相对而言,第二种危害表现得更加公开,范围也更窄。然而,由于拥有法律依据及合法性,这一危害更为明确而直接,且获得了议会的接受和认可。

通过决议而非议会法律的形式课税,这最初是一种议会的惯例。由于开征新税或提高税率的政府预算决议与体现这些决议的立法之间存在着时间差,致使决议征税的议会惯例得以形成。在19世纪的英国,绝大多数的税都是依据议会制定的税法持续征收,但是茶叶关税和所得税仍然保留其临时属性。课税法案在每年年底到期,该税就随之失效,需要议会法律予以续期。然而,新一年度的税收立法或税率调整立法,一般在年后才能够通过。因此,依据议会同意这一基本原则,前述的税收立法、税率调整立法,以及相关的征收管理机制应当在前一财政年度结束前终止,从技术上而言,在议会通过新法之前,任何新税的征收均为非法。[28]

---

27 《消费税机构调查专员第二十次报告》,第307页。另可参见《消费税机构调查专员第十四次报告(纸张)》(Fourteenth Report of the Commissioners of Inquiry into the Excise Establishment [Paper]), *HCPP* (1835) (16) xxxi 159。

28 具体操作的背景资料,参见大卫·W. 威廉姆斯,《纯粹的机制问题》(A Mere Matter of Machinery)(LL.M thesis, University of Wales 1975),第15—23页。

征税决议与确认该决议的立法之间存在法律空白，这会造成国家财政收入的严重流失和极大的不便，除非设法解决这一问题。在关税领域，任何延宕都可能致使偷漏税的出现。一旦进口商知晓政府打算对某类商品课征关税，在关税正式征收或税率调整前，进口商就会以免税或低税率的价格大量购进此类商品。因连续性与一致性的破坏，公共财政收入面临侵蚀；为其商品正常缴纳关税的进口商，可能面临着无法出售货物的风险，并可能因此破产；消费者同样会蒙受损失。在所得税领域，这意味着税务机关在这一空白期间无权征收，甚至无法开展任何征管工作，例如要求纳税人完成所得的申报，而这是征税前的必经程序。基于公共利益和纳税人便利的考量，议会有理由采取行动以妥善解决这一问题。[29]议会方面提出一项解决方案，即税务机关有权依据下议院赋税委员会（the Committee of Ways and Means）的决议征税，并在不久后通过议会法律予以正式批准。在既往实践中决议征税的先例已经存在，虽然不是法律先例，[30]但早在1830年就已经在关税领域出现，[31]并在19世纪中期得以确立。1848年，总检察长（Attorney General）在一次有关糖税的辩论中称，一旦征税决议通过，就"几乎可以推定"法案将以此为基础，实践中议会就是基于这种推定运作的。政府将要求海关工作人员依

---

29 参见《议会辩论》第26卷，第4辑，第467栏，1894年6月28日（下议院），报告人：威廉·哈考特爵士（Sir William Harcourt）。

30 托马斯·巴宾顿·麦考莱（Thomas Babington Macaulay），《英格兰历史》（The History of England），第二版，共5卷（London: Longman, Brown, Green and Longmans, 1849），第1卷，第454—455页；梅特兰，《英格兰宪法史》，第309页；大卫·W.威廉姆斯，《三百年过去了，我们的税收法案还依旧正确吗？》，载《英国税务评论》（1989年），第373页。

31 《议会辩论》第51卷，第5辑，第886栏，1913年4月7日（下议院），报告人：费利克斯·卡塞尔（Felix Cassel）。

第二章　纳税人的宪法性议会保障

据征税决议进行征收和管理。[32]

在格莱斯顿（Gladstone）担任财政大臣期间，一直延续着依决议征税的做法。1855年厄斯金·梅称，政府依据下议院通过的征税决议立即开始征收新税是一种"惯例"。[33]在1860年的一次税收抗议集会中，有人主张下议院关于新税开征或现有税种废止的决议应当立即生效。[34]此外，1909年在一场关于酒精与烟草税的辩论中，依决议征税被称为财政部的"既定惯例"。[35]因此，在19世纪末，一项严格意义上并不合乎法律的程序性惯例已然确立。在所得税领域，决议征税自1842年开始并未持续适用。这是因为，在近二十年时间内，所得税始终采取定期三年的课税方式。如果三年后所得税仍需继续征收，在法律失效之前，议会也会适时通过新法。直至1861年，依决议征税才正式适用于所得税。[36]

尽管决议征税被视为一种危险做法，但是在19世纪，其从未在英格兰地区经受任何一家法院的司法检验。不过，澳大利亚有过这方面的经验。英国移民为澳大利亚带去的理念是，只有代议制立法

32　《议会辩论》第99卷，第3辑，第1316栏，1848年6月29日（下议院），报告人：约翰·杰维斯爵士（Sir John Jervis）。

33　托马斯·厄斯金·梅（Thomas Erskine May），《议会法律、特权、程序及实践》（*A Practical Treatise on the Law, Privileges, Proceedings and Usage of Parliament*），第三版（London: Butterworths, 1855），第425页。

34　《泰晤士报》1860年5月16日，第12页b栏。

35　《泰晤士报》1909年5月18日，第7页c栏，作者：彭特兰勋爵（Lord Pentland）。另可参见《议会辩论》第159卷，第3辑，第1401栏，1860年7月5日（下议院），报告人：罗伯特·柯里尔（Robert Collier）。

36　T.吉布森·鲍尔斯，《鲍尔斯诉英格兰银行：法庭诉讼和法庭正式文书》（*Bowles v. The Bank of England: the Proceedings in Court and Official Court Documents*）（London: Butterworth & Co, 1914），第76—77页。

75

机构的投票同意,政府才能够征税。[37] 1865年,决议征税的模式在澳大利亚遭遇到司法挑战。[38]维多利亚州议会通过一项决议,决定针对某些进口商品征收关税。次日,原告进口大批的应税商品并缴纳关税。政府辩称,维多利亚州议会的关税决议构成"对征收关税绝对且无条件的批准",并且是下议院的"普遍惯例"。[39]然而,首席法官斯托维尔(Stawell)却并不认同,他认为"没有任何先例能够违背起草者对英国宪法的普遍理解,没有任何先例可以抵触税收的基本原则,即,课税必须获得议会内三大阶层*的充分同意。依据英格兰的法律,这种决议征税的特权不应当得到支持"。[40]三十年后,新南威尔士州最高法院再次提出这一问题,[41]却给出了不同的观点。该案中,在进口商依据议会决议(尚未立法通过)足额缴纳关税之前,海关总长拒绝该商品入境。法院承认进口商享有合法权利,但基于公

37　A. B. 基思(Keith),《自治领的负责政府》(*Responsible Government in the Dominions*),共3卷(Oxford: Clarendon Press, 1912),第1卷,第7页。参见皮特·A. 哈里斯(Peter A. Harris),《1866—1922年澳大利亚所得税的蜕变》(*Metamorphosis of the Australian Income Tax: 1866 to 1922*)(Canberra: Australian Tax Research Foundation, Research Study No.37),2002年,第13页及以下诸页;斯蒂芬·米尔斯(Stephen Mills),《澳大利亚税收》(*Taxation in Australia*)(London: Macmillan & Co, 1925)。

38　Stevenson v. The Queen (1865) 2 Wyatt, W & A'B 143.

39　同上文献,第146页。

*　英国议会中存在着三大阶层:下议院中的平民阶层,上议院中的贵族和以英格兰教会主教为代表的神职人员,他们也有权以上议院神职议员的身份(Lords Spiritual)参加上议院。参见https://en.wikipedia.org/wiki/Estates_of_the_realm#Great_Britain_and_Ireland。——译者

40　同上文献,第159页。在第二次诉讼中,根据默示合同(implied contract)要求政府退还关税,最终进口商胜诉,参见: Stevenson v. The Queen (1865) 2 Wyatt, W & A'B 176。

41　Ex parte Wallace & Co (1892) 13 NSWLR 1.

共政策的考虑，仍拒绝为进口商颁发强制入境的执行令状。在法院看来，决议征税是行之已久且公认的宪法原则，目的是为保障财政收入。首席法官达利（Darley）认为，如果允许进口商主张其合法权利，这一自由裁量权的行使"将极度危险，并且危及英国宪法最杰出倡导者长久以来遵从的惯例——一种基于理性和良善，由杰出人士依据公共利益而制定的惯例"。[42]因此，法院承认决议征税违背纳税人的严格法定权利，但是基于公共政策接受了这一做法。如果不这么做，将造成商品投机、商业利益和公共利益的损失。

直至维多利亚时代末期，尽管决议征税这一模式都未能获得司法的认可，但是在1870年至1890年间，议会采取各种立法手段赋予决议征税以法定效力。在关税领域，1876年《关税合并法》（Customs Consolidation Act）明确规定征税决议的有效性。[43]这是税法中首次提及征税决议，标志着议会承认日趋增强的下议院决议的效力与影响力。[44]此外，1877年马恩岛立法机构颁布一项法律，规定立法机构作出的任何关税决议，经财政部批准后立即生效，期限为六个月。[45]因此，立法已经明确承认下议院决议的效力。[46]例如，当下议院的决议决定增加茶叶或糖类的关税后，次日就会在港口依据决议进行课征。1870年，所得税领域出现第一条涉及征税决议效力的法律条文，其中规定："对下一年度可能继续征收的所得税，现行有效的所有法律条文也具有'完全的强制力和效力'，就如同议会已然在下一年度

42　同上文献，第9页。
43　39 & 40 Vict. c. 36 s. 18. See too 16 & 17 Vict. c. 107 s. 19 (1853).
44　吉布森·鲍尔斯，《法庭诉讼》，第104页。
45　50 & 51 Vict. c. 5 s. 2 (1887).
46　39 & 40 Vict. c. 36 s. 18 (1876).

审议通过一样。"[47]这一条款出现于1870年的原因是，虽然当时反对所得税的抗议运动正值高潮，但是英国立法者意识到，即便理论上不支持，所得税也会在实践中持续征收。此后，尽管表述愈发笼统，但是直至1890年《关税与国内税收法》，[48]所得税的每项新法中均设有一节规定，上一年度四月五日生效的法律，其中的规则应当适用于新法所征收的所得税。[49]虽然1870年《制定法实务》(Practical Statutes)的多数编辑认为这一发展并不值得评论，但是同年其中一位编辑指出，这是自二十七年前重新开征所得税以来，首次在议会表决前就已经开征的所得税。[50]事实证明，这位编辑的担心并非是多余的，因为该条文的适用范围十分广泛，足以允许税务机关征收税款本身。只不过，此条文的目的在于"确保按时开征"新财年的所得税，因此，这个原本表意模糊的条文就只能适用于依法到期的所得税。在议会就所得税问题作出正式表决前，只允许税务机关进行所得税评定的初步程序，即发出征收通告和所得税申报表，以确保新的立法通过后能迅速完成征收。[51]

澳大利亚法院1892年提出，决议征税中存在一个不成文的规定，即征税决议一般能够适时转化为税法。只要议会及时通过相关立法，这一便利做法是可以被广泛接受的。一旦征税决议与转化立

47　33 & 34 Vict. c. 4 s. 1 (1870).
48　53 & 54 Vict. c. 8 s. 30.
49　34 & 35 Vict. c. 5 s. 1 (1871); 36 & 37 Vict. c. 8 s. 1 (1873); 37 & 38 Vict. c. 16 s. 6 (1874).
50　《议会辩论》第199卷，第3辑，第1731栏，1870年3月10日（下议院），报告人：乔治·斯莱特－布斯（George Sclater-Booth）。
51　Bowles v. Attorney-General [1912] 1 Ch 123.

第二章 纳税人的宪法性议会保障

法之间存在着较长间隔,[52]这一做法便开始出现缺陷和被滥用的可能。自1861年至1911年,所得税法一般在五月或六月由议会表决通过,偶尔延期至八月,却从未超过九月。但是,在未出现任何紧急事态的情况下,1911年所得税法延迟至当年十二月才由议会通过。当时的财政大臣是大卫·劳埃德·乔治(David Lloyd George)。相较于关税而言,所得税的法律地位更为脆弱,这一来自维多利亚时代的惯例很快就面临司法审查。托马斯·吉布森·鲍尔斯(Thomas Gibson Bowles)是"一位坚守英国议会规则和程序的议员",[53]他代表的是人民的自由,并以纳税人的身份率先挑战决议征税。他是维多利亚时代的约翰·汉普顿,"一个最为谨慎的财政秩序守护者"。[54]

吉布森·鲍尔斯拒绝申报超级税(Super Tax),一种1910年英国对高收入群体征收的年度附加所得税,其理由是,议会尚未表决通过本年度的税收立法,税务机关无权要求其申报。事实上,税务机关的依据并非是议会的惯例,而是1890年《关税与国内税收法》。[55]税务机关主张此法案适用于该税种,因为超级税属于所得税的范畴,[56]其并非是"财政动物园中新亮相的动物"。[57]因此,先前已经生效的有关超级税的法律规定仍然具有效力,就如本年度的税法已经审议通过一样,税务机关的纳税申报要求合乎法律规定。在鲍尔斯诉总

---

52 关于1842年以来征税决议与转化立法之间的延宕程度,参见威廉姆斯,《纯粹的机制问题》,第217—219页。

53 《议会辩论》第51卷,第5辑,第1037栏,1913年4月8日(下议院),报告人:威廉·乔文森-希克斯(William Joynson-Hicks)。

54 《议会辩论》第41卷,第5辑,第1525栏,1912年7月26日(下议院),报告人:奥斯汀·张伯伦(Austen Chamberlain)。

55 53 & 54 Vict. c. 8 s. 30.

56 10 Edw. VII c. 8 s. 66 (1910).

57 Bowles v. Attorney-General [1912] 1 Ch 123 at 131.

检察长案中,仅仅涉及税务机关采取的初步征管程序,即纳税申报程序,而非实际的税收征收行为。尽管税务机关的行为拥有法律依据,但会削弱议会同意原则的法律保障效力。不过在案件裁判中,法官明确留待讨论的问题是,在税法实际表决通过前,税务机关是否有权评定和征收税款。[58]当税务机关有意如此操作时,为寻求司法机构澄清这一问题,吉布森·鲍尔斯故意购入大量爱尔兰土地,并于1913年再次向法院提起诉讼。

1912年,吉布森·鲍尔斯收到了扣除所得税后的红利所得;尽管当前年度的所得税法尚未获得王室批准,但是英格兰银行仍旧预先扣缴其股息红利所得税。鲍尔斯坚称,这一行为属于英国政府"蓄意为之且持续不懈"[59]的非法征税行为,它们获取了超过1200万英镑的税收收入,[60]利用了"纳税人的不明就里、恐惧以及谦卑"。[61]正如三百年前的汉普顿一样,[62]鲍尔斯援引《大宪章》中一连串的法定权限进行辩论,其中就包括"未经议会同意不得征税"的议会同意原则。厄斯金·梅曾表示,从严格意义上而言,决议征税这一惯例是不合法的,[63]财政部在1903年也认同这一惯例可能"违背制定法"。[64]吉布森·鲍尔斯坚称:"征税的权力仅在议会,任何征税行为必须依据现行有效的议会法律。没有议会颁行的税法就没有征收

58　同上文献,第137页。
59　吉布森·鲍尔斯,《法庭诉讼》,第7页。
60　同上书,第9页。
61　同上书,第10页。
62　吉布森·鲍尔斯自己进行了比较,参见吉布森·鲍尔斯,同上书,第12页。
63　厄斯金·梅,《议会》,第425页。
64　《公共账目委员会证据记录与第四次报告》(Fourth Report and Minutes of Evidence before the Public Accounts Committee),HCPP (1903) (304) v 21,第14页和第240页;qq. 3479—80。

权。"[65]由于议会同意原则不容置疑，所以政府主张这一案件取决于所得税法的建构思路。所得税制度不仅在申报方面，而且在评定和征收方面都已经呈现永续性。因此，虽然新法尚未通过，但是立法机关的意图是，允许政府课征所得税。

帕克法官不支持议会决议足以向纳税人征税的说法。决议本身并不具备任何法律效力，所以正式的议会法律是必不可少的。此外，"任何惯例或习惯，无论其是否长期存在，或者纳税人是否遵从，都不能成为政府违背制定法的说辞"。[66]帕克法官也不支持在新的立法通过前，税务机关拥有预先扣缴税款的法定权力。1890年《关税与国内税收法》仅限于保持所得税机制的有效性，没有实质性效力，法律并未授权征税。[67]如果该法认同仅仅依据决议就可课税，就会明白无误地表述出来。只有依据议会法律才能征税，这一宪法基本原则由此得到明确的重申。

当决议征税的惯例被认定为非法后，将其纳入正式立法的必要性得到认同。鉴于下议院在税收领域拥有至上的地位，没有理由不可以立法允许依据其决议征税。事实上，关税领域早已如此，且没有什么异议。在帕克法官作出裁判之前，劳埃德·乔治就知道，一旦决议征税受到司法审查，很难保持合法性和约束力。[68]因此早在1913年，劳埃德·乔治就建议赋予其法定效力。他提出，下议院赋税委员

65　*Bowles v. Bank of England* [1913] 1 Ch 57 at 71.

66　同上文献，第84—85页。

67　这一点从但书中可以看出，前一年适用的所得税税率无法延续至该法中，因为在纳税评定之前不可能征收，在知晓税率之前也不可能评定，而且税率不能仅通过议会决议来决定。

68　《议会辩论》第41卷，第5辑，第1522栏，1912年7月26日（下议院），报告人：大卫·劳埃德·乔治。

会就开征新税、变更现有税种或延长临时税征收而作出的决议,应具有暂时的法定效力。这一提案引发了漫长且激烈的议会辩论。

政府认为,提案旨在解决司法裁判暴露的决议征税的合法性问题,[69]而该提案仅仅是将一项既定且长期的惯例规范化和合法化。[70]显而易见的是,政府并不乐见正式的议会征税权的保障,尝试以公共政策为由对其进行削弱,并将公共利益置于纳税人的合法权利之上。反对者则拒绝接受这一观点,因为赋予征税决议以暂时性的法定效力没有带来实质性的改变。决议征税的本质在于其灵活性与适应性,[71]而且由于众所周知这并不合法,所以政府会审慎且合理地采取这一做法。作为一项历史悠久的议会惯例,一旦政府开始滥用决议征税权,任何遭受损失的纳税人均有权向法院提起诉讼。尽管这可能威胁到议会的纳税人保障功能,但是这并非是最终结果。因此,承认或质疑决议征税,都是纳税人对抗肆意征税的重要保障,而政府提案大大削弱了议会对纳税人的保障效果。尽管这一提案遭遇到强大的阻力和反对意见,最终议会仍然审议通过了1913年《临时征税法》。[72]《临时征税法》允许征收关税和所得税的决议立即生效,不过,如果决议通过后四个月内未能获得立法的认可,则该税收立即失去效力。人们普遍认为,吉布森·鲍尔斯的诉讼成为议会程序改革的

---

69 《议会辩论》第51卷,第5辑,第1777栏,1913年4月14日(下议院),报告人:总检察长鲁弗斯·艾萨克斯爵士(Sir Rufus Isaacs AG);第51卷,第5辑,第1838栏,1913年4月15日(下议院),报告人:大卫·劳埃德·乔治;第51卷,第5辑,第1840栏,1913年4月15日(下议院),报告人:总检察长鲁弗斯·艾萨克斯爵士。

70 《议会辩论》第51卷,第5辑,第836栏,1913年4月7日(下议院),报告人:大卫·劳埃德·乔治。

71 《议会辩论》第51卷,第5辑,第886—888栏,1913年4月7日(下议院),报告人:费利克斯·卡塞尔。

72 3 Geo. V c. 3.

导火索，政府不得不每年及时向议会提交财政提案，并将决议征税这一公认的惯例置于更为稳固和安全的基础之上。虽然吉布森·鲍尔斯对那笔税款的操作感到不满，但对《临时征税法》还是感到满意，因为这部法律限制了权力的行使，并确保新财年征收所得税的财政立法最迟在八月通过，这是对现行做法的重要完善。[73]

第三节 两院之间的紧张关系

托马斯·厄斯金·梅在1844年首次出版的《议会法律、特权、程序及实践》中，阐述了维多利亚时代早期议会审议财税法案必须遵循的详细程序。[74]这些程序旨在确保每一项税收政策能在一个见多识广的议会中得到充分讨论，并通过广为宣传让纳税人有机会与其议会代表联系，提出他们的关切和意见。[75]财税法案在关键的二读程序之前，要印刷并分发给每一位议员。在二读过程中，由政府部长向议员陈述法案的必要性，并针对原则性问题进行充分辩论。该版本的法案通过后，再由下设委员会做最为细致的逐条审议，这是一次具有独特价值的讨论，委员会成员可以多次发言。经过这种彻底审查和报告程序后，法案会纳入修正意见并重新印刷，在三读时提交至议会。随后，该法案被移送至上议院审查，最终由王室批准后才成为正式法律。厄斯金·梅还重申了长久以来在税收领域指导下议院和

---

[73] 吉布森·鲍尔斯，《法庭诉讼》，第13页。
[74] 厄斯金·梅，《议会》，第367—389页。
[75] 《议会辩论》第51卷，第5辑，第940栏，1913年4月7日（下议院），报告人：弗雷德里克·班伯里爵士（Sir Frederick Banbury）。

上议院的传统原则,这些原则维护了下议院对财税议题的至上地位,以及上议院就此而言的从属属性。[76]下议院始终坚称,上议院无权以任何方式干涉财税法案,[77]但是上议院完全不以为然。实践中上议院已经多年未对财税法案行使否决权,不过却从未同意放弃这一权利。

一、1860年《纸张税法案》

上议院很少对财税法案行使否决权,因为这显然会影响王室的财政收入。然而,1860年上议院准备行使这一权力,这在议会内部引发了激烈的争辩,并且在半个世纪后导致了17世纪以来前所未有的宪法危机。当时,格莱斯顿提出饱受争议的纸张税废除法案,他认为废除纸张税不仅是为了降低报纸价格,总体而言,更是迈向财政体制合理化以及平衡直接税与间接税的重要一步。[78]鉴于纸张税可能阻碍贸易和商业的发展,并且不利于知识传播,因此下议院表决将其废除。[79]这虽然减轻了纳税人的负担,但也意味着必须想办法弥补财政收入损失,下议院由此建议调高所得税。鉴于以上关联,纸张税废除应当与征收新税或提高税率一样,接受同等程度的审议。议会充分讨论了此举可能引发的社会、经济和道德问题,尤其是对知识和教育方面的影响。

作为反对党的保守党力促上议院否决该法案。保守党这样做

76　厄斯金·梅,《议会》,第420—430页。

77　参见上文第18—19页。

78　参见普拉克内特,《塔斯韦尔-兰米德的英国宪法史》,第548—549页。另可参见马修,《格莱斯顿》,第113—114页;萨宾,《巨额预算:1860年格莱斯顿预算》,载《英国税务评论》(1972年),第111页。

79　关于新闻界反对纸张税的论点,参见《泰晤士报》1858年6月22日,第8页e栏。

主要是基于经济因素的考量,他们认为,废除纸张税是以直接税取代间接税的行为,并且该法案可能鼓励英国造纸商迁移至境外,而英国不能放弃这一项税收。蒙蒂格尔勋爵(Lord Monteagle)认为,纸张税本身是一项低廉且易于征收的税种。将纸张税等同于知识税的观点是"无稽之谈",[80]因为纸张税主要针对包装用纸而不是印刷用纸。德比伯爵(Earl of Derby)坚称,在英国当前的金融、财政和政治形势下,废除纸张税是一项"草率且鲁莽的提议"。[81]林德赫斯特勋爵(Lord Lyndhurst)在一次学术演讲中阐述上议院在财税法案领域享有的权力,他承认上议院不能提出或修改财税法案,但是有权否决,且下议院从未质疑过上议院的否决权。[82]事实上,1853年阿伯丁伯爵(Earl of Aberdeen)在担任首相时已经提及这一点,议会实践中也存在很多的例证加以支持。[83]切姆斯福德勋爵(Lord Chelmsford)指出,如果上议院在这样的情况下都不对财税法案行使否决权,上议院就成为"宪法中的摆设",无法介入任何与公众相关的领域。[84]

下议院对上议院行为的宪法意义和重要性有清醒认识。政府并不否认上议院拥有否决整项财税法案的严格法定权力,但是区分了何为合法、何为合宪。即便两院在财税领域的法律权力存在明确冲突,下议院宣称其拥有完全的、排他的权力,而上议院不作任何让步,但是两院在工作中已经基于默契达成共识,即,下议院在财税领域拥

---

80 《议会辩论》第158卷,第3辑,第1490栏,1860年5月21日(上议院)。
81 同上文献,第1530栏。
82 同上文献,第1464—1465栏。
83 《议会辩论》第127卷,第3辑,第670栏,1853年5月27日(上议院)。
84 《议会辩论》第158卷,第3辑,第1507栏,1860年5月21日(上议院)。

有排他性的权力，上议院有权阻止下议院滥用权力，以财税法案为幌子强行通过其他法案。[85]因此，在否决纸张税废除法案时，上议院违背了两院达成的基本共识。在此基础上政府认为，依据宪法，上议院无权否决经下议院审议批准、属于政府整体财政计划的财税法案。这种对税收的干预实际上切断了税收与代表权之间的联结，构成对下议院征税权的空前威胁。

尽管议会和民众的情绪强烈，帕默斯顿勋爵提出的一项重申下议院在税收领域享有至高无上地位的决议仍获得一致通过。[86]虽然格莱斯顿未能成功废除纸张税，但经由此一过程，下议院的征税权得以强势主张。半个世纪后，纸张税法案对于维护议会同意原则这一纳税人宪法保障机制的重要性才最终显露出来。废除纸张税的问题在次年得以解决。格莱斯顿将包括废除纸张税在内的政府全年度财政提案，纳入政府总体财政计划中，上议院对此束手无策，除非否决该年度的所有税收提案，并且背负政府停摆的责任。[87]这种合并法案的方式被认为是对1860年合法否决财税法案的上议院的羞辱，[88]

---

[85] 《议会辩论》第159卷，第3辑，第1434栏，1860年7月5日（下议院），报告人：威廉·格莱斯顿。长期以来，引用"大头钉"策略被认为是危险而又违宪的做法，参见约翰·哈特塞尔，《下议院诉讼程序的先例》，第3卷，第195页。

[86] 《议会辩论》第159卷，第3辑，第1384栏，1860年7月5日（下议院），报告人：帕默斯顿子爵（Viscount Palmerston）。由于他的反应软弱，他受到政府同僚的严厉批评，参见第1423、1430、1461、1462、1464、1471栏。他本人反对废除纸张税，参见迈克尔·帕特里奇（Michael Partridge），《格莱斯顿》（London: Routledge, 2003），第95页。

[87] 马修，《格莱斯顿》，第113—114页。纸张税最终还是被废除了，参见《议会辩论》第162卷，第3辑，第587—589栏，1861年4月15日（下议院）。

[88] 《议会辩论》第163卷，第3辑，第88栏，1861年5月27日（下议院），报告人：爱德华·霍斯曼（Edward Horsman）；第90栏，报告人：雷纳尔德·奈特利（Rainald Knightley）；第106栏，报告人：弗雷德里克·莱贡（Frederick Lygon）；第147栏，报告人：罗伯特·皮尔爵士。

尽管如此，由于上议院对合并法案的任何决定都代表着对整个政府行为信任的投票，这使得上议院无法处理该年度内政府提交的分项财政提案。虽然理论层面上议院仍有权否决财税法案，但当时的评论家们都知道，该权力在实践中已经被下议院所禁止。事实上，上议院在财税领域的功能瘫痪显著削弱了议会的程序性保障作用，因为上议院只能选择全盘接受或者否决所有的财政提案。上议院显然不会轻举妄动，只有在真正必要时才会动用这一选项。上议院认为，1909年就是这样的情况。

二、1911年《议会法》

在维多利亚时代，议会两院在财税领域剑拔弩张。但是在维多利亚女王去世十年后，两院的紧张关系最终得以解决。[89]自1906年以来，自由党把持的政府与保守党为主的上议院之间的紧张关系持续加剧。上议院否决自由党提起的多项社会改革政策，特别是教育法案和行政许可法。然而，最后一根稻草是上议院在1909年否决劳埃德·乔治的"公民预算"。[90]作为一项激进的预算案，政府意图筹集大量财政资金以解决深层的社会问题，并且实现部分非财政性的社会目标。预算案希望提高非劳动所得的所得税，对高收入群体征收超级税，新增遗产税和新的土地税。[91]上议院做出否决该法案的决

89　参见普拉克内特，《英国宪法史》，第550—555页。
90　参见萨宾，《1909年劳埃德·乔治预算案》(Lloyd George's Budget of 1909)，载《英国税务评论》(1975年)，第114页。
91　关于当代评论员的观点，参见C. F. 巴斯塔布尔(Bastable)，《1909年预算案》(The Budget of 1909)，载《经济杂志》(Economic Journal) (1909年)第19卷，第288页。

定并不轻松,[92]但他们坚称宪法和法律均赋予其否决权。[93]政府却认为,这是上议院为了维护自身的既得利益,[94]意图阻止自由党进步政策的又一举动。阿斯奎斯(Asquith)首相表示,这简直是一个"无可容忍的悖论",[95]作为一个不具备民主色彩的世袭组织,上议院没有了解普通民众的真实诉求,却有权否决政府预算案以控制税收。[96]上议院违背传统的不成文惯例,动用历史遗留的古老权力,是一次"政治盲目的重大行动",等同于"政治自杀"。[97]

在1910年和1911年的英国大选后,阿斯奎斯坚称要让政府获得明确授权,以便着手对上议院的权力加以限制。为此,他向议会提交了《议会法案》(Parliament Bill)。从纳税人的角度而言,这一草案最重要的政治目的在于,通过废除上议院对财税法案的绝对否决权,确保上议院再无权干涉国家财政,[98]并且明确规定上议院不能

---

[92] 丹尼斯·莫里斯,《任何其他名称的税收》,载《制定法评论》(2001年)第22卷,第213—216页;丹尼斯·莫里斯,《关于货币、票据和其他课税政策的一些思考》,载《制定法评论》(2002年)第23卷,第147页。

[93] 关于劳埃德·乔治对上议院的指责以及他为预算做的辩护,参见《泰晤士报》1910年11月22日,第8页c栏。

[94] 《议会辩论》第21卷,第5辑,第1834栏,1911年2月21日(下议院),报告人:约瑟夫·皮斯(Joseph Pease)。

[95] 《议会辩论》第21卷,第5辑,第1745栏,1911年2月21日(下议院)。

[96] 1909年12月阿斯奎斯在阿尔伯特大厅发表的选举演讲,参见《泰晤士报》1909年12月11日,第8页a栏。另可参见《议会辩论》第22卷,第5辑,第283栏,1911年2月28日(下议院),报告人:查尔斯·利奇(Charles Leach)。

[97] 《议会辩论》第21卷,第5辑,第1746栏,1911年2月21日(下议院),报告人:赫伯特·阿斯奎斯。

[98] 财税法案(money bills)是议长认为仅包含"税收的征收、废除、减免、变更或管理;征收统一基金(Consolidated Fund)或由议会提供资金;拨款(supply);公共资金的拨付、控制或管理;任何公共贷款的筹集、担保或偿还;或者与这些主题有关的附带事宜"的法案。

"基于任何目的、以任何方式、任何程序介入国家财政议题"。[99]法案规定，财税法案在下议院审议通过后，会期结束前一个月送交至上议院，即使上议院不予通过，仍旧可以经王室同意而成为法律。政府否认这一法案有任何制度创新，认为不会对现行制度造成任何干扰。这仅是赋予公认的宪法惯例以明确的法定形式，即上议院有权讨论财税法案，但无权修改或否决。否决权是严格的法律规定与不成文的宪法惯例之间存在分歧的经典例证，这种分歧诞生于不成文的宪法之中。改革势在必行，因为现在已经无法"依托不成文惯例"，[100]支持上议院将其法律权利当做宪法权利。

　　议会的情绪高涨。该法案被认为是颠覆性的、粗糙、考虑不周、危险，且会导致灾难。一位议员说："我认为这是一项糟糕的法案，其目的不善。"[101]另一位议员则说，法案充斥着恶意，旨在成为"一项惩罚性法案而非权利性法案"。[102]反对党坚持认为，这完全是出于党派利益的政治行动，是在阿斯奎斯领导下的自由党、工党以及爱尔兰民族主义联合政府内部为实现其不同的目标和价值观而推出的，他们联合起来既不是为了实现国家利益，也不是因为他们相信《议会法案》是一项健全的措施，而是出于自身的利益。[103]自由党希望其进步的社会福利立法在议会中不再受阻。工党认为这是迈向一院制

99　《泰晤士报》1909年12月11日，第8页a栏。
100　《议会辩论》第22卷，第5辑，第59栏，1911年2月27日（下议院），报告人：理查德·霍尔丹（Richard Haldane）。
101　《议会辩论》第21卷，第5辑，第1803栏，1911年2月21日（下议院），报告人：罗伯特·芬利（Robert Finlay）。
102　《议会辩论》第22卷，第5辑，第250栏，1911年2月28日（下议院），报告人：吉尔伯特·帕克爵士（Sir Gilbert Parker）。
103　参见乔治·桑迪斯（George Sandys）的精彩演讲，《议会辩论》第22卷，第5辑，第126—133栏，1911年2月27日（下议院）。

的重要一步，以体现人民意志至上。作为推动法案的重要力量，爱尔兰民族主义者则认为，这是确保爱尔兰争取自治的唯一途径。无论如何，这"纯粹只是一个党派加党派的问题"。[104]

在广泛而激烈的辩论中，相当一部分人聚焦于新创制的条款，据此，上议院针对财税法案之外的立法权力也会受到限制。因此，虽然上议院对财税法案的否决权是本次宪法危机的直接导火索，但是相对而言这个问题没有引发太多争议，因为上议院本身也同意放弃对纯财税法案的修改或否决。作为条件，它要求制定有效措施防范"大头钉"策略，[105]即，将非财税内容掺入财税法案，以便在议会中不受约束地通过审议。因此，上议院在财税法案中不发挥宪法职能，这是经过普遍同意的。此时，财税法案的定义又成为重要问题。直接在财税法案中掺入非财税因素已经行不通，但间接隐性的做法更具危险性。它们借用财税法案的形式外衣，其中虽然只包含筹集收入的财政条款，但这些条款能够实质性地影响社会或政治秩序。正如反对党领袖所言，"这既不是传统的理论，也非宪法理论，亦非权利理论，更不是一个合理的理论"，而且这几乎是其他所有国家都未曾践行过的理论。[106]然而，政府拒绝修改其对财税法案的定义，其目的是让下议院独享财税领域的立法权。[107]财税法案的检验标准是，

---

104 《泰晤士报》1911年5月26日，第12页f栏，祖奇勋爵（Lord Zouche of Haryngworth）。

105 上议院的贵族们也接受了自我改革的要求，迎合民众对议会改革的诉求。他们的提议在《改组法案》（the Reconstitution Bill）中得到充分的体现，根据该法案，以混合世袭、选举和提名为基础，对上议院进行改组。

106 《议会辩论》第24卷，第5辑，第713栏，1911年4月18日（下议院），报告人：亚瑟·贝尔福（Arthur Balfour）。

107 参见首相的演讲，《议会辩论》第24卷，第5辑，第257—262栏，1911年4月11日（下议院）。

其主要目的是否为财税目的。

1911年夏季,在议会通过该法案的每个阶段,紧张局势都在逐渐加剧。尽管上议院已经接受这一法案的基本原则,但是政府方面未作出任何让步。[108]所有进行独立审查、深入审查甚至需要时间提出修正案的要求,都被政府一一驳回,而且政府无动于衷、决不妥协,往往是讽刺和轻蔑地驳回这些要求。当了解到首相已经获得国王的默许,且支持法案的议会席次已经足以过半,[109]上议院就此妥协。[110]即使是上议院的反对党领袖也接受了这一法案,认为"机会渺茫好过没有机会"。[111]最终,1911年《议会法》通过,[112]上议院丧失其在1860年受到激烈挑战的权力,即否决或推迟通过财税法案的权力。上议院甚至无法确保其微不足道的审议意见能被下议院接收和考虑,[113]也无法确保其有关法案明显错误或漏洞的修正意见会得到下议院的处理。上议院能够为纳税人提供的唯一保障措施,是可以略微延迟财税法案的通过时间,并在此有限的期间内,试图就存有争议的税收议题激发公众舆论。

---

108 《泰晤士报》1911年7月21日,第9页g栏,第12—13页;《议会辩论》第28卷,第5辑,第1467—1484栏,1911年7月24日(下议院)。
109 《泰晤士报》1911年7月22日,第8页a栏,第9页c栏;1911年7月24日,第8页a栏。
110 《泰晤士报》1911年7月28日,第7页c栏。
111 《泰晤士报》1911年6月29日,第12页a栏。该法案在上议院以17票的多数获得通过,参见同上,1911年8月11日,第6页a栏、第7页c栏。在反对党全体议员缺席表决的情况下,法案在上议院获得了王室的批准,参见同上,1911年8月19日,第6页g栏。
112 1 & 2 Geo. Ve. 13.
113 《议会辩论》第23卷,第5辑,第2292—2293栏,1911年4月5日(下议院),报告人:温斯顿·丘吉尔(Winston Churchill)。

第四节　议会改革的影响

在维多利亚女王去世后的十余年内，议会程序历经两次重大的改革：首先是决议征税的合法化；其次是上议院在财税法案中不再充当任何角色。议会改革以三种不同的方式削弱着纳税人的议会保障机制：第一，通过限制上议院权力，确立下议院的主导地位；第二，议会辩论因此大量减少；第三，行政角色在下议院中占据优势地位。通过议会改革，逐渐触及议会同意原则这一纳税人宪法保障的核心。

一、下议院的主导地位

通过削弱和否认上议院在税收议题上的作用，下议院的至上地位再也无法撼动。有人认为，这是对下议院宪法地位的正确体现，也是对英国民主体制的承认。虽然《议会法》认可宪法惯例，但是却否认上议院存在的真正和重要的价值。在1860年纸张税法案的辩论中，迪斯雷利（Disraeli）是发言者中为数不多的上议院支持者。他不仅认为上议院动用否决权无论在宪法还是法律上都是合理的，[114]还谈到上议院法案审查权的保障功能。并且他意识到，剥夺这一权力将大大削弱宪法对纳税人的保障。[115]上议院的平衡和约束功能构

114　《议会辩论》第163卷，第3辑，第254栏，1861年5月30日（下议院）。

115　《议会辩论》第159卷，第3辑，第1498栏，1860年7月5日（下议院）。另可参见第163卷，第3辑，第255栏，1861年5月30日（下议院）。

成"防范民主专制的唯一保障"。[116]当上议院丧失这种约束性权力时，政府可以推进影响深远的财政改革，也可能采取不明智、仓促乃至严厉的税收措施。下议院的税收立法权不再受到任何制约，即使是出于最为合理的理由，也没有任何程序可以让上议院否决它不赞成的税收法案。仅仅凭借在议会中的席次过半，就没有任何机制可以对下议院的专制行为加以约束了。休·塞西尔勋爵（Lord Hugh Cecil）认为，"税收可能沦为议会暴政的工具，并且事实上经常在这么做。一旦某个政党占据议会多数席次就可以为所欲为，这相当于在英国宪法中建立专制机构。"[117]现在，已经没有其他的主要立法机构可以修改或否决财税法案了。原本用来防范直接税和财产税适用最高税率或开征新税种的保障机制，也已经失去效用。

二、议会辩论的限缩

《议会法》和《临时征税法》都严重地限缩了议会的辩论空间。议会对政府税收政策进行充分辩论和严格审查是纳税人的重要保障。1861年一位无党籍议员指出，议会辩论环节是保障人民自由的重要举措。[118]议会的任务和议员的职责在于，检视税收法案的实质内容，确保其准确反映议会意图。18世纪时，英国议会的时间相对充裕，承担的立法任务相对较少，同时大多数立法也相对简单。但到了维多利亚时代初期，由于政治发展，议会已经开始承受压力。[119]

---

116 《议会辩论》第159卷，第3辑，第1568栏，1860年7月6日（下议院），报告人：爱德华·霍斯曼。

117 《议会辩论》第23卷，第5辑，第2079栏，1911年4月4日（下议院）。

118 《议会辩论》第163卷，第3辑，第71—72栏，1861年5月27日（下议院），报告人：查尔斯·纽德盖特（Charles Newdegate）。

119 参见切斯特，《英国行政体系》，第98—122页。

议员们也意识到，时间紧张会导致议案审查的不充分。例如，1853年一位议员意识到，有关继承税法案的辩论可能会过分仓促，因此他在二读时没有提出反对意见，但明确声明，进入下设委员会环节后要讨论法案原则。[120] 同样，1894年贝尔福抱怨称，包括新遗产税提议在内的财税法案内容复杂且争议颇多，议会的辩论十分仓促，仅花费三天就完成二读程序。[121] 然而，正是由于1861年政府将全年财政提案统合成一项提案，大大压缩了议会对各项税收政策自由审议的范围。现在议会只能针对整部法案进行一次一读、二读和三读，一次委员会审议，一个最终报告，而不是针对政府提交的每一项税收政策分别进行单独的审查。之后，通过在税收领域实行一院制立法，1911年《议会法》直接取消了一级议院对法案的审查和辩论，剥夺了上议院对税收法案做建设性批评和检视的宝贵机会。在上议院中，由于党派对其控制力相对较弱，围绕法案的辩论会更加充分自由；辩论内容也非常有价值，其成员多为经验丰富的饱学之士。

上议院失去对税收法案进行审查和辩论的权力，下议院辩论的深度和性质也受到了限制，而这正是"依据赋税委员会的决议征税"这一议会惯例的法定化而导致的。被1913年《临时征税法》赋予法定效力的征税决议，不会印制在议会的议事日程表中，而是手写附于日程表中，且只是在当日议程结束时宣读。这种决议缺乏正式的通知程序，起草的数量众多，甚至可以在夜间通过，以至于反对党可能在次日早晨才得以知悉。这使得批评几乎不可能发生。随后针对

---

120 《议会辩论》第127卷，第3辑，第1380栏，1853年6月10日（下议院），报告人：约翰·帕金顿爵士（Sir John Pakington）。

121 《议会辩论》第24卷，第4辑，第1233栏，1894年5月24日（下议院），报告人：亚瑟·贝尔福。

该项决议的任何讨论都仅仅限于理论层面，不具有宪法效力。这是因为，如果一项征税决议已经通过并在一定期限内被赋予法律效力，那么在期限截止之前，任何有法律效力的讨论都不太可能在议会发生。议会改革可能导致的结果是，放行各类向纳税人征税的修正案，议会无法在报告阶段施加有效的审查。正如一位议员所言，当不幸的纳税人刚刚从晨报上得知某项新税开征的消息时，税务机关便已经有权向其课税了。[122]纳税人甚至没有机会行使"传统的宪法抗议方式"，即游说其选区议员，[123]并敦促其修正现有的提案。决议案要阐述目的和理由，征税决议只能由政府提出，以及决议应当遵循议会程序，都是为确保"在正式通过立法证明税收的合法性之前，政府不可以将税收枷锁置于纳税人的脖颈之上"。[124]这是一种公认的纳税人保障措施，是出于保障纳税人免遭肆意征税而特意设置的，但是却反而威胁到了纳税人的议会保障。现在，决议方式已经使得财政部有机会迅速征税，并在下议院经历最少的辩论和审议。这阻碍了议会全面审查拟采取的税收政策，否定了真正的议会同意原则，也使得下议院无法履行对纳税人的责任。

三、下议院中的行政力量

《议会法》和《临时征税法》出台的结果，就是将下议院孤立起来，成为纳税人与行政机关之间唯一的宪法保障。如果下议院中行

---

122 《议会辩论》第51卷，第5辑，第1049栏，1913年4月8日（下议院），报告人：威廉·菲舍尔（William Fisher）。

123 同上文献，第1698栏，1913年4月14日（下议院），报告人：弗雷德里克·班伯里爵士。

124 同上文献，第872栏，1913年4月7日（下议院），报告人：阿尔弗雷德·克里普斯爵士（Sir Alfred Cripps）。

政力量增强,那么议会同意原则这个基本保障将进一步被削弱。王室大臣和下议院之间的关系非常微妙,同时二者之间存在着明显的互相依存关系,拥有多数席次而组阁的政府却能够占据主导地位。19世纪后半叶,英国政党制度的发展增强了政府在下议院中的影响力,政府部长对议会中同党派议员的控制力也进一步增强,进而对所有议会立法拥有更大的影响力,包括税收立法在内。自19世纪70年代起,政党制度占据主导地位,当时英国存在着两个主要政党,他们统一行动,奉行各自的意识形态和政策。一个政党组建政府,另一政党日渐成为正式的反对党,各自拥有自己的政党领袖。[125] 1861年,将税收政策合并成一项提案的做法,显著增强了政府的权力。如果政府在下议院拥有多数席位,即便是微弱的多数,税收政策也可以经过极少次辩论就被表决通过。由此存在的危险是,对党派的忠诚会超越对维护纳税人权利的无私关注,这导致下议院无法以客观独立的方式处理税收议题。

1911年《议会法》颁布后,议会对税收事务的唯一控制权由下议院掌握,众人认为,下议院拥有的控制权应当得到严格的保护,而不应当被削弱。因此,赋予预算决议以临时法定效力的《临时征税法》,被认为加剧了行政机关的这种主导地位,致使内阁几乎完全掌控了税收议题的形式和内容。相关的法律和习惯允许行政部门在下议院几乎没有注意的情况下开征新税,公众更无法知悉,这使得行政机关掌握了过度且危险的权力。人们普遍认为,下议院实际上已

---

[125] M. 谢尔顿·阿莫斯(Sheldon Amos),《英国宪法五十年》(*Fifty Years of the English Constitution*)(London: Longmans, Green and Co. 1880),第340—343页、第67—73页。

经将税收的有效控制权交给了政府。[126]一个肆无忌惮的政府仅凭借一纸决议,就可以在几乎没有任何通知的情况下提高所得税税率或者开征一个全新的税种,在年初议会激烈辩论时按照政党路线进行表决,产生《临时征税法》所赋予的法律效力,直至该年晚些时候才对其内容本身进行讨论。正如一位议员所言,"我们看到下议院的权利日益衰弱,而政府的行政权威却日渐增强"。[127]行政机关占据的主导地位备受谴责,被视为一种"巨大的不公"。[128]另一位议员认为,"这是政府逐渐脱离议会控制的又一大步";[129]还有议员认为,"下议院赋税委员会成为一个自动机器,机械地登记财政部的税收计划,并且使之合法化"。[130]下议院对行政机关的越发屈从以及它在政府面前的过于恭顺,成为纳税人真正关切的问题,也严重削弱了其自身的地位。1913年一位议员指出,"我们在这里不仅是为了立法,更是需要通过掌握钱袋子来约束行政部门"。[131]实际的情况确实如此,"专制独裁者被赋予相当大的权力向国王的臣民课税,被征税的人却未曾拥有已经延续两个多世纪的纳税人权利保障"。[132]

---

126 《议会辩论》第51卷,第5辑,第1036栏,1913年4月8日(下议院),报告人:阿尔弗雷德·克里普斯爵士。

127 同上文献,第862栏,1913年4月7日(下议院),报告人:威廉·菲舍尔。参见伊恩·费里埃,《重新考虑造舰税》,载《英国税务评论》(1984版),第235—236页。

128 《议会辩论》第51卷,第5辑,第915栏,1913年4月7日(下议院),报告人:威廉·乔文森-希克斯。

129 同上文献,第880栏,报告人:休·塞西尔勋爵。

130 同上文献,第2162栏,1913年4月17日(下议院),报告人:埃利斯·休姆-威廉姆斯(Ellis Hume-Williams)。

131 同上文献,第935栏,1913年4月7日(下议院),报告人:威廉·乔文森-希克斯。

132 《议会辩论》第52卷,第5辑,第67栏,1913年4月21日(下议院),报告人:威廉·菲舍尔。

四、议会审查的质量

由于行政部门占据主导地位,下议院对税收议题越发无力。让情况更为恶化的是,普通议员也难以有效地审查或挑战政府的税收政策。这不仅仅是一个辩论时长的问题,同时也涉及审查的质量。18世纪,布莱克斯通曾将议员比作英国宪法的守护者,他们"受命监督、审查和避免每一个危险的创新"。[133]事实上,在19世纪的大部分时间里,课税政策都会经历相当长时间的议会辩论。财政政策的主题必然经历充分讨论,尤其是,土地征税的可行性及其对个人财富和农业的影响、分等定级的标准是否公平、区分劳动所得与非劳动所得的重要性,以及直接税与间接税之间的平衡,等等。继承税在1853年占据下议院好几个月时间,且在多个场合进行了充分辩论和细致审查。1860年废除纸张税的辩论也耗时冗长。同年,下议院和上议院针对遗产税展开了长达30天的辩论,并在议事录中留下了接近1900栏记录。[134]

然而,布莱克斯通质疑议员的素质,认为"其对所审议的法案十分陌生"。[135]税收立法的日益复杂化对议员的审议效率带来巨大挑战。这不是任何政府行为所导致的,而是工业化不可避免的结果。19世纪,由于工商业环境日益复杂,税收立法也愈发烦琐和技术化,导致议会辩论的功能遭到削弱。众多议员不能充分掌握税收立法的细节,自然无法进行有效的辩论。这个问题在整个19世纪都在持续

---

133 布莱克斯通,《英国法释义》,1783年版,第1卷,第9页。

134 然而,鉴于该法案的重要性和复杂性,并且尚存疑问,吉布森·鲍尔斯认为这些问题没有得到充分的讨论,参见《议会辩论》第27卷,第4辑,第189栏,1894年7月17日(下议院)。

135 布莱克斯通,《释义》,第1卷,第9页。

增强。税收的技术性给议员带来不小的挑战。大多数情况下，议员只了解一些最通用的术语，而且他们发现自己在这方面无法与政府部长相比，尤其是财政大臣，后者不仅精通财政事务，还可以借助专业行政人员的摘要和说明。1853年，在爱尔兰首次征收所得税的立法辩论中，[136]一位议员评论道："要求他们有能力理解法案内容，这并不过分。不过，他并不认为爱尔兰议员知道自己在投票支持什么。至于他自己，他郑重声明，他对自己将要投什么票一无所知。"[137] 1894年，在引入遗产税时，议员们一再提出抗议，认为这一法案的条文过于专业，只有律师才能够理解和参与讨论。正如一位议员所言，"对于未曾研究过这个问题的人来说，志愿者（Volunteer）*是个希腊语词汇"。[138]贝尔福在谈及某个特定条文时说道："除非一个人保持口齿清晰和高度专注，否则很难大声地朗读出来……这一节的内容已经很难朗读和理解，可以说，经过政府解释后，其难度还要再增加三倍。"[139]有议员坦言，辩论内容过于技术性，以至于他认为自己不具备充足的参与能力。[140]事实上，不仅这些税收政策本身难以理解，现行法律和改革的实际结果也不清晰，或者无法获取。在大多数情况

136　参见约翰·辛克莱爵士（Sir John Sinclair），《大英帝国公共财政史》（*The History of the Public Revenue of the British Empire*），亚当·斯密图书馆，经济学经典再版，第三版，1803年，共3卷（New York: Augustus M. Kelley, 1966），第3卷，第151—209页。

137　《议会辩论》第127卷，第3辑，第733栏，1853年5月27日（下议院），报告人：约翰·马奎尔。

*　"Volunteer"在有关遗嘱与财产授予的法律中，指无须支付对价即可获得遗产者，例如普通的受遗赠人。——译者

138　《议会辩论》第25卷，第4辑，第500栏，1894年6月6日（下议院），报告人：约翰·劳森（John Lawson）。

139　同上文献，第510栏。

140　同上文献，第521栏，报告人：唐纳德·麦克法伦爵士（Sir Donald Macfarlan）。

下，议员只能从律师和法官的个人经历中获得"一些模糊和片面的印象",或者依赖于提案人的口头陈述。[141]如果没有广泛的研究,就无法预测新法对现有法律的影响,而很少有议员有时间或能力进行研究。鉴于这些困境,税收政策,尤其是充斥技术性的小政策,往往更容易通过议会的审查。20世纪20年代,所得税纳税人协会的理事长德西斯勋爵(Lord Decises)抱怨称,这些税收政策"几乎未经辩论就已经通过了"。[142]不过另一方面,重大的税收政策有时也会引起两院专家议员的关切。尽管一些议员遇到了挑战,而且法案确实很复杂,但遗产税仍然经历了细致、审慎和有效的议会辩论。在委员会审查环节,一些过于宽泛、含糊不清或难以理解的条款均被剔除或优化,而反对党议员对税收立法的文本措辞十分上心。在这方面,吉布森·鲍尔斯是一位杰出的批评者。他曾任职于税务机关的遗产税部门,精通遗产税的法律规范与实务操作。他显然掌握摆在他面前的税收措施中的技术性问题,并对此进行了睿智而有力的辩论。在遗产税的辩论环节中,他做足准备,详细了解该议题中的原则和细节,成为威廉·哈考特爵士的有力抗辩方和不易对付的对手。[143]鲍尔斯认为新遗产税立足于错误的原则,这无助于简化遗产税制,反而增加了其复杂性。此外,它在征管层面也不可行,这将使土地处理变得

---

141 《H. 贝伦登·克尔先生关于制定法修订委员会程序的第一次报告》(First Report of Mr H. Bellenden Ker on the Proceedings of the Board for the Revision of the Statute Law), *HCPP* (1854) (301) xxiv 153,第223页,附录1,报告人:乔治·库德(George Coode)。

142 《泰晤士报》1927年5月25日,第12页d栏。

143 参见《议会辩论》第24卷,第4辑,第830—839栏,1894年5月10日(下议院)。

更加困难。[144]基于鲍尔斯在议会中的表现,这才是对纳税人的真正保障。

第五节　小结

在维多利亚时代结束时,税收的合法性仍然以纳税人通过议会代表的同意权为基础。传统上,这由一些程序性保障措施予以支撑,确保下议院进行全面且自由的辩论,而有充分辩论空间的上议院则手握真正的否决权。一般情况下,上议院会审慎行使这种否决权,但是在极端必要时则会毫不犹豫地动用这一权力。在整个19世纪,尤其是20世纪之初的几年间,数百年来以巨大牺牲换来的纳税人程序保障措施却遭受到严重削弱。这一结果不仅源于议会程序的法律改革,更是源于迅速而深入的工业化带来的广泛经济与社会变革。公开、充分和自由的辩论是议会防范征税权滥用的重要基础,但是上议院丧失了这一权力,下议院的空间也受到限制。在党鞭和日益强大的行政机关影响下,课税法案可以一两个席次的简单多数通过。此外,即便认为符合公共利益,上议院也无权否决整个财税法案。由专业人士和强大行政部门主导的赋税委员会则有权通过议会决议征税,尽管限定了期限。这不是一个简单的程序性问题,而且是一个真实存在的重要实质性问题。

以这种方式削弱基于形式同意权的议会保障时,立法者是出于

144　参见《议会辩论》第24卷,第4辑,第831栏,报告人:托马斯·吉布森·鲍尔斯。

务实和政治因素的考量，他们需要在纳税人权利保障、政府财政提案通过以及确保财政部有效征管之间取得平衡。传统的议会两院同意以及完整的审查程序，都呈现出太强的限制性，阻碍新工业时代公共财政收入的获取以及财政政策的实施。法律改革以及政府与议会之间宪法关系的发展有利于公共财政，其代价是纳税人个体可能遭受损害。现在，对税收的同意权完全交由下议院的议会代表来实现，这立足于下议院由民主选举产生，对选民负责，熟悉选民在税收议题上的诉求，并最终通过选举对选民负责。[145]这是一个经得起推敲的理论，但其实践效果非常糟糕，导致征税在英国明显比在其他国家容易，尤其是美国，[146]这使得英国纳税人处于比美国和法国纳税人更为弱势的地位。

---

145 在关于《议会法案》的辩论中，首相承认了这一点，参见《议会辩论》第24卷，第5辑，第711栏，1911年4月18日（下议院）。

146 参见詹姆斯·科菲尔德，《税收通俗史》（*A Popular History of Taxation*）（Harlow: Longman, 1970），第223—224页；莉莲·多丽丝（Lillian Doris）主编，《美式税收：1862—1963年的国内税收》(*The American Way in Taxation: Internal Revenue, 1862-1963*) (Englewood Cliffs, NJ: Prentice-Hall Inc., 1963)，第5页。

第三章 地方主义的行政保障

第一节 引言

1841年罗伯特·皮尔成立第二届政府时，所有直接税的既有征收管理制度均遵循着地方主义。地方专员依据其评税员收集的信息评定税款，并通过自己的征税员征收税款。[1]专员作为纳税人的代表，与中央政府没有关联，完全独立于中央，不受中央的控制和影响。另外，他们拥有充足的个人财富，因此不会受到任何诱惑。由这样的人负责评定与征收工作至关重要。专员在国家与纳税人之间保持平衡，在理论上确保国家征收的税款和纳税人缴纳的税款不会高于或低于法律的规定。除行政体制固有的地方主义可以为纳税人提供保障外，如果对纳税评定的结果不满，纳税人有权向独立的申诉专员提

---

[1] 关于维多利亚时代所得税的征管，参见《乔治三世四十六年财产法指南》(*A Guide to the Property Act 46 Geo III*)(London: Joyce Gold, 1806)，第99—110页；《所得税与财产税特别委员会的证据记录》(Minutes of Evidence before the Select Committee on the Income and Property Tax)，*HCPP* (1852) (354) ix 1, qq. 12–177, 1354–69, 2840–2977；《国内税务局主管专员第六次报告》，*HCPP* (1862) (3047) xxvii 327，第349—351页；《国内税务局主管专员第二十八次报告》，*HCPP* (1884-5) (4474) xxii 43，第118—127页。

出申诉，这也构成一种明确的保障。政治家和公务人员都认为，某种形式的申诉是必要的，[2]这几乎是对抗法律规定的财政专断行为的唯一保障。税收法律界和实务界的各方都认为，这是所有法律保障中最重要的一种形式。受害纳税人的申诉权因此被视为个人基本权利。不仅如此，它还为纳税人提供了进一步的消极保护。税收征管由专门设立的地方机构负责，这意味着它不受普通法院的管辖，最为重要的是，申诉争端解决也可以避开普通法院。这构成一种纳税人的保障。在18和19世纪的大部分时间里，普通法院的程序能不碰尽量不碰。尽管普通法院是公众熟悉、具有崇高地位的权威机构，具备完善且历经检验的程序，法官博学多才且保持独立性，善于运用证据和适用法律，不过，对于希望就纳税评定提出申诉的纳税人而言，这些既缺乏吸引力，也不适合他们。造成这种情况的原因很多。法官可能无法像熟悉当地风土民情的非专业人士一样，在事实问题上作出合理的裁判；诉讼不仅费用高昂而且耗时；诉讼程序技术性强，规则复杂，需要诉讼代理人协助；受制于日益缜密的司法先例，普通法院缺乏灵活性。因此，在维多利亚时代初期，地方主义是一项完全成熟的制度，并且仍然被视为纳税人重要的正式保障，继续适用于评定税与土地税。1842年罗伯特·皮尔重新引入所得税时也采用了这一制度。皮尔及其继任者之所以将其保留下来，跟过去的立法者一样，是基于意识形态、政治因素与实用主义的考虑。

在维多利亚时代，地方主义与主流的意识形态保持一致。由地

---

[2] 参见例如《国内税务和关税机构特别委员会的证据记录》(Minutes of Evidence before the Select Committee on Inland Revenue and Customs Establishments), *HCPP* (1862) (370) xii 131, q. 408，报告人：查尔斯·普莱斯利（Charles Pressly），国内税务局主席。

方的非专业机构进行税收征管是治理和舆论的惯例,反映非专业人士参与地方政府与司法机构的一贯传统。对传统机构的一贯推崇、对私人财产权的高度重视,都增强了地方税收征管中的地方主义立场。这是一种英国特有的制度,当与法国的中央集权型、美国的央地复合型相比时,地方主义的特点就显而易见了。19世纪,法国人发觉其地方政府体制受到压制,他们开始关注英国的制度。一些人对此感到困惑,[3] 另一些人则表示羡慕,[4] 但是所有人的结论都如出一辙:由于两国在观念上的根本差异,无论是在税收领域还是其他领域,英国的自治理想都不可能在法国实现。[5] 在英国,自治在社会、政治和法律等各个方面早已根深蒂固。然而在法国,中央集权的理念占据主导地位。[6] 此外,英国自治体制完全依赖于治安法官制度。治安法官是未经选举产生、独立的当地地主,凭借他对社会和公共的责任感而担任此职位,不受限于郡县和教区这些明确的层级制度。法国的制度则截然不同,不存在拥有土地的地方贵族,[7] 也没有由非专

---

3 Paul Leroy Beaulieu, *L'Administration Locale en France et en Angleterre* (Paris: Guillaumin et Cie, 1873), pp.55–9.

4 西奥多·泽尔丁(Theodore Zeldin),《十九世纪法国政治中的英国理想》(English Ideals in French Politics during the Nineteenth Century),载《历史杂志》(1959年)第2卷,第40页。

5 Michel Chevalier, 'La Constitution de l'Angleterre', *Revue des Deux Mondes* 72 (1867), 529 at 534.

6 Duc d'Ayen, 'De La Constitution Anglaise et des Conditions du Gouvernement Représentatif', *Revue des Deux Mondes* 39 (1862), 563 at 567.

7 C. Dupont-White, 'L'Administration Locale en France et en Angleterre', *Revue des Deux Mondes*, 38 (1862), 289 at 323; Leroy-Beaulieu, *L'Administration Locale*, pp. 17–21. 另可参见希波莉特·泰恩(Hippolyte Taine),《英格兰笔记》(*Notes on England*),爱德华·海姆斯(Edward Hyams)译,1860—1870年(London: Thames and Hudson, 1957),第140—141页、第162—163页;Duc d'Ayen, 'De La Constitution Anglaise' at 585。

业人士无偿从事公共服务的概念。[8]英国的制度依赖于个人的出身和财富，这与法国大革命的理念格格不入。因此，尽管维多利亚时代对地方自治的推崇无法抵御中央税收的课征，而中央税就其性质而言是中央政府干预的主要且最古老的例证，但是自治传统确实体现在地方主义的税收征管制度中。

罗伯特·皮尔发现，正如皮特在四十多年前所做的那样，地方主义是一个强大的理念，为了让税收能够被接受并确保被遵循，在政治上有必要利用它。尽管他经过深思熟虑，决定保留这一制度的优点，但是他很清楚，税收征管制度往往"对纳税人而言与税收的实体性原则一样重要"。[9]皮尔认同传统形式和程序的政治价值，并且在1842年引入所得税时阐释了这一原则。即便是对地方主义持批评态度的格莱斯顿也表示，在政治层面无法废除这一制度。[10]在代表马萨诸塞州税收委员会研究英国所得税制度的实际运作情况时，一位美国评论员没有忘记英国地方主义原则背后的政治逻辑。他敏锐地察觉到，"地方专员制度的目的在于通过保护纳税人免受政府可能的掠夺，并保证税款评定不会以不当或过度严格的方式进行，从而使税收不那么令人厌恶。"[11]因此，采用传统的地方税收征管制度是一种政治和财政上的需求，因为它确保在课税领域内的公共合作，从而

8　Dupont-White, 'L'Administration Locale en France' at 300.

9　《皇家所得税委员会的证据记录》，HCPP (1919) (288) xxiii, q. 23,889，报告人：兰德尔·霍尔姆（Randle Holme），代表律师协会。

10　参见马修，《格莱斯顿》，第121—123页；萨宾，《伟大预算：格莱斯顿1853年预算案》，载《英国税务评论》（1971年），第294页。

11　约瑟夫·A.希尔（Joseph A. Hill），载《经济研究》（Economic Studies）（1899年）第4卷，第278页。

决定着它作为一种财政工具的成败。地方主义在政治上受到高度的重视,这一点从1853年爱尔兰所得税中为弥补地方主义制度保护的不足,对申诉条款所给予的慷慨程度就可见一斑。皮尔无疑也意识到,好的征管制度不仅能确保公众对税收的顺从,当其确立后,还会拥有内在驱动力,促进税收的持续课征。这可能也是因为人们知道,一旦被废除,想要重新建立绝非易事。因此只要征管制度存在或被引进,它所服务的税种在实践中就可能不会停征。这一点在1842年议会关于所得税的辩论中得到了承认,而且事实证明,对所得税在实践中可能持续征收[12]的担心并不是多余的。

对皮尔来说,地方性的税收征管也是一种现实需求。众所周知,税收会因为缺乏有效的征管制度而失败。美国开征联邦所得税的关键问题在于缺乏一套征管制度,也难以建立全新的征管框架。同时,这一制度还需要长时间的运行,以发现和处理其中的问题并加以优化。同样,尽管在此之前就已经考虑过,[13]爱尔兰直至1853年才不得不开征所得税,也是由于缺乏一套现成的征管制度。[14]所以说,将新税种叠加在既有的征管制度之上,其现实意义不容抹杀。这也是对整个19世纪有关政府成本担忧的有力回应。

因此,皮尔在他推行的所得税中,几乎全盘接受了由皮特在

---

12 《议会辩论》第61卷,第3辑,第1004栏,1842年3月21日(下议院),报告人:乔治·格雷爵士。另可参见第64卷,第304—305栏,1842年6月21日(上议院),博蒙特勋爵(Lord Beaumont)。

13 《爱尔兰税收特别委员会的报告》(Report from the Select Committee on Taxation of Ireland),HCPP (1864) (513) xv 1, 515, qq. 3804-5,报告人:约瑟夫·纳皮尔(Joseph Napier)。

14 《议会辩论》第61卷,第3辑,第445栏,1842年3月11日(下议院),报告人:罗伯特·皮尔爵士。

1799年创立、后由阿丁顿在1803年[15]加以改进的地方主义制度,而这又以评定税的征收作为基础。[16]纳税评定结果和申报表由评税员收集,并交由地方专员审核。如果怀疑少缴税款,他们会对纳税人进行审核,开展一般性问询或者要求补充信息。得到满意答复后,他们会酌情作出或修改评定结果,并正式"批准"。如果纳税人有异议,申诉将随之而来。地方主义固有的保护属性以及其存在的基本理由始终没有改变:专员的独立性以及对当地事务的熟悉。确保财务独立的财产要求原则上没有变动,尽管现在只有附加专员需要是当地的居民。[17]至于职责上的独立性,1842年法律正式确认,首席专员对所得税评定负有最终责任,[18]他们作出的申诉裁定是终局结果,这一点构成地方主义原则的有力表达。[19]尽管法律规定国内税务局拥有管理公共收入的职责,[20]并且保留了督察员,但是地方主义仍然占据主导地位。虽然中央政府积极干预,但是仅限于"一般性的监督"。[21] 1899年一位美国评论家指出,英格兰税务专员之所以拥有这种独立性,既不对任何更高的权力机构负责,也不对纳税人负责,是因为他们不是由纳税人选举或国家委任产生。让他印象深刻的是,尽管他们自己是财产的所有人,也是他们任职地的纳税人,

---

15　39 Geo. III c. 13 (1799); 43 Geo. III c. 122 (1803); 46 Geo. III c. 65 (1806); 43 Geo. III c. 99 (1803). 萨宾,《伟大预算(三):罗伯特·皮尔爵士1842年预算案》,载《英国税务评论》(1971年),第54—55页。

16　20 Geo. II c. 3 (1747); 18 Geo. III c. 26 (1778).

17　5 & 6 Vict. c. 35 ss. 4,5,6,14,16 (1842).

18　*Ibid*., s.22.

19　关于向普通法院提起的上诉,参见下文第131—139页。

20　参见上文第49页。

21　《议会辩论》第61卷,第3辑,第910栏,1842年3月18日(下议院)。

但其不会偏袒纳税人而对抗国家,而是捍卫双方的权利。[22]

第二节　行政机关的角色

行政机关依法管理消费税、关税、印花税以及其他特别税。在部分税种由地方征管的情况下,中央税务机关将协调参与征管的各个机构,确保制度得到统一的实施,同时让地方官员充分了解新的立法和规章。它的职责主要是在立法实施中负责政策制定、监督以及组织,法律的实际执行则由独立的地方非专业专员负责。这种中央监督与地方管理相结合的模式,是政府对控制及统一性的渴望与地方自治传统要求之间的一种妥协。因此,地方主义征管制度的核心理念是另一个利害关系方的存在,即隶属于中央政府、对公共财政负有全面责任、确保税收得到有效且统一征收的强大组织。在法律理论层面,纳税人与中央政府的税务机关之间并非对抗关系,因为税收的基本法律原则是纳税人同意。这一法律原则在税收征管实践中,不仅表现为地方主义,而且承认税收征管的成功仰赖于纳税人合作。因此,为了中央政府的利益,不仅要维护纳税人的合法权利,让人们看到实际进展,也要确保自身公共财政的权利。这种对税收基本共识的务实理解,其基础是善治理论,即负责任的政府应当保护本国公民的权利。

尽管地方专员及其工作人员在理论上和职责上是独立的,但是在现实中,隶属于中央政府的税务机关对地方的税法执行工作会施

22　希尔,《经济研究》,第278页。

加行政控制，这造成了相当大的紧张，且这种紧张关系在整个19世纪都在不断地加剧。中央政府希望税法在全国范围内统一实施，这样威克和韦茅斯地区的纳税人就可以受到同等对待。[23]中央政府试图实现的强有力的中央控制是地方主义制度的对立面，地方主义恰恰体现在其独立而灵活的行动上。因此，中央税务机关在组织中央收入时，不得不围绕着一个理论上无法撼动的地方行政核心，这一挑战给日常运作和政策制定带来持续紧张。这种紧张关系导致中央行政机关对地方征管的干预远超地方主义理论能够容忍的限度。它所威胁到的保护功能，不仅是地方主义原则所固有的，也是善治政府所不可或缺的。由于在税收征管中坚持地方主义，英国政府与纳税人发生了冲突，这一冲突在19世纪达到顶峰并贯穿始终。

印花税、关税[24]和消费税是古老且兴旺的税种，完全由中央政府的专业机构管理。国内税务局的消费税部门由大量受命于财政部的带薪公务员管理，自1849年起就由国内税务局直接控制。[25]直接税奉行的地方主义在此并无适用空间。与其他税种相比，消费税官员

---

23 亚历山大·约翰斯顿爵士，《国内税务局》，第43页。另可参见《税务局指示督察员对房屋和窗户进行全面调查的通知》(Circular Letter from Tax Office directing Surveyors to make General Survey of Houses and Windows)；《财政部会议记录》，1823年12月，HCPP (1824) (46) xvii 419。

24 关于关税征管，参见《关税主管专员第一次报告》，HCPP (1857) (2186) iii 301，第310—322页；约翰·W.希尔(John W. Hills)、E. A. 费罗斯(Fellowes)，《政府财政》(The Finance of Government)，第二版(London: Philip Allan, 1932)，第63—65页。另可参见：16 & 17 Vict. c. 107 (1853)；39 & 40 Vict c. 36 (1876)。

25 参见约翰·托兰斯(John Torrance)，《社会阶层与官僚主义的创新：1780—1787年的公共账目审查专员》(Social Class and Bureaucratic Innovation: The Commissioners for Examining the Public Accounts 1780-1787)，载《古今》(Past and Present) (1978年)，第62—65页。

的工作内容要求他们跟纳税人保持更密切的接触。在所得税与评定税中,纳税人自我评定并自行申报,然后交由政府官员核查。而消费税的评定与征收完全仰赖于政府官员。消费税官员必须进行调查,包括拜访辖区内的贸易商,频繁地检查、核对或测量其啤酒、烈酒、葡萄酒、麦芽以及糖,以确保商品品质并计算其应纳税额。[26]这些检测需辅之以大量文书记录,这也是他们要承担的任务。例如,他们必须检查账目,以确保驿马出生登记或租用的税款已经支付,确认各类经销商已经购买所需的许可证,同时他们还必须时刻保持警惕,调查任何逃税或欺诈的行为。[27]在印花税的征管中,地方主义也同样被排除在外,中央税务机关拥有完全的控制权。[28]纳税人可以前往当地印花税办公室,购买应税文件需要贴的印花,或购买印有印花税票的纸张,或直接在其文件上加盖印花,因此印花税是所有税种中最简单的。官方经销商只需确保向公众提供他们所需要的印花,并在售出印花时收回印花税款。[29]继承税[30]和遗产税错综复杂的评定工作也完全集中于中央。[31]

---

26 《国内税务和关税机构特别委员会的证据记录》,*HCPP* (1862) (370) xii 131, q. 3271,报告人:威廉·卡林(William Carling),首席总督察官。

27 有关消费税官员日常工作的有趣且内容丰富的历史描述,参见约翰·品客(John Pink),《英格兰集镇的消费税官员及其职责》(*The Excise Officers and their Duties in an English Market Town*)(Surbiton: JRP, 1995)。

28 5 & 6 Will. & M. c. 21 s. 7 (1694).

29 参见《国内税务局主管专员第十三次报告》,第277—278页。

30 《国内税务和关税机构特别委员会的证据记录》,*HCPP* (1862) (370) xii 131, qq. 2158-94, 2300-17,报告人:查尔斯·特雷弗(Charles Trevor),遗产和继承税审计长。

31 同上文献,qq. 3498-3501,报告人:R. E. 霍华德(Howard),印花经销商。

第三节　行政权与地方主义

印花税、关税以及消费税提供了一个中央税收征管的模式,这向行政机关展示了,如果完全控制了所有的税种,它可以取得何种成就。行政机关看到了一个高效、组织化、统一且成果斐然的管理体系,直接税征管也可以不包括任何地方主义元素。[32]中央集权制度的成功凸显了传统地方主义的不足之处,并且加剧了中央政府与地方专员之间潜在的紧张关系。1849年之后这一点尤为显著,当时除关税之外,所有税收征管都在英国国内税务局的监督下进行。

无论是从意识形态、政治还是从实践而言,地方主义对中央政府都是必不可少的,而且在某些方面也是有帮助的。19世纪60年代,国内税务局坚称,它"根本"不希望摒弃地方专员办公室,[33]尤其对他们[34]处理申诉的能力表示赞赏。它表示,对于地方专员提供的可及、独立且优质的裁决,"怎么赞扬都不为过"。[35]国内税务局还赞赏地方主义为其工作人员提供的保护,将直接税引发的普遍且不可避免的反感转嫁到地方专员身上。[36]因此,国内税务局极力避免干涉地

---

[32] 参见亨利·帕利斯(Henry Parris),《宪法上的官僚机构》(Constitutional Bureaucracy)(London: George Allen & Unwin Ltd, 1969),第22和32页。

[33] 《所得税与财产税特别委员会的证据记录》,HCPP (1861) (503, 503-1) xvii 1, 339, q. 186, 报告人:查尔斯·普雷斯利。

[34] 《国内税务和关税机构特别委员会的证据记录》,HCPP (1862) (370) xii 131, q. 541, 报告人:查尔斯·普雷斯利。

[35] 在这种情况下,有关评定税专员,参见《国内税务局主管专员第六次报告》,第346—347页。另可参见HCPP (1871) (462) xxxvii 235, 第236页。

[36] 参见《皇家所得税委员会的证据记录》,HCPP(1919) (288) xxiii, qq. 553-4。

方专员职权范围内的事务,公开强调专员职责与他们自己有限权力之间的距离。收到关于税额评定过高的投诉时,国内税务局给出的答复大多是,纳税人必须向地方专员提起申诉。如果纳税人没有这样做或者超过时限,税务局会告知对方自己无权干预。[37]它会时常提醒纳税人,专员的裁决是终局的。同样,当书记员问到可否接受地方征税员提供的某类抵押物时,它也会回答,这完全由地方专员酌情决定。当"找不到任何理由干预专员工作"时,国内税务局往往选择驳回减免所得税欠款的申请。最后,国内税务局还曾以不方便和可能破坏地方专员及其职员的独立性为由,拒绝向地方专员的书记员提供《财产税法》及其《指南》的副本。

然而,对于地方主义制度中固有的职能分工,中央政府从根本上存在着敌意。1861年,在一次特别委员会(Select Committee)上作证时,一名伦敦市的督察员明确反对该制度,希望由中央政府专员取代地方官员。这其实也代表了多数政府部门的观点。[38]国内税务局就认为,由非全职、非专业的门外汉组成的地方征管系统效率低下、粗枝大叶且缺陷很多;在商业日益复杂综合的时代,这种情况还在加剧。由于应纳税款未能及时征收,导致公共财政遭受侵蚀,也引发纳税人之间税收负担不平等、不公平。国内税务局还认为,地方主义制度允许并鼓励地方性差异,因而法律没有得到统一执行。犬类许可证的经验可以证明国内税务局的正确性,因为当它接管这一税

---

37 《国内税务局记录》(Minutes of Board of Inland Revenue),1849年1月1日、2日、9日、12日、15日、16日、24日、25日,参见TNA: PRO: IR 31/141。

38 《所得税与财产税特别委员会的证据记录》,HCPP (1861) (503, 503–1) xvii 1, 339, qq. 2151, 2154, 2160, 2161,报告人:爱德华·威尔士(Edward Welsh),伦敦城督察员。另可参见泰晤士报领袖,《所得税征管》,1928年9月12日,第13页c栏。

种后，有许可证的犬类数量增加了50万只。[39] 1853年，格莱斯顿将这种地方征管系统描述为"陈旧且粗糙的体系"。[40] 国内税务局1861年称其为"一个堕落的组织"，[41] 1869年又指责其"过时、烦琐且低效"。[42] 这个观点在1920年得到皇家委员会的认同，它也认为地方主义已经失去效用。[43] 在整个19世纪，国内税务局对地方税收征管制度进行一贯、尖锐且直言不讳的攻击，并且一再要求取而代之。[44] 它的理由是，地方专员的能力有限，国内税务局也难以控制他们。

一、地方专员

当1842年重新开征所得税时，地方主义是最契合临时性税种的制度，因为地方性知识是公认的纳税评定的基础。传统观点认为，对于准确评定来说，这种地方性和商业性知识是必要的，并且法律也规定要确保评定机构拥有此类知识。专员作为当地的财产所有者，熟悉个体商人，了解他们的经营方式和利润水平，洞察日常的商业环境和当地商业生活的问题。18世纪时，当大部分商业活动的规模相对较小、范围有限且自给自足时，地方性知识真正有助于实现准确评定。[45] 因此，地方专员多是当地商人，通常是已经退休或者活跃的商人或银行家。

39　参见《国内税务局主管专员第十一次报告》，HCPP (1867) (3927) xxi 503，第515—516页；《国内税务局主管专员第十二次报告》，HCPP (1869) (4049) xviii 607，第617页。

40　《议会辩论》第127卷，第3辑，第813栏，1853年5月30日（下议院）。

41　《国内税务局主管专员第五次报告》，HCPP (1861) (2877) xxxi 109，第127页。

42　《国内税务局主管专员第十二次报告》，第635页。

43　《皇家所得税委员会报告》，HCPP (1920) (615) xviii 97，第386段。

44　参见例如《国内税务局主管专员第六次报告》，第344—345页、第351页。

45　参见上文第27—28页。

许多地方专员无疑充分履行了他们的法定职责。他们积极作为，审慎核查纳税申报表。他们兢兢业业，利用自己的商业专长和对当地商业环境及个体的了解，为每个纳税人做出准确的纳税评定。[46]这种对经营所得的评定，是在附加专员的授权之下，由督察员、评税员、书记员和附加专员共同汇集纳税信息得出的结果，这一特点使得它们更容易被纳税人接受。一个有关地方专员在工作中始终兢兢业业、消息灵通的典型例证，是他们对布拉德利·哈弗斯托案司法裁判的反应。该案的判决认定，土地税公认的评定方法是错误的。[47]部分书记员和专员在《法律时报》上浏览到该案的报道后非常焦虑，他们积极联系国内税务局，寻求建议、指示和指导，以了解是否应当依据裁判更改现行的方法。他们同时也表示，这样做会造成相当大的不便并增加成本。[48]有些专员甚至征求法律顾问的意见。基于这种情势，国内税务局主张该裁决"超越法庭职权"，因此不同意接受。不过，这件事也反映了许多地方官员对履职的严肃态度。

然而，维多利亚时代的环境发生了变化。商业的速度、规模和复杂性，以及因此而产生的税收，都在迅速增加。商业中心的规模不断扩大，贸易也变为全国性或国际性贸易。[49]尤其是所得税的评定变得更加复杂和技术性，对个人的经营利润做出准确评定绝非易事。法律要求的经营所得税申报表只包括简单的利润报表，没有详

---

46 《所得税与财产税特别委员会的证据记录》中向伦敦市所得税首席专员的书记员提供的证据，参见：*HCPP* (1852) (354) ix 1, q. 2671。

47 参见上文第51页。

48 王座法院关于女王诉土地税专员布拉德利·哈弗斯托案件的信函，参见：*HCPP* (1851) (528) xxxi 329，第329—338页。

49 《皇家所得税委员会的证据记录》，*HCPP*(1919) (288) xxiii, q. 552。

细的账目加以佐证，而且附加专员很少能够或者愿意充分核对它们。除了纳税人的既往评定资料[50]可供参考，[51]作为公正评定唯一依据的事实资料并不在他们手中。基于其所掌握的当地商业信息，地方专员只能借助对税款评定的大致了解，尽最大努力做出公正的税款评定。[52]然而仅有这些是不够的，专员无法深入了解他们所需要的个人贸易利润。危险在于，专员可能会纯粹凭印象做出评定，依赖于个人生活和商业活动的风格及外在表现。然而，专员们仍然是与治安法官来自同一阶层的人，他们是具有地方威望的有产者，拥有裁判经验，愿意无偿任职。作为一个群体，他们的观点是保守且独立的。尽管他们的能力、才学和兴趣方面各不相同，但是一般而言，由于所得税的法律和实务错综复杂且数量剧增，实际的所得评定超出了专员的能力范围。这主要是因为，他们根本不具备完成这项任务所需要的商业或税务知识。

地方专员在评定过程中可以投入的时间有限，对其职务的付出也有限。他们只是偶尔碰面，将此作为一项兼职工作，往往仍活跃于本职工作。很多人不止担任一项直接税的专员，通常同时担任地方法官或其他的地方公共职务。专员缺少完善的办公机构。如果要核查每一份评定报告，由于数目庞大，他们花费在每份报告上的时间不会超过一分钟，[53]所以他们很少看评定报告背后的申报表，更不要说其他更为详细的信息。1873年传出的信息是，在很多地方，专员人

---

50 《所得税与财产税特别委员会的证据记录》，*HCPP* (1852) (354) ix 1, qq. 1529-31, 2675-6。

51 同上文献, q. 3123。

52 在缺少纳税申报书的情况下，他们有权依据"自己最佳的判断"做出纳税评定。另可参见评税员的授权书和说明：DRO 337B add 2/ TAXATION/ Income Tax 7。

53 《皇家所得税委员会证据记录》，*HCPP* (1919) (288) xxiii, qq. 21,664-76。

数因离世或辞职而减少,"或者他们推卸应承担的职责,直至税收成为纳税人酌情的自愿缴纳"。[54]有人认为,他们的工作只不过是一个幌子。[55]此外,虽然在实践中,多数专员都居住在其任职的地区,但是部分专员却未必如此。由于不能定期出席会议,日常事务会受到影响。例如,1860年斯塔福德郡的书记员抱怨称,他在非会议日无法签署任何文件,因为8名地方专员中,有3人居住在苏格兰或者国外,2人距离利克有一定的距离,很少参与活动,其余3人年龄超过70岁,无法行动自如。[56] 1861年一名督察员嘲讽道,许多专员担任上市公司的董事,他们出席公司的会议是有报酬的,其纳税义务不可避免地会受到影响。[57]要求专员必须是当地居民同样存在困难,工业中心的商人们正在放弃定居经商地的传统。

虽然专员们的整体素质普遍较高,他们效率不高主要是由于他们无法控制的情况,而不是因为他们本身教育或廉洁的缺乏,但是实际执行税款评定和征收工作、隶属于地方专员的工作人员的情况却非如此。确保下属官员的能力和廉洁是地方专员的职责,法律并未要求他们具备正式的任职资格,只要求他们是"拥有足够的能力"、适合且负责的。[58]尽管有些是认真且有能力的,这通常是退休的商人,但是许多评税员和征税员并不具备高素质,尤其是在乡村地区。国内税务局常常抱怨称,他们能力有限,而且对国库缺乏责任感。许多

---

54 《泰晤士报》1873年1月27日,第12页b栏。
55 《皇家所得税委员会证据记录》,HCPP(1919) (288) xxiii, qq. 23,971-5。
56 TNA:PRO IR 40/1052.
57 《所得税与财产税特别委员会的证据记录》,HCPP (1861) (503, 503-1) xvii 1, 339, qq. 2150, 2155, 2159, 报告人:爱德华·威尔士。
58 38 Geo. III c. 5 s. 19 (1797) (landtax); 43 Geo. III c. 99 s. 9 (1803); 43 & 44 Vict. c. 19 s. 41 (1880) (assessed taxes, income tax).

人目不识丁、毫无能力，甚至贪腐成性。[59]它列举出了大量例证。以一名地方评税员为例，他的本职工作是一名屠夫，他拒绝向纳税人征收马匹和马车的税款，因为如果他这样做，他就会失去客户。[60]国内税务局认为，他们在税收征管中过于宽松，对自己偏爱的纳税人也相当随性。[61]他们有一份以上的工作并不稀奇，评税员兼任征税员也十分常见。至于书记员，尽管一名督察员在1873年向《泰晤士报》抱怨道，他们是"完全无用的工作人员"，常常以"草率和不规范的方式"[62]履行其职责，但是书记员实际上是律师，[63]而且大多是负责且有能力的人。虽然书记员仍然帮助专员处理行政性事务，但其已经由一个纯粹行政性的职位，演变为专员的首席法律顾问和裁判庭运作的关键角色。专员们会向书记员寻求实质的法律建议，以了解适用于个案中的法律规则、应遵循的正确程序以及案件要点陈述的起草。[64]高效的书记员对地方主义制度的平稳运作至关重要。事实上，当专员们拥有一名称职的书记员时，纳税人也会从中受益，因为书记员可以确保在申诉时将纳税人的观点提交给裁判庭。[65]除此之外，多数书记

---

59 《国内税务局主管专员第六次报告》，第344—345页；《国内税务局主管专员第十三次报告》，第207页。

60 《国内税务局主管专员第十二次报告》，第635页。

61 《国内税务局主管专员第六次报告》，第352页。

62 《泰晤士报》1873年1月27日，第12页b栏。

63 《国内税务和关税机构特别委员会的证据记录》，HCPP (1862) (370) xii 131, q. 184，报告人：查尔斯·布雷斯利。法律并未要求其具备法律资格，尽管在这方面存在改革需求，参见《皇家所得税委员会的证据记录》，HCPP (1919) (288) xxiii, q. 23,892，报告人：兰德尔·霍尔姆。

64 C. 斯特宾斯，《所得税首席专员的书记员》（The Clerk to the General Commissioners of Income Tax），载《英国税务评论》（1994年），第61页。

65 《皇家所得税委员会的证据记录》，HCPP(1919) (288) xxiii, q. 23,872，报告人：约翰·巴德，代表律师协会。

员往往在多个专员委员会中任职，尤其是土地税、评定税和所得税，积累了丰富的经验，同时很多人还任职于其他公共和私人职位。[66]

二、来自国内税务局的控制

在实践中，中央与地方政府之间保持着"密切而直接"的联系，[67]书记员经常代表专员向国内税务局寻求意见和指导，国内税务局则向地方官员发出指示，解释他们的职责。这些事项囊括全部税种的各个方面，例如所得税中应税土地的正确估值，向互济会（Friendly Societies）支付利息的定性问题，针对折算为租赁收费（rent charge）的什一税收入进行测算。[68]许多地方专员与国内税务局合作融洽，并充分利用后者提供的支持。然而，国内税务局无权对地方专员或者书记员、评税员、征税员施加任何正式控制，除了税收的入库和记账问题。无论是专员，还是他们的书记员、评税员和征税员，都不对国内税务局负责。如果他们滥用职权，携带已征税款潜逃，或者向个别纳税人多征税款，甚至拒绝配合执行改革建议，国内税务局也无能为力。尽管国内税务局拥有监督税收征管的法定职责，多数地方专员的下属职员也由公共财政负担薪资，上述情况也无法改变。国内税务局无权解雇不称职的甚至不诚实的评税员、征税员或书记员，也无权命令其配合政府行动。林肯郡劳斯市的书记员是一个著名例证，当国内税务局要求其执行地方专员对一家铁路公司的评税决定

---

66 例如，一位专员的书记员也是米德尔塞克斯的验尸官，参见《国内税务和关税机构特别委员会的证据记录》，*HCPP* (1862) (370) xii 131, q. 2443，报告人：爱德华·威尔士。

67 萨宾，《首席专员》，载《英国税务评论》（1968年），第28页。

68 《国内税务局记录》1849年1月2日、8日、11日，参见TNA: PRO: IR 31/141。

时，他拒绝配合。该公司的税款在其伦敦总部已经评定。国内税务局的报告指出，该书记员"一直放任自己对国内税务局的敌意和抵制"。[69]尽管总检察长就此做出了裁决，他在数年内仍然拒绝合作。另外，当1860年所得税由半年征收改为季度征收时，国内税务局就意识到征税员可能拒绝配合，并且有必要进行立法。[70]同样，在土地税的征管中，国内税务局要求依据法律规定对土地价值逐年评定，而不是经年累月保持同一评定结果，地方专员对此也选择忽视不理。[71]缺乏合作还可能表现在一些小问题上，例如，书记员拒绝使用国内税务局提供的官方表格，选择自行印制。

侵吞公款确实发生在下级地方官员的身上。[72] 1860年，国内税务局认为这种情况很普遍。一份关于教区征税员侵吞公款数目的调查报告显示，20年来税收收入损失接近20000英镑。[73]书记员、评税员和征税员的薪资以手续费（poundage）的形式存在，与评定的税收总额直接相关，其危险性显而易见。欺诈的诱惑力极大，其回报可能十分可观。每收到1英镑的所得税，书记员可获得2便士的报酬，评定税也适用同一比率。在19世纪60年代，一名书记员一年大约能

---

69 《国内税务局主管专员第六次报告》，第353页。

70 《国内税务局主管专员第五次报告》，第126—128页。

71 《国内税务局主管专员第十五次报告》，HCPP (1872) (646) xviii 259，第299—300页；《国内税务局主管专员第十六次报告》，HCPP (1873) (844) xxi 651，第682页；《国内税务局主管专员第十七次报告》，HCPP (1874) (1098) xv 673，第697—698页。

72 人们认为，这些欺诈行为是国家与公民社会之间日益紧张的征兆，参见罗伯特·利利，《肖尔迪奇税收欺诈：1860年国家与公民社会之间关系的研究》（The Shoreditch tax frauds: a study of the relationship between the state and civil society in 1860），载《历史研究》（Historical Research）(2005年) 第78卷，第540页。

73 参见1847—1867年教区征税员的侵吞公款数量申报表，HCPP (1867) (546) 757。关于曼彻斯特征税员的贪污例证，参见萨宾，《首席专员》，第18页。

够收到6000英镑。[74]一些征税员也可以达到这一水平。布罗德街区征税员是薪资最高的人之一，1861年就收到了922英镑的手续费。[75]侵吞公款行为表现多样，如所得税申报表被书记员办公室[76]按废纸非法出售，土地税买断证明上的签名被蓄意伪造。[77]诈欺之所以大量发生，源自评税员兼任征税员这一普遍做法。[78]

国内税务局认为，它对地方官员的控制微乎其微，导致这些人并不可靠，[79]严重阻碍了税收的有效征管。国内税务局对此不断表示关切和不满。它认为，下属官员的侵吞公款行为和专员们的管理不力均归咎于中央控制的匮乏。正如一名督察员所言，他被派去找这些地方官员时，"他们来或不来，完全凭个人意愿；对于他们提供的信息，我只能照单全收"。[80]国内税务局认为，督察员无法充分核查，以防范评税员和征税员的欺诈，这是"一个巨大的不幸"，是"一种非常反常的状态"[81]。事实上，国内税务局认为，被任命协助征收公共收入的官员，借助这种任命方式，能够反过来瓦解和破坏委任给他们

74　书记员部门的督察员坚称他收到7194英镑6先令，而书记员说他只收到5757英镑7先令8便士，参见《国内税务和关税机构特别委员会的证据记录》，*HCPP* (1863) (424) vi 303, q. 812。

75　《国内税务和关税机构特别委员会的证据记录》，*HCPP* (1862) (370) xii 131, q. 2441，报告人：爱德华·威尔士。

76　同上文献，qq. 2414-21。

77　科利，《肖尔迪奇税收欺诈》，第540页。

78　同上。另可参见斯蒂芬·马修斯，《1854年切斯特丑闻：行政失败研究》（A Chester Scandal of 1854: A Study in Administrative Failure），载《英国税务评论》（2000年），第154页。

79　《国内税务局主管专员第六次报告》，第345页。

80　《所得税与财产税特别委员会的证据记录》，*HCPP* (1861) (503, 503-1) xvii 1, 339, q. 2161，报告人：爱德华·威尔士。

81　《国内税务和关税机构特别委员会的证据记录》，*HCPP* (1862) (370) xii 131, qq. 1508, 1514，报告人：托马斯·多布森（Thomas Dobson），国内税务局首席秘书。

的任务，这是"一个几乎不可思议的荒谬行为"。[82]国内税务局对公共收入负有责任，但是却不得不通过独立官员代理执行，这些人可以违背国内税务局的命令，并且损害议会意图的实现，这是"非常令人反感的"。[83] 1906年一份手写备忘录记录了征收工作与地方机构合并，以督察员取代评税员的问题，其中写道："国家无法接受非自己任命的公务人员；书记员和评税员不是一条船上的人。书记员从来不是全职人员，总是以公众受托人的身份为地方机构（或他们的资助人）的利益摇旗呐喊。"[84]

国内税务局对地方官员并非完全无能为力，不过，正如他们观察到的劳斯地区书记员那样，补救措施非常烦琐、缓慢，而且不可靠。[85]尽管如此，国内税务局仍有其他方法可以使用。在一个案例中，一名书记员允许直接复制征税员作出的所得税首次评定和督察员作出的补充评定，而不是依据法律规定亲自进行，并且放任征税员从超出法定限额的土地税余额中违规获得报酬。国内税务局对他的行为表达"不满"，强烈谴责这些"严重的违规行为"，并决心树个典型以儆效尤。尽管此人多年来在其他方面堪称典范，并坚持长期建立起来的惯例，他还保证"没有贪腐动机"，并表示立即停止这种行为，国内税务局仍决定扣除其将近三年的手续费，不予理睬其近乎绝望的请求。[86]这表明，尽管国内税务局对地方专员工作人员的法定约

---

82 《国内税务局主管专员第六次报告》，第354页。

83 《国内税务局主管专员第五次报告》，第127页。

84 TNA: PRO IR 74/20 (1906).

85 《国内税务局主管专员第六次报告》，第354页。参见《国内税务局记录》，1849年1月2日，参见TNA: PRO: IR 31/141，其中国内税务局下令取消两倍评定。

86 《肯辛顿分部关于税收征收的欺诈行为和税务巡查员行为的信函》，*HCPP* (1823) (371) xiv 495。

束有限，后者在理论上是独立的，但是实际上，国内税务局可以实现一定程度的有效控制，包括本案中这种略显严厉的控制。

纳税人应当对其代表所任命官员的违规行为负责，这与地方主义原则是一致的，也是这一原则的必然结果。法律为纳税人提供的保护机制是，征税员接受专员任命时必须提供担保，但这绝不是一种普遍做法。部分流失的税款可能会从征税员的保证人处追回，或者出售他的担保物，但很多情况下并没有这样做。因此，教区的纳税人不得不支付两次税款。他们可以强烈感受到侵吞公款。他们会以重新评定过于麻烦为由，向财政部提出税收减免的申请。在实践中，双方通常会达成一些和解，但这完全属于自由裁量的事项。

可以预见，国内税务局与地方专员之间的关系相当紧张。1906年有人称，政府早在1842年就"对地方主义模式始作俑者所施加的制约机制过于软弱而感到担忧和紧张"。[87]到19世纪的最后二十五年，由胜任的地方专员及其职员做出有效评定，这已经成为一种例外而不是常态。再加上由于意识到定期续征让所得税彻底摆脱临时性，国内税务局越来越怀疑地方体系是否适合所得税的持续征管。[88]鉴于此，在整个19世纪，它多次尝试承担地方行政机构的职责，完全控制直接税的评定和征收。这种尝试包括正式与非正式两条路径。

87　TNA: PRO IR 74/20 (1906).
88　《国内税务和关税机构特别委员会的证据记录》，*HCPP* (1862) (370) xii 131, q. 472，报告人：查尔斯·布雷斯利。

第四节 对地方主义的挑战

一、正式干预

中央税务机关拥有委任工作人员负责实际征管工作的法定权力，而这些工作人员体现出行政机关的权力和控制。1851年，隶属于国内税务局的工作人员总数约为5000人，主要是消费税官员，到1884年增加至6000余人。[89]在重新开征所得税之初，国内税务局认为，如果可以用政府任命的官员取代地方的评税员和征税员，税收的评定与征收将会更加精确和有效。[90]事实上，中央税务机关对地方主义的首次正式干预，是通过引入中央政府的督察员，确保炉灶、窗户与住宅课税的有效征管。1810年，督察员被赋予广泛的权力，有权审查或修改评定税的申报表。国内税务局认为，由其下属官员承担所有直接税的评定工作有助于提高效率，理由有三：

第一，不同于地方官员，他们担任全职工作。相比于兼职官员，全职官员显然更有效率。

第二，他们是税法和实务方面的专家，一般都是训练有素的官员。国内税务局要求其所有部门的工作人员对税收都要有"深入和

---

89 参见温·格里菲斯（Wyn Griffith），《百年：1849—1949年的国内税务局》（*A Hundred Years, The Board of Inland Revenue 1849-1949*）（London: Inland Revenue, 1949），第26—27页。

90 《国内税务和关税机构特别委员会的证据记录》，HCPP (1862) (370) xii 131, q. 199，报告人：查尔斯·布雷斯利；马丁·唐顿，《信任利维坦：英国的税收政治学（1799—1914）》，第194—197页。

准确的了解",[91]所有官员都必须接受广泛培训。从1700年起,关税官员必须通过能力测试。[92]而早在其他公务部门推行前,进入中央消费税部门都必须通过测试。[93]事实上,在政府公务部门中,中央税务机关最早通过竞争性考试任命,这确保了税务官员是公务员队伍中最熟练且能力最强的。消费税官员需要接受特殊的培训,以便全面了解他们管理的生产过程。正式考试与实务经验相结合,让他们拥有清晰的职业发展路径。[94]资深消费税官员对消费税每个部门的工作都有深入了解,并且与国内税务局在人员组织调配、法律实际执行引发的问题,以及商界动向等方面保持着密切联系。在其他税种领域,成为督察员所要经历的考试和培训不仅要求很高,范围也很广。[95]他不仅需要精通税收法律和实务,还要掌握会计与商事实践的原理,以及具备经营管理素质、交际谈判技巧和一定的宣传能力。在19世纪,督察员的任务变得愈发繁重。它的复杂性、技术性和工作量都

---

91 《国内税务局主管专员第四次报告》,*HCPP* (1860) (2735) xxiii 235,第258页。

92 约翰·克雷格,《官僚作风的历史》,第96页。关于关税官员的培训,参见《关税主管专员第一次报告》,附录D,第394—399页。

93 《国内税务局主管专员第一次报告》,第116页。关于消费税官员的资格与培训,参见约翰·欧文斯(John Owens),《与国内税务局消费税部门相关的普通文件》(*Plain Papers relating to the Excise Branch of the Inland Revenue Department*)(Linlithgow, 1879),第110—120页;G. E.埃尔默(Aylmer),《从当政到公务员:现代官僚体制的起源》(From Office-Holding to Civil Service: The Genesis of Modern Bureaucracy),载《皇家历史学会期刊》(*Transactions of the Royal Historical Society*)(1980年)第30卷,第91页。

94 有关消费税各类官员的职责,参见《国内税务和关税机构特别委员会的证据记录》,*HCPP* (1862) (370) xii 131, qq. 1564-1616;格雷厄姆·史密斯,《需要申报的事项》,第85页、第116—122页。

95 关于督察员的招聘和培训,参见大卫·威廉姆斯,《他们调查领域的大师:1900—1914年》(Masters of All they Surveyed: 1900-1914),载《英国税务评论》(2005年),第144—147页。

在增加，在实践中其职权范围远远超出其法定的监督权。由于纳税人的数量增长四倍之多，国内税务局及其职员不得不应对这一问题。随着所得税税率的提高，商人越来越关注税收问题，这就要求税务工作人员具备新的技能。凭借培训和国内税务局的广泛支持，督察员成功应对了地方专员从未有过的挑战。即使在这种新环境下，他们同样展现出强大、有组织、训练有素的一面，此外，他们还和评税员一样熟悉当地情况，[96]能力备受赞誉。他们被称为"最高效的官员"，[97]在与纳税人打交道时老练且友善，[98]以充满智慧、审慎和"极致公平"的方式履行职责。[99]在这一点上，督察员对纳税人是一种颇具意义的保障，因为他有能力发现专员评定中的错误，以及由于专员缺乏专业知识而导致的其他违规行为。

第三，国内税务局和之前的消费税局一样，可以确保其所有官员按照税务机关的意志统一执行税收征管，因为他们必须服从税务机关关于如何征管的指令和对他们的严密控制。[100]不论具体承担何种职责，中央税务官员在外地的首要职责，就是在税收征管中维护政府的利益，就像地方直接税专员维护纳税人利益一样。他们完全效忠于税务局，而不是他任职的地区，他的职责是确保税款应收尽收，并且及时完成征收。他的工作纪律不允许他拥有像一些地方官员那

96　TNA: PRO IR 74/20 (1906).

97　《国内税务局主管专员第三次报告》，HCPP (1859) (2535) xiv 451，第480页。

98　《皇家所得税委员会的证据记录》，HCPP (1919) (288) xxiii, q. 23,871v，报告人：约翰·巴德。

99　《国内税务和关税机构特别委员会的证据记录》，HCPP (1862) (370) xii 131, qq. 4608-9，报告人：贝尔哈文勋爵（Lord Belhaven），中尉与拉纳克郡供应专员召集人。

100　例如，参见品客，《消费税官员》，第23、25页；大卫·威廉姆斯，《税务督察》（Surveying Taxes），载《英国税务评论》（2005年），第222页。

样的自由度,如果他拥有这种自由,就会对国内税务局"掀起一场愤怒风暴"。[101]正是国内税务局对其官员的控制,让公共收入的有效征管得以确保。

国内税务局对其官员的控制是密切、直接的,而且往往涉及私人领域,涵盖他们工作和个人生活的方方面面,包括婚姻状况、[102]居住地、[103]工作地点、工作时间内外的行为,以及最为重要的专业履职情况。国内税务局持续发出大量且详细的命令、条例和通知,指示税务官员如何征管他们所负责的税收。税务官员会被告知应当做什么以及如何做,如果所作所为未能达到预期标准,国内税务局就可能会采取措施。

国内税务局首先引入多种措施,以确保其官员保持良好的行事作风。所有中央税务机关在官员任命时都十分谨慎,要求他们宣誓只领取公务薪资,并将其征收款项上缴至适当的机构,否则将受到惩罚。督察员一般是授薪制,偶尔也会获得手续费。众所周知,如果官员的薪资与其评定纳税数额直接挂钩,这对税收评定的公正性和独立性都会造成极为显著的危害。[104]尽管如此,直至1891年,手续费仍未被废除。[105]此外,国内税务局还采取了一些措施,以确保其官员不会在当地深耕,以免受制于当地政治、社会或商业的影响。依据久已成型但却声名狼藉的"调任"制度,消费税官员每隔几年就会被调

---

101 《国内税务局主管专员第六次报告》,第352页。

102 关于消费税官员的反婚姻条款,参见欧文斯,《普通文件》,第51—52页。

103 1849年,国内税务局注意到,允许督察员远离他的居住地"不合适",参见《国内税务局记录》,1849年1月8日,TNA: PRO: IR 31/141。

104 《国内税务和关税机构特别委员会的证据记录》,HCPP (1862) (370) xii 131, qq. 4614-16, 4619,报告人:贝尔哈文勋爵。

105 54 & 55 Vict. c. 13.

往其他地区。[106] 同样,在消费税领域,立法机关明确区分税款评定和征收职责,并试图切断评税员和征税员之间的紧密私人关系。然而,在所得税领域,这种明确划分仅仅停留在理论层面,在实践中,非专业的评税员也被任命为征税员。国内税务局非常重视督促其官员保持高标准的业务水平,并在1856年引入了对税收督察员的定期巡查制度,因为相较于消费税官员,他们受到的监督更少。1858年国内税务局报告称,这些巡查非常成功,因为向其报告的不当行为的数量有所下降,[107] 尽管在19世纪的大部分时间里巡查官员的数量并不多。

尽管采取了各种预防措施,政府官员的不当行为还是会发生。经常发生关于个别督察员的投诉,从"缺乏礼貌"[108] 到"无理取闹"[109] 和公然的欺诈。最为常见的是关于督察员附加收费的投诉,部分投诉的事实和理由都很充分。中央税务机关确实非常重视所有投诉,[110] 制定了详细的调查程序,哪怕是最轻微的违规行为也不放过。[111] 对官员的违规行为,最为常见的处理是警告。对怠于行使职权和效率低下的官员,则会要求"在履行职责时更加注意和准时"。[112] 1849年,利奇菲尔德地区纳税人投诉督察员,国内税务局对此展开调查,

---

106 《消费税机构调查专员第二十次报告》第529页,附录73,报告人:查尔斯·布朗,副秘书长。另可参见威廉姆斯,《大师》,第149—151页;欧文斯,《普通文件》,第410—415页。

107 《国内税务局主管专员第二次报告》,HCPP (1857-8) (2387) xxv 477,第510页。

108 《国内税务局记录》,1849年1月20日,TNA: PRO: IR 31/141。

109 同上文献,1849年2月14日。

110 欧文斯,《普通文件》,第123—124页、第151页。

111 《国内税务局记录》,1849年1月20日,TNA: PRO: IR 31/141。

112 同上文献,1849年1月22日。

结果该名督察员受到降职处罚并且调离该地区。[113]当涉及严重的不当行为时，如督察员提出虚假或无理指控，具有欺诈、腐败或非法行为，或者未征收纳税人本应缴纳的税款，国内税务局拥有法定的控制措施。在这种情况下，他将被处以100英镑的罚金，并经全面内部调查后被解除职务。[114] 1849年，由于自身长期陷入"紧迫困境"，威尔士浦地区的督察员参与了各种金钱交易，虽然国内税务局并未将其认定为欺诈，但是却导致该地区的税收工作陷入混乱。[115]国内税务局以其曾欠债入狱为由，认为其不适合继续履职，决定将其解雇。肖尔迪奇地区的一名地方官员伪造土地税买断证明上的签名，这是一个长期存在的欺诈行为中的一环，不仅牵涉到书记员、评税员和征税员，而且还涉及督察员。[116]国内税务局自然希望在解雇官员之前，搞清楚其确实犯有不当行为。为做到这一点而制定的详细程序，有助于保护纳税人免受不诚实政府官员的侵犯。如果税务人员的行为构成刑事犯罪，可能会面临更为严厉的惩罚。1834年，一名消费税官员因贪污税款被捕，被判处流放。根据消费税专员的命令，这一处罚决定需每年向全国范围内的消费税官员宣读，持续十年，以震慑可能受到诱惑并效仿的官员。[117]针对某些罪行，最终的惩罚非常严厉。1831年，印花税办公室的一名书记员出于欺诈目的使用已经画销的印花，被判有罪。这一罪名的最高刑罚为死刑。[118]

---

113 《国内税务局记录》，1849年3月14日。
114 《国内税务局主管专员第二次报告》，第511页。
115 《国内税务局记录》，1849年1月31日，TNA: PRO: IR 31/141。
116 科利，《肖尔迪奇税收欺诈》。另可参见马修斯，《切斯特丑闻》。
117 品客，《消费税官员》，第38页。
118 *R. v. Smith* (1831) 5 Car & P 107.

一个臭名昭著且有完整记录的案件发生在肯辛顿地区，1823年督察员乔治·怀特在土地税与评定税的征收过程中被认定实施欺诈。1818年，56名切尔西居民投诉他存在非法和无理的行为。乔治·怀特高估纳税人所拥有的仆佣人数、马匹以及房屋的窗户数量，以征收更多税款。他将货运的二轮马车按消遣用的四轮马车来征税，且对房屋的估值过高。对所有这些情况，他都迫使纳税人提出申诉，给纳税人带来不便和烦恼。不仅如此，他还经常无视专员的裁决。他的行为对纳税人和专员都构成了威胁、无礼与不尊重。督察员否认这些指控，并声称这是因对纳税人依法收取附加费、揭露了部分专员程序违规而招致的报复。国内税务局经过全面且漫长的调查，不仅发现所有的指控属实，而且发现督察员以欺诈方式逃避自己的全部纳税义务，因此决定将其解雇。它还意识到，这一事件已经导致所有政府官员陷入"敌意和蔑视"，并且"激起人们对税收的成倍厌恶"。[119]

依据法律规定，督察员的职权是受限的。他的职责包括监督税收征管，确保地方专员任命合适的直接税评税员和征税员，保证他们依据税务机关的政策进行准确评定，并且确保税款及时正确入库。基于这种模糊但无疑受限的法定权力，尽管国内税务局对"监督"一词的解释十分宽泛，但仍只能基于明确的制定法条文才能将税款评定权移交给督察员。有鉴于此，国内税务局正式启动了一项持续而明确的政策，旨在以这种方式削弱地方的税收征管。该政策在整个维多利亚时代及之后的时期一直在推进。这本身无法杜绝违规行为

---

[119] 《肯辛顿分部关于税收征收的欺诈行为和税务巡查员行为的信函》，HCPP (1823) (371) xiv 495。

的发生，因为无论是督察员还是非专业税务专员，都会存在不诚实的问题。不过，它可以确保一定程度的正式控制和监督，一定程度上的纪律处分程序，并且在发生违规行为时增加对纳税人的保障。这样做还有一个好处，就是可以节约开支。事实证明，由授薪制的政府官员管理税收的成本，比收取手续费作为报酬的地方官员更低。

由政府官员评定税款的例子并非不存在，在苏格兰地区尤为普遍。苏格兰地区征税的手续费过低，以至于无法找到地方评税员来承担这一工作。1805年的一部法律解决了这些"不便之处"，它规定，在地方专员未委任评税员的情况下，评定税的评定权可以交由督察员行使。[120]这一举措被证明是高效且广受好评的。自此之后，苏格兰地区的评定税交由中央政府官员评定，[121]地方专员的职责仅限于审理和裁定纳税人针对评定的申诉。然而，在土地税与所得税领域，苏格兰仍采用并保留地方征管制度，虽然在所得税中并不统一。1862年，苏格兰境内约19个地区的地方专员自愿委任督察员负责所得税[122]的评定工作，因为难以找到地方评税员，也因为苏格兰人对地方主义原则的依赖程度不同。[123]依据这一经验人们认为，把评定税中完全集权的评定体系适用于所得税领域，也"不会让纳税人产生任何不满的情绪"。地方评税员成为"一种障碍"，[124]纳税人宁愿与训练有素的专业官员，甚至是熟悉其私人税务情况的政府官员打

120　45 Geo. III c. 95 s. 1 (1805).

121　《国内税务和关税机构特别委员会的证据记录》，HCPP (1862) (370) xii 131, qq. 3001-9, 3090-1, 报告人：安格斯·弗莱彻(Angus Fletcher)，苏格兰税务局总审计长兼律师。

122　同上文献，q. 3072。

123　同上文献，q. 1640, 报告人：托马斯·多布森。

124　同上文献，q. 3071, 报告人：安格斯·弗莱彻。

交道，也不愿意与缺乏训练且可能是其商业竞争对手的地方专员打交道。事实上，苏格兰人对于地方官员或督察员披露信息的问题似乎远没有英格兰人那么敏感。他们最想要的是适当和准确的评定。针对所得税评定的申诉很少，大多数案件都是由督察员和申诉人在庭外和解。即使案件进入申诉阶段，公众也对专员有信心，会受到这一体系的"充分保护"。[125]该体系运作"极为和谐"。[126]在爱尔兰地区，国内税务局同样控制着税收评定，甚至比在苏格兰更为全面系统。1853年爱尔兰征收所得税时，由于缺乏评定税的机制，必须构建一套全新的体系。为迎合国内税务局的偏好，督察员就此成为了评税员。[127]

伦敦的国内税务局将苏格兰视为取代地方征管机构的典型例证。1860年它向英格兰地区的所有地方专员发出通知，了解他们对赋予督察员更大的评定与征税权的看法。[128]国内税务局建议，将征收工作完全置于其控制之下，但不触及地方专员接受申诉的职能。地方专员给出的答复如出一辙，他们以最为强烈的措辞拒绝了对其评定权的任何干预。[129]显然，地方不会协助改变英格兰的税收征管制度。总体而言，由于反响强烈，这一提案被搁置。中央集权式税收评定的法定条款仍在持续推进，只是进展缓慢且零散拖沓：1869年取消评定税，将其转变为消费许可证税，实现了从地方专员到国内

---

125 同上文献，q. 4625，报告人：贝尔哈文勋爵。另可参见qq. 4627, 4629。

126 同上文献，q. 3160，报告人：托马斯·多布森。

127 同上文献，q. 2465，报告人：爱德华·威尔士。督察员依据所有的征税表格进行评定：16 & 17 Vict. c. 34 ss. 16, 20。

128 HCPP (1871) (462) xxxvii 235.

129 尽管也存在支持中央任命征税员的声音，参见《国内税务和关税机构特别委员会的证据记录》，HCPP (1862) (370) xii 131, q. 286，报告人：查尔斯·普雷斯利。

税务局的征管转变；[130] 1873年[131]与1874年[132]的立法规定，督察员负责所得税A、B两类报税单与住宅税的评定工作。1915年有人提议，针对部分领取周薪的纳税人，其税款评定应当交由督察员。这个建议被视为剥夺了在纳税人和政府之间保持公正独立性的地方机构对特别脆弱纳税人的保护，这些人通常无法获得或者无力负担专家的专业咨询。[133]尽管如此，这一提议还是被接受了。不过这仅仅是因为，其对即将开展的大量新税款评定必不可少，[134]也因为其是与地方专员代表达成协议的结果，[135]而且纳税人仍然有权向首席专员提起申诉以获得保护。[136]

正如税款评定不准确导致国内税务局尽可能将评定权交由督察员行使一样，地方官员的贪污行径导致公共收入流失，国内税务局却无力阻止这些行为，导致它想利用一切契机实现中央控制下的税款征收。国内税务局首先选择把遴选非专业征税员的权力交给自己。1854年，由于英俄战争，所得税的税率翻倍，税务欺诈的诱惑随之增长，税款安全征收的问题变得更加紧迫。1854年的一部法律规定，如果地方征税员未能给所征税款提供担保，国内税务局有权自行任

---

130 《国内税务局主管专员第十五次报告》，第286页。

131 36 & 37 Vict. c. 8 s. 2 (1873).

132 37 & 38 Vict. c. 16 (1874).

133 《议会辩论》第76卷，第5辑，第1098—1129栏，1915年12月6日（下议院）。另可参见《泰晤士报》1915年10月25日，第9页e栏；1915年10月30日，第9页f栏。

134 国内税务局对成功信心十足，因为它已经（虽然是临时性的）为额外的员工做了广告，参见《泰晤士报》1915年10月26日，第10页b栏。

135 《议会辩论》第76卷，第5辑，第1110栏，1915年12月6日（下议院），报告人：雷金纳德·麦肯纳（Reginald McKenna）。

136 尽管这对于"第一次被征税的单纯的工人"来说是不现实的，参见同上文献，第1118栏，报告人：乔治·巴恩斯（George Barnes）。

命一名征税员。[137]该法旨在解决贪污问题，它是由于没有持续要求地方征税员提供担保而带来的。但是这一做法打击了地方征税员，因为它让允许国内税务局任命征税员变得有吸引力：法律规定，如果发生贪污，教区无需承担责任。[138]1879年的一部法律允许所得税、住宅税和土地税的地方征税员拒绝接受任命，并且规定如未能成功得到任命，地方征税员的任命权归属于国内税务局。[139]对纯粹地方主义的成功干预，让国内税务局不仅可以将税款征收权交由自己任命的非专业征税员，甚至还可以交给自己负责征收的官员。1881年，国内税务局在英格兰试行正式的中央集权征收体制，并且选择赫尔和赫里福德负责征收D、E两类报税单的所得税。[140]这一试验非常成功，国内税务局将其推广至布莱克本和布拉德福德，并报告称其运作效果"令人羡慕"。[141]到1886年，这一模式已经在英格兰大多数主要城镇实施。[142]国内税务局忍不住对外宣示，其成功证明了它们长期坚持的观点，即纳税人更愿意向政府官员缴纳他们的所得税。这一过程持续不断地进行，且在某种程度上的确是成功的。尽管在1883

---

137 17 & 18 Vict. c. 85 s. 2.

138 *Ibid.*, s. 5. 税务机关报告称，在其运作的第一年，900个教区要求其遴选和任命征税员，这个数字揭示了公众的不满程度，参见《国内税务局主管专员第二十三次报告》,(1881) (2770) xxxix 89,第135页。事实上，到1862年，在那些由中央任命征税员的地区，没有因侵吞公款而造成损失，参见《国内税务和关税机构特别委员会的证据记录》,*HCPP* (1862) (370) xii 131, q. 2463, 报告人：爱德华·威尔士。

139 42 & 43 Vict. c. 21 s. 23 (1879).

140 《国内税务局主管专员第二十四次报告》,(1881) (2967) xxix 18,第243—245页。

141 《国内税务局主管专员第二十五次报告》,(1882) (3325) xxi 275,第344页。

142 《国内税务局主管专员第二十九次报告》,(1886) (4816) xx 279,第324—325页。

年[143]和1887年,引入中央征税员的尝试均因遭受广泛抵制而宣告失败,但是1890年的一项法律规定,对不需要其他机构[144]任命的征税员,国内税务局有权自行任命。领取周薪者的税款从1915年起由督察员评定,也是对国内税务局征收税款的授权。

二、对地方主义的非正式侵蚀

国内税务局任命自己的官员作为评税员和征税员,是通过明确立法正式和公开侵蚀地方税收征管机制。由于地方主义原则的法律和政治地位根深蒂固,这种干预的整体效果是零散微弱的。在这方面,由于中央税务机关日渐成熟和不懈推动,实践中自然发生的变化所导致的非正式及潜在的侵蚀,表现得更为强力和有效。随着税法和实践的发展,其复杂性和技术性不可避免地加剧,反映出商业生活的快速扩张,这些都是侵蚀地方主义税收征管的主要工具。其具体表现为,督察员的主导地位日益增强。[145]面对中央政府的专业税务官员,兼职、业余且不领取报酬的非专业专员出于对履行公民义务的承诺,完全依靠不够全面和道听途说的地方知识,努力保持着自己的地位和影响。

税务督察员作为税收征管方面的专家,是法律和实务方面的专业人士,并且能够投入全部时间履行职责,他在专业知识和理解力方面几乎超过任何的非专业专员。督察员也有能力获取其辖区内纳税

---

143 《议会辩论》第279卷,第3辑,第488—506栏,1883年5月10日(下议院)。另可参见萨宾,《首席专员》,第30—31页。

144 53 & 54 Vict. c. 21 s. 4.

145 参见罗伯特·科利,《阿拉伯鸟:维多利亚时代中期英国逃税研究》(The Arabian Bird: A Study of Income Tax Evasion in Mid-Victorian Britain),载《英国税务评论》(2001年),第207页;萨宾,《首席专员》。

人个体更广泛和准确的信息。他已经成为征管程序中不可或缺的重要组成部分,几乎在每一个阶段都有参与,如检查评定结果以确定其正确性,审查所有的减免税申请。[146]督察员通过信函、电话、同纳税人面谈以及与地方评税员会面的形式开展调查。他了解既往的评定结果、个人的生活方式及经营情况,也熟悉国内税务局自己所掌握的贸易和执业利润报表。地方专员或多或少会审查这些评定结果,逐一听取督察员的意见,最后对税款评定作出决定。基于督察员优秀的专业知识,专员们不可避免地会听取他的意见,接受他提出的建议和数额,并在很少甚至没有实质调查的情况下,就在评定报告上签字。在全国范围内,督察员对经营所得评定的影响力各不相同。鉴于专员们对案件的关注严重不足,[147]督察员将是唯一一个准确知悉评定结果应该如何的人。出于专业能力这个相同的理由,督察员开始主导非专业专员的申诉听证会。他会出席听证会为政府辩护,尽管在程度上不及申诉前的行政评定阶段。正是在申诉听证会上,精通税法和实务、训练有素的督察员与非专业的地方专员之间经常出现高度紧张。最理想的情况是,专员仍希望基于真正的地方性知识,依常识进行审理;一旦出现最坏的情况,他会表现得漠不关心且不称职。

在实际的日常税收征管过程中,地方专员的税款评定职权显然正在遭受潜在的侵蚀。一个显著的动向是,专员们默许督察员施加控制。早在19世纪50年代,这一现象就已经出现,到了19世纪70年代更为普遍,即便在理论上不属于督察员的职责,督察员却实际承担着税款评定职权。专员们之所以接受督察员的指导,是由于他拥

---

146 有关第一次世界大战前几年,所得税领域督察员工作的详细说明,参见威廉姆斯,《税务督察》,第227—234页。

147 《皇家所得税委员会的报告》,*HCPP* (1920) (615) xviii 97,第352段。

有专员们缺乏的专业知识和技能。通过这种方式，督察员掌握了税款评定环节中的实权。无论其必要性如何，也无论其专业监督可以为纳税人提供多少额外的保护，即使这些保护是非专业的地方主义体系无法提供的，允许督察员成为税收征管中的主要角色，除了违背地方主义原则之外，也破坏了立法赋予他的消极监督职责。由纳税人的独立代表评定税款的概念几乎变得毫无意义，因此地方主义原则沦为空谈。1853年，格莱斯顿承认，事实上税收评定已经由督察员而非地方专员做出，[148]并且在事实上确需如此。

最后，在维多利亚时代末期，国内税务局似乎采取了一项长期的"和平渗透"[149]政策，试图通过更隐蔽的方式获取管辖权，尽管这只是公众的看法，并且受到新闻媒体和既得利益者的粉饰。人们指责国内税务局拒绝改善它可以影响的那部分地方体系，尤其是拒绝评税员和征税员长期以来的重组要求，即长期聘任、固定薪金以及退休金。由于这些将不可避免地降低地方体系的效率，据报道，全国评税员和征税员协会的主席指责国内税务局采取"消耗政策"以巩固其主张，即评税员的工作"质量和数量都很低下，出于效率和经济利益的考虑，应当取消这些职位"。[150]

第五节　地方主义的政府替代品：所得税特别专员

将税款评定和征收交由国内税务局负责的尝试，无论是正式还

148　《议会辩论》第127卷，第3辑，第819栏，1853年5月30日（下议院）。
149　《泰晤士报》1927年6月29日，第17页b栏。
150　《所得税征管》，载《泰晤士报》1928年9月12日，第13页c栏。

是非正式的,都是对地方主义税收征管原则的蓄意侵扰。不过,中央政府基于不同目标而采取的其他举措,也可能产生同样的效果。具体做法是,在税收征管领域引入国内税务局自己的替代方案,尤其是有关地方机构审理申诉案件的部分。向中央税务机关提出申诉一直是中央控制下的关税、消费税和印花税的天然特征,并且在19世纪初的机构合并后继续存在。国内税务局的会议记录显示,从最早开始,它就被各种有关中央税、评定税和所得税的申诉申请所淹没。大多数申请都是小事,包括个人纳税人的投诉、请愿书、询问与申诉,内容涉及税收法律和执行管理的各个方面,只要与国内税务局所负责的税种相关,其中包括正式的法律申诉、非正式的救济申请、请求退还溢缴税款,以及针对各种决定的投诉。[151]同样,由于中央税务机关在理论上隶属于财政部,因此存在一种相同的既定做法,即受害纳税人向财政部提起申诉。这种做法出现在关税、[152]消费税、[153]遗产税、继承税[154]以及地方管理的税收中。这些申请的类型多样,例如,由于重新评定的困难而请求对教区酌情减免税。[155]

由负责税收征管的中央政府部门的官员裁决争议,在其他专业性更强的税收领域十分常见。例如,它就是伦敦消费税征管的组成部分。中央消费税局认为,一些轻微违反消费税法的案件,其

---

151 参见例如为徽章而错误支付的税款退还申请,以及针对狗和狩猎许可证的溢缴税款退还申请:《国内税务局记录》,1849年1月1日,TNA: PRO: IR 31/141。另可参见《国内税务和关税机构特别委员会的证据记录》,HCPP (1862) (370) xii 131, qq. 1361-3,报告人:托马斯·多布森。

152 切斯特,《英国行政体系》,第226页。

153 《消费税机构调查专员第二十次报告》,第533、597页,附录73。

154 《国内税务局第九次报告》,HCPP (1865) (3550) xxvii 105,第122页。

155 《国内税务和关税机构特别委员会的证据记录》,HCPP (1862) (370) xii 131, qq. 2425, 2427,报告人:爱德华·威尔士。

重要性不足以提交至财税法庭（Court of Exchequer）审理，可以交由作为专业行政法庭的消费税简易法庭（Excise Court of Summary Jurisdiction）审理。[156]消费税简易法庭的管辖范围包括追回罚金、以双倍税额为特定税收提供担保，以及投诉。[157]正式的申诉仍由消费税专员申诉法庭（Court of Excise Commissioners of Appeal）管辖。[158]虽然这种专业的行政裁判机构出现在消费税这类中央税中非常自然，可以被公众接受，但这与所得税中根深蒂固的地方主义并不契合。此外，消费税法庭在税收行政裁判机构中尤为特殊，它有权管辖刑事案件，这引发了相当大的独立性问题。爱尔兰消费税法庭被描述为"由税务局官员组成的法庭，他们交替担任着检察官、证人和法官"，[159]这被谴责为"在理论和原则上都站不住脚"。[160]因此，当皮尔引入一个所得税首席专员的行政替代品时，其重要意义不言而喻。

所得税特别专员设立于1805年，仅享有有限且纯粹的行政性职

156　它最初建立于1660年：12 Car. II c. 24 s. 45。参见：7 & 8 Geo. IV c. 53 s. 65 (1827); 4 & 5 Will. IV c. 51 (1834)。在全国其他地区，消费税案件由治安法官在即决法庭审理，上诉案件则交给季审法庭。

157　1833年，约有148个教区和25000名商人在其管辖范围内。参见《消费税机构调查专员第三次报告：简易管辖》(Third Report of the Commissioners of Inquiry into the Excise Establishment: Summary Jurisdiction), HCPP (1834) (3) xxiv 87, 第138页, 附录7, 报告人：P. W. 马约（Mayow）。

158　7 & 8 Geo. IV c. 53 ss. 81, 82 (1827)。上诉法院被废除，参见：4 & 5 Vict. c. 20 s.25 (1841), 并依据该法令第26条将上诉管辖权交给财政大臣。

159　《关于爱尔兰和苏格兰税收征收和管理的调查专员的第九次报告》（Ninth Report of the Commissioners of Inquiry into the Collection and Management of the Revenue arising in Ireland and Scotland）, HCPP (1824) (340) xi 305, 第310页。

160　同上文献，第312页，报告人：约翰·福斯特。另可参见《消费税机构调查专员第三次报告：简易管辖》, 第96页。尽管一再建议将其废除, 但是直到1890年, 消费税专员在简易法庭中的处罚审理和决定权才被废除。

权,主要处理慈善组织的免税申请,[161]皮尔将其改造为评定经营所得的裁判庭。[162]纳税人可以选择由特别专员基于申报信息和督察员的调查结论评定税款。然而,对地方主义而言,特别专员申诉管辖权的扩张极为重要,因为特别专员最终会主导他们的工作。针对经营所得的所得税评定,纳税人可以选择向特别专员提起申诉。皮尔通过这种方式扩大特别专员的管辖范围,并不是为了侵蚀地方机构,而是为了解决该体系中被绝大多数纳税人所痛恨的一个弊端:信息公开,这个问题威胁到皮尔对日益成长的工业经济中的商业财富有效征税的能力。信息公开是纳税人为保障非政府性的税收征管机制而不得不付出的代价,但是对于从事经营活动的纳税人而言,这个代价过高。皮尔需要保证向纳税人提供一切便利,以确保纳税人申报全部收入,并且实现税务机关应收尽收。

没有任何纳税人乐意向地方税务专员披露其个人财务状况,因为他们大多相识,尤其当他们意识到这些信息不可避免地会公开的时候。[163]评税员和征税员同为当地居民,通常任期一年,不久之后当地大多数居民就会熟悉他们邻居中相当一部分人的私人财务状

---

161 45 Geo. III c. 49 ss. 30, 37, 73—85. 参见 A. 霍普-琼斯(Hope-Jone),《拿破仑战争中的所得税》(*Income Tax in the Napoleonic Wars*)(Cambridge University Press, 1939),第23—28页;A. 法恩斯沃思,《所得税专员》(The Income Tax Commissioners),载《法律评论季刊》(1948年)第64卷,第372页。有关特别专员职责的综合说明,参见 J. 埃弗里·琼斯(Avery Jones),《从特拉法尔加到滑铁卢的特别专员》(The Special Commissioners from Trafalgar to Waterloo),载《英国税务评论》(2005年),第40页;J. 埃弗里·琼斯,《1842年后的特别专员:从行政裁判庭到司法裁判庭》(The Special Commissioners after 1842: from Administrative to Judicial Tribunal),载《英国税务评论》(2005年),第80页。

162 5 & 6 Vict. c. 35 ss. 130, 131 (1842).

163 《议会历史》第34卷,第89栏,1798年12月14日,报告人:迈克尔·泰勒(Michael Taylor)。

况。[164]信息公开的问题对商业界至关重要。地方专员收到其他纳税人经营活动的财务细节时，作为他们从事贸易的竞争对手，那些纳税人就会不可避免地产生怀疑。这是全国范围内投诉的主要来源，国内税务局也承认这方面的情况不理想。[165]没有实质的证据证明存在任何故意泄露保密信息的行为，尽管会有相当多的不小心或者不经意泄露导致纳税人心存疑虑。[166]确保地方专员的诚信和财务资料安全的法定程序，包括财产资格、保密宣誓和申诉不公开审理的规定，不过人们对这些程序的有效性缺乏信心。授予特别专员评定权和裁决权直接解决了这些问题，因为他们组建了一个设立在伦敦的中央裁判庭，由财政部任命的全职授薪和享受退休金的公务员组成。特别专员通常由经验丰富的税务官员、受过法律训练或者有政治专长的人士担任，并且完全接受国内税务局的监督。在这一点上，他们与消费税法庭之外的其他税务专员机构的性质截然不同。他们完全独立于任何的地方利益集团，和所有其他参与所得税征管的官员一样，他们也要受保密规则的约束。

虽然特别专员的税款评定职能没有被广泛使用，[167]但是在19世纪末，人们普遍认为他们的裁决质量明显高于地方专员，任何重要、

---

164 《科贝特的政治记录》(Cobbett's Political Register)，第4—5卷，第751、754—755栏，《来自"一名北方不动产所有者"的信》(Letter from 'A Northern Freeholder')，1806年5月3日。

165 《国内税务和关税机构特别委员会的证据记录》，HCPP (1862) (370) xii 131, qq. 2396, 2411-12，报告人：爱德华·威尔士。

166 参见例如《议会辩论》第33卷，第1辑，第26—27、30—31栏，1816年3月7日（下议院）；第61卷，第3辑，第1272—1273栏，1842年4月4日（下议院）。另可参见，埃克塞特和普利茅斯公报中报道的，在德文郡当地反对所得税的背景下发表的评论，1871年1月13日、1871年12月1日。

167 与特别专员有关的纳税申报，HCPP (1863) (528) xxxi 607。

困难或者技术性的税收申诉案件，在他们手里都会得到更好的解决。[168]对于知道特别专员存在的纳税人而言，他们是一个受人尊重的税收裁判庭，[169]在整个19世纪，他们的使用频率稳步增长。从某种意义而言，特别专员没有侵犯地方主义，因为他们仅仅是地方专员的一个替代性而非强制性裁判庭，且仅在非常有限的经营所得领域运作。与其说特别专员是对地方主义的侵蚀，不如说是对所得税隐私原则的支持，为不愿向邻居披露经营状况的纳税人提供了一个选择。但是，特别专员毫无疑问是行政机关的分支，与出现在申诉听证会上的督察员一样，都是中央政府的化身，因此，他们直接从根本上挑战了地方主义原则。更为隐蔽的是，在法律上以地方为基础的征管体系的核心环节上，特别专员提供着专业且高效的裁决，他们的背后是中央政府源源不断的财政和智力资源。他们提供的裁决质量和权威性是地方专员们无法企及的。

各类行政裁决的存在，即所得税特别专员、消费税简易法庭、向中央税务机关或财政部提出申诉，都是行政机关在税收领域权力日益扩张的例证。除此之外，他们也带来了显著的利益冲突和存在偏见的危险。[170]总体而言，在税务机关和纳税人眼中，专业裁决的优势抵消了缺乏独立性这一弱点，但是从法律层面来说，这种做法有违常

---

168 《皇家所得税委员会的证据记录》，*HCPP* (1919) (288) xxiii, q. 15,921，报告人：A. M. 布雷姆纳，大律师，代表英格兰律师协会总理事会。

169 参见所得税改革联盟秘书 G. O. 帕森斯（Parsons）的证据，1919年他说他觉得纳税人获得了"最好的待遇"，参见同上记录，q. 1853。这种信心被证明是持久的，参见《部长委员会的权力报告》(Report of the Committee on Ministers' Powers)，*HCPP* (1931-2) (4060) xii 341，第432—433页。

170 参见《皇家所得税委员会的证据记录》中所提出的关切，*HCPP* (1919) (288) xxiii, q. 23,898，报告人：兰德尔·霍尔姆。

规，应当接受合理的批评。

第六节　小结

自维多利亚时代之初，中央政府就意识到，传统的地方性税收征管机制已经不再适合或有效，随着经济实力的增长和复杂化，这套制度的不足之处会越来越多。中央政府的财政与征管需求，本就是经济彻底转型的结果，使得地方税务官员在体力和能力层面都无法承担或者不愿承担税收征管的任务。这一点在1842年所得税领域表现得尤为明显，所得税有赖职权调查和直接面对纳税人的性质，前所未有地显示出地方主义制度的内在弱点。地方税收征管机制中不合时宜的保障措施阻碍了政府对公共收入的有效征收。中央政府对地方主义心生厌恶，地方主义本身遭遇各种抵制，加上中央权力范围不断扩张，以及处在不断变迁的社会中，其中，国家认同支配着地方效忠，致使地方主义很难在新秩序中保持其地位。虽然中央政府不得不侵蚀地方主义的传统法律保障，但是政治现实和实践条件使其无法进行它所需要的全面立法改革，中央政府不得不借助零散或者非正式的措施。结果是，一个世纪以来，纳税人与税务机关之间、税收法律和税收实务之间的矛盾不断加剧。最终，这一场战斗以中央政府的胜利告终。地方主义和中央集权之间清晰而微妙的平衡，一直是所有税收征管的核心特征，并且受到皮特、皮尔的高度重视，格莱斯顿在一定程度上对此也很看重。这种平衡在中央集权的无情浪潮中被打破。到第一次世界大战开始时，36%的所得税评定由国内税务局的官员负责，64%的所得税由他们征收，[171] 到20世纪中叶，地方税收官员的评定权已经被完全剥夺。尽管如此，地方主义仍然维持着纳税人"天然保障"的地位，[172] 虽然纯粹的申诉管辖权已经被严重削弱。到20世纪20年代，人们仍将负责所得税征管的地方专员及其工作人员描绘成纳税人的受托人，[173] "纳税人对抗行政机关的堡垒和屏障"，[174] 以及"纳税人利益的唯一守护者"。[175]

171　这些数字是财政部财政司长在1915年关于财政法案（第3号）的辩论中提出的，参见《议会辩论》第76卷，第5辑，第1123—1124栏，1915年12月6日（下议院）。

172　《皇家所得税委员会报告》，*HCPP* (1920) (615) xviii 97, 第344段。

173　《泰晤士报》1921年4月20日，第11页f栏；TNA: PRO IR 74/20 (1906)。

174　《泰晤士报》1923年5月28日，第8页e栏。

175　《泰晤士报》1927年7月1日，第12页c栏。

第四章 司法保障

第一节 引言

法律为纳税人提供了三重司法保障,以防止国家肆意征税:对税法进行严格解释,这本身就是一种对立法的限制性解释,通常有利于纳税人;向普通法院提起上诉,尽管这不是一项普遍的权利;在理论层面,针对错误裁决的司法审查。这三个法律保障因素原则上适用于所有直接税和间接税。在实践中,法官提供的保障对纳税人有很高的潜在价值,但是在维多利亚时代初期,它的作用有限。19世纪,针对司法机关在税收事务上的角色,人们的态度并不统一,政府和立法机关的公共政策考虑,与法官对其自身在英国法律体系中的角色定位之间,存在着相当大的紧张关系。

第二节 税法解释

一、恪守字面文义方法

同意原则要求征税必须经过议会同意,而征税权是通过税收立法的文义表达的。因此，确定立法文本的范围是必要的，而这项任务就落在法官肩上。他们要阅读摆在他们面前的法律规范，找寻其正确的含义，并确定其能否适用于纳税人。可见，尽管议会在税收立法领域占据主导地位，但是法官在税法解释中扮演着关键角色。他们对制定法的解释构成法律程序的核心环节。18世纪，法律的字面文义解释方法受到严格遵循，并被确立为英国的传统方法。[1]到19世纪，这一做法在非财政立法领域引发越来越多的批评。[2]一位律师说："仅仅凭借片段式的孤立条款中的词句作出如同辞典一般的判决，这甚至不如律师的法律解释，更难称其为对法律的司法阐释。"[3]税务机关当然会认为这种做法限制性过强。1919年，曾经担任督察员的亚瑟·埃雷奥特（Arthur Ereaut）向皇家所得税委员会表示，这种规则是"不合适的"，因为它导致纳税人相信他们"有权依据法律的字面含义尽可能少缴税款，而不是遵从法律的精神和立法目的支付公平的份额"。[4]这导致了更多本可避免的诉讼，同时税务专家滥用法律弱点的现象也越来越普遍。因此他说，字面含义是致命的。他提供的解决方案是，法院应采用目的性解释方法，根据立法精神而不是文义进行法律解释。一名敬业的公务员这样主张也许并不令人惊讶，但是司法机关并不准备采纳这样的观点。在整个维多利亚时代，法官们不仅严格保持着对税收的字面文义理解，当时的评论家们认

1　参见上文第31—33页。

2　参见《编辑笔记》（Editor's Notes），载《法律评论季刊》（1893年）第9卷，第106页，弗雷德里克·波洛克爵士（Sir Frederick Pollock）。

3　《H.贝伦登·克尔先生关于制定法修订委员会程序的第一次报告》，第224页，附录1，报告人：乔治·库德。

4　《皇家所得税委员会的证据记录》，HCPP (1919)(288) xxiii, q. 4817。

为，这一现象甚至得到了进一步强化。[5]

维多利亚时代的法官继承了对税法进行严格和字面解释的方法，即制定法的文字构成税收的全部范围和边界。[6]他们从中看到了明确的宪法渊源，作为对议会同意这一纳税人基本保障的支持，这也是该机制发挥作用的自然结果。它确保纳税人只依据制定法中的明确文字纳税，这是法律赋予他们的权利，正如凯恩斯伯爵（Earl Cairns）在1879年所说的，"公民没有任何先验义务来支付任何特定的税收"。[7]由于向公民征税必须经过议会同意，为了确保这一点，税法的遣词用字应当清晰明确，并且仅赋予其自然、普通和字面的含义。法官应当按照"人类的共同语言"[8]、"普遍用法"[9]、"自然构造"[10]来理解税法。税收对公共收入和共同福利的重要性得到承认，但是国家政策考虑以及公共财政需求被保障纳税人宪法权利的重要性所掩盖。基于此权利，征税只能通过税法的明确文字进行。

税法的字面文义解释方法构成纳税人个体对抗国家的保障，总

---

5 《向改善现行立法方式和语言的特别委员会提交的报告和证据记录》（Report and Minutes of Evidence before the Select Committee on Means of Improving Manner and Language of Current Legislation），HCPP (1875) (280) viii 213, qq. 1636, 1640, 1694, 报告人：亨利·斯林爵士（Sir Henry Thring），议会起草员。参见同上文献，报告人：托马斯·阿奇博尔德爵士（Sir Thomas Archibald），普通上诉法院法官，q. 1982。

6 参见曼彻斯特，《1750—1950年英格兰和威尔士现代法律史》，第33—36页；维尼洛特法官，《财政法解释》，载《制定法评论》（1982年）第3卷，第78页。关于19世纪美国税法的解释，参见托马斯·M. 科里（Thomas M. Cooley），《论税法》（A Treatise on the Law of Taxation），第二版（Chicago: Callaghan, 1886），第263—273页。

7 Pryce v. Monmo uthshire Canal and Railway Companies (1879) 4 App Cas 197 at 202.

8 R v. Winstanley (1831) 1 C & J 434 at 444 per Lord Tenterden.

9 Braybrooke v. Attorney-General (1861) 9 HLC 150 at 165 per Lord Campbell LC.

10 Re Micklethwait (1855) 11 Exch 452 at 456 per Parke B.

体而言有利于纳税人。从本质上而言，这是一种狭义的方法，它排斥一切基于法律条文的宗旨或目的的课税，只接受通过明确文字表述的税收。[11]相较于更宽松的目的性解释规则，字面文义方法保护纳税人基本权利更为有效，因为它可以确保税收更大程度的确定性和可预测性。当然，这也导致税法的狭隘和僵化，其严苛性被司法判例进一步加剧，[12]有时会令纳税人的艰难或不公待遇长期存在。

维多利亚时代的法律报告充斥着对税法解释适用字面文义规则的司法重申。[13]"经议会同意才能征税"这一基本宪法权利被不断地强调、促进和推崇，用以作为其解释方法的思想基础。韦斯特伯里勋爵（Lord Westbury）称，这是一条"伟大的规则，在财政法的解释中，不应该通过任何费力构造来扩大其范围"。[14] 1878年，凯恩斯勋爵指出，税法"必须严格解释：你必须找到征税的文字表述；如果没有找到，就不能征税"。[15] 1891年，首席大法官林德利（Lindley）表示，"所有税法都应被严格解读；换言之，它们的范围不能扩大到向公民征收议会未明确规定的税款"。[16] 1884年，大法官称，针对降低铁路

11　罗伯特·史蒂文斯（Robert Stevens），《法律与政治：1800—1976年间作为司法机构的上议院》（*Law and Politics: the House of Lords as a Judicial Body, 1800-1976*）（London: Weidenfeld and Nicolson, 1979），第170—176页、第264页。

12　参见：*Gresham Life Assurance Society v. Styles* (1890) 2 TC 633 at 640 *per* Lord Esher MR。他认为自己受到D类报税单中"利润和收益"一词早期解释的约束。

13　*Clifford v. CIR* [1896] 2 QB 187 at 192–3 *per* Pollock B; *IRC v. Tod* [1898] AC 399 at 414 *per* Lord Herschell; *Swayne v. IRC* [1899] 1 QB 335 at 344 *per* Wills J; *AG v. Carlton Bank* [1899] 2 QB 158 at 164 *per* Lord Russell; *Simpson v. Teignmouth and Shaldon Bridge Co* [1903] 1 KB 405 at 411–13 *per* Lord Halsbury; *Horan v. Hayhoe* [1904] 1 KB 288 at 290–1 *per* Lord Alverstone; *Whiteley v. Burns* [1908] 1 KB 705 at 709 *per* Lord Alverstone.

14　*Dickson v. R.* (1865) 11 HLC 175 at 184 *per* Lord Westbury.

15　*Cox v. Rabbits* (1878) 3 App Cas 473 at 478 *per* Lord Cairns.

16　*Re J Thorley* [1891] 2 Ch 613 at 623 *per* Lindley LJ.

第四章 司法保障

通行费用的条款应当采用扩张解释,因为这有利于公众。[17]布劳厄姆勋爵表示,"当存疑时(in dubio),你总是倾向于反对给公民施加负担的解释方法。立法机关向他征税的意思必须明确。"[18]基于同一目的,法官继续自由地解释税法中的免税条款,以有利于纳税人。[19]

在1869年帕丁顿诉总检察长的案件中,凯恩斯勋爵针对维多利亚时代的法律解释方法做了经典论述:"如果一个人被征税符合法律条文的文义规定,那么,

> 他必须被征税,无论在司法立场上遭遇多大的困难。另一方面,如果政府试图追缴税款,但是无法让被征税主体符合法律的文字表述,该主体就无需承担义务,无论该案件看来多么符合法律的精神。换言之,即便其他任何法律都可以接受所谓的衡平解释(equitable construction),税法也不容许这种解释方法,它只能遵循制定法的文字表述。"[20]

当1865年税务机关试图向塞夫顿伯爵(Earl of Sefton)征收继承税时,这一点得到了有力的证明。塞夫顿继承的土地既不能作为建设用地出售,也不能耕种,税务机关同意不对其征税。但是在数年

---

17 *Stockton and Darlington Railway v. Barrett* (1844) 11 Cl & Fin 590 at 601 *per* Lord Lyndhurst.

18 *Ibid.*, at 607 *per* Lord Brougham. See too *Ryder v. Mills* (1849) 3 Exch 853 at 869 *per* Parke B; *Wroughton v. Turtle* (1843) 11 M & W 561 at 567 *per* Parke B.

19 参见例如:*Stockton and Darlington Railway v. Barrett* (1844) 11 Cl & Fin 590; *R. v. Special Commissioners of Income Tax* (1888) 2 TC 332 at 336 *per* Grantham J。

20 *Partington v. AG* (1869) LR 4 HL 100 at 122 *per* Lord Cairns.

后，当这块土地被售出并获利时，税务机关又试图对其征税。"年度价值"是继承税估价的基础，在狭义解释这一术语时，法院认为该法的目的在于对继承价值而非财产价值征税，[21]此外，表述中没有任何内容涉及允许对未来的预期进行估价，也没有提供这样的机制。[22]同样，在1913年鲍尔斯诉英格兰银行案中，帕克法官对1890年《关税与国内税收法》进行严格和狭义的解释。他指出，如果立法机关想让行政机关仅依据赋税委员会的决议来征税，鉴于这与《权利法案》相违背，它一定会给出明确的表示。[23]

因此，法官不准备为了拓展税法的范围而扩张文义，从而使纳税人承受纳税义务。然而，字面文义解释也是有代价的。如果税法的文义构造清晰明确，那么，纳税人即使遭遇严重困难也都无关紧要。这种方法导致税收缺乏灵活、隐示或衡平的空间，法官的个人观点无足轻重。1831年温福德勋爵（Lord Wynford）指出，他发现某些财产无须缴纳拍卖税，但是这并非不公正。他补充道，法官不是"坐堂审案，任何案件都要被衡平法规则所牵制"，而是"执行法律，无论它是什么"。[24]正如1894年洛佩斯（Lopes）法官所言，"个案中是否存在法律可能难以实施的情况，这与我们无关，我们要做的就是执行我们检索到的法律"。[25] 1921年，罗拉特（Rowlatt）法官更是精辟地

21　*AG v. Earl of Sefton* (1863) 2 H & C 362 at 371 *per* Wilde B. Affirmed by the House of Lords: *AG v. Earl of Sefton* (1865) 11 HLC 257.

22　*AG v. Earl of Sefton* (1863) 2 H & C 362 at 372 *per* Wilde B.

23　*Bowles v. Bank of England* [1913] 1 Ch 57 at 87 *per* Parker J.

24　*R. v. Winstanley* (1831) 1 C & J 434 at 440 *per* Lord Wynford. 他补充说，如果他们认为法律造成了不公，他们可以凭借其立法能力对法律进行修改，参见第442页。

25　*Grainger and Son v. Gough* (1894) 3 TC 311 at 321 *per* Lopes LJ.

指出,"税收领域无衡平"。[26]

依据文字表述的字面含义来理解,也无法确保只有一种含义。当面对一个存在多种含义的模糊术语时,法官必须决定采纳何种含义,这种方法就需要更广泛的考虑。例如,在总检察长诉哈雷特案中,[27]针对1853年《继承税法》中的"有能力通过遗嘱处分",是指继承人对于待处分财产的权利,还是他的个人行为能力,含义不明。后一种解释意味着,因精神疾病或妇女成婚而缺乏能力的继承人无须缴纳税款。在一份支持王室的裁判中,波洛克法官认为,"有能力"一词在这里指的是订立遗嘱的权力,既要对财产享有充分的利益,也要具备订立遗嘱的实际能力。所有法官均认同,解释规则要符合常识。"每一个听到词句的人都在不断纠正它的缺陷,仅仅凭借一般常识就能够消除其模糊性",波洛克法官说:

> 如果某些词只有一种含义,那么就必须推定这就是这个词要表达的意思;但是某些词可以有几种含义,无论是在议会法律还是在其他任何文件中,如果其中某个含义显然违背常理,我们就必须采用其他的含义。[28]

所有法官都认为,如果议会有意让精神病人不缴纳继承税,这是荒谬的。同样,常识的力量也体现在,精神病院的常驻管理人员应当免于缴纳住宅税,因为尽管房屋是独立的,但是其确实属于精神病

26　Rowlatt J in Cape Brandy Syndicate v. IRC [1921] 1 KB 64 at 71.
27　*AG v. Hallett* (1857) 2 H & N 368.
28　*Ibid.*, at 375 *per* Pollock CB.

院的一部分。[29]

如果法官在仔细研究法律文本后,对某一条款的文义仍存在合理的怀疑时,他就会推定纳税人无辜(Benefit of the Doubt),[30]例如,1831年坦特登勋爵(Lord Tenterden)解释一项向船舶征税的法律时,就给了码头公司这样的权利,以确保码头税负担不会在地理上扩大。[31]这部分是由于税收在宪法上的重要地位及其对纳税主体的影响,并且透露出相对于政府,纳税人处于弱势地位的理解。这也是法官将税法视为刑事法规的结果。[32]埃舍尔(Esher)法官经常谴责税法是暴政,并且将其视为刑事法规。[33]当然,税法类似于刑事法规,并不是因为19世纪的高税率,而是因为它们向臣民强行收取费用,并且经常对不遵守法律的人处以严厉惩罚。而一直以来的通行观念是,刑罚应当依据明确的文字表述。[34]此外,税法几乎不可避免地会给纳税人带来困难。法官们也从来没有忘记,税务机关有义务确保法律的起草得当,让征税的目的明确且清晰。如果他们没能做到这一点,就不应当让纳税人承担不利后果。如果有疑义,纳税人应当被推定为无辜。"制定法律的不是公民",1831年温福德勋爵在谈及拍卖税时表示,"法律是由王权政府提出并草拟的;如果存在任何含混

29　*Jepson v. Gribble* (1876) 1 TC 78.

30　*Wilcox v. Smith* (1857) 4 Drew 40 at 49 per Sir R. T. Kindersley.

31　*Kingston upon Hull Dock Company v. Browne* (1831) 2 B & Ad 43.

32　参见例如:Grantham J in *R. v. Special Commissioners of Income Tax* (1888) 2 TC 332 at 336; *Scruton v. Snaith* (1832) 8 Bing 146 at 152 *per* Park J。

33　*Gresham Life Assurance Society v. Styles* (1890) 2 TC 633 at 639; *Grainger and Son v. Gough* (1894) 3 TC 311 at 318.

34　有人认为,刑法的字面文义解释一定程度上体现出司法人道主义,参见曼彻斯特,《现代法律史》,第34页。

不清的地方，应当由政府承担不利后果，而不是臣民"。[35]此外，法官们意识到，只要他们愿意，税务机关每年都有机会修改税法。

在解释模糊或晦涩的词句时，法官通常别无选择，只能尝试去阅读，以求实现他们所认可的议会目的。在这种情况下，法官在选择解释税法的方法时，必然会存在一定程度的灵活性。尽管随着税收专业知识的增长，法官们在探求税法背后的目的时变得更加自信，但这仍然是一条需要十分谨慎才能采取的路径，被视为充满危险性和不可预测性。正如克兰沃斯勋爵（Lord Cranworth）在1852年指出的那样，当法官偏离了字面文义解释这一"伟大的基本规则"时，他就会"被抛入深不可测的艰难之海"。[36]布兰威尔男爵（Baron Branwell）也认为，"被指控对法律文义存在狭隘的偏执，也比空洞地支持忽视法律的字面含义、寻求一些更高级的解释要好得多，诸如，更符合立法者预定意图或法律内在精神，等等"。[37]哈尔斯伯里勋爵（Lord Halsbury）尤为谨慎。1892年他坦言，"在税法中不应当假定任何立法意图、主导性目的，除了依据法律规定征税外，做不了更多的事情"。[38]五年之后，哈尔斯伯里说，他在寻找"一种对直白文字的简明解释方法"。[39]在他看来，"没有任何指导性原则"可以帮助法官解释税法，只有税法本身可以。

面对摆放在眼前的法律，法官在探求立法意图时，可以使用的工具受到很大限制，因为他们不得超出制定法的边界，也不得引用任何旁证。法官不得援引任何尚处于议会审议阶段的法律草案，也

35　参见：*R. v. Winstanley* (1831) 1 C & J 434 at 442。

36　*Gundy v. Pinniger* (1852) 1 D G M & G 502 at 505.

37　*AG v. Sillem* (1863) 2 H & C 431 at 537.

38　*Tennant v. Smith* (1892) 3 TC 158 at 163.

39　*Lord Advocate v. Fleming* [1897] AC 145 at 151.

不得援引议会或专门委员会的辩论报告,[40]因为它们本身并不安全可靠。[41]即便财政大臣、首相甚至法案起草者本人已经明确阐释条文的目的,法官同样不得援引。在这方面,一个常见的建议是在法律中增加一个目的条款。以1853年《继承税法》为例,一位议员建议"对税收原则下一个简单的支配性定义",目的是排除后续解释的争议。不过,这也被看作是不可接受的危险。[42]虽然在司法程序中,律师总是会对法律的总体意图进行解释,[43]但法官往往不会在意法律的"一般范围"[44],而会在前后文中探求立法目的。法官们通常称其为法律的"体系"(scheme)。[45] 1842年《所得税法》中的一个含义模糊不清的词语是通过其他条款来解释的,分歧严重的地方法院[46]认为,如果从事经营活动的纳税人能够证明其"在年终时"多缴纳了税款,就有权请求退还溢缴的税款。"合理的解释"是,"在年终时"意味着"在年终后的合理期间"。[47]上诉法院同意,这个词语不可能指代在年度终

40　参见:*Willes J in Millar v. Taylor* (1769) 4 Burr 2303 at 2332。

41　有关该规则的性质和起源的完整讨论,参见迈克尔·罗林森(Michael Rawlinson),《税收立法和议事规则》(Tax Legislation and the Hansard Rule),载《英国税务评论》(1983年),第274页。

42　《议会辩论》第129卷,第3辑,第206—209栏,1853年7月14日(下议院),报告人:詹姆斯·弗雷斯菲尔德(James Freshfield)。参见亚瑟·埃雷奥特在《皇家所得税委员会的证据记录》中的类似建议,*HCPP* (1919) (288) xxiii, q. 4817。

43　参见《向改善现行立法方式和语言的特别委员会提交的报告和证据记录》,q. 1955,报告人:爱德华·布维里(Edward Bouverie),议员。

44　同上文献,q. 1637,报告人:亨利·斯林爵士,议会起草员。

45　参见:*IRC v. Priestley* [1901] AC 208 at 213 *per* Lord Halsbury。这种上下文的方法有时甚至在含义明确的情况下也会采用,参见:*IRC v. Herbert* [1913] AC 326 at 332 *per* Lord Haldane。另参见:*AG v. Heywood* (1887) 19 QBD 326 at 331 *per* Stephen J。

46　法官格兰瑟姆(Grantham)和凯夫(Cave)不同意该短语的解释,因此,作为初级法官,格兰瑟姆撤回了他的裁判。

47　*R. v. Special Commissioners of Income Tax* (1888) 2 TC 332 at 346 *per* Cave J.

了的那一时刻。为了让其适用遵循"合理的商业套路",它转而从该条款的经营背景中寻求解释。[48]埃舍尔法官最终得出结论,"在年终时"的含义是指,"在特定情况下,在最短的时间内,当事人通过努力可以发现并证明"。[49]

当采用字词的普遍含义会造成荒谬或不合理的结论时,法官们更难将他们的严格解释方法合理化。1828年沃伯顿诉洛夫兰案中,[50]伯顿(Burton)法官创设了书证(written instruments)的文义解释规则,虽然该案并非税务案件,而是涉及《爱尔兰登记法》(Irish Register Act)的解释,[51]但是在英国法院认可后这一规则经常被援引。[52]面对法律中清晰明确的表述,即所有未经登记的契据均属欺诈且无法律效力,伯顿法官拒绝限缩其含义。他说,如果传统的解释方法造成法律内部的抵触或矛盾,那么这些词语的一般性含义可以"适当地被限制在制定法明示或暗示的政策范围内"。然而,这种方法要在法律本身的范围内谨慎进行,而不是"仅依据推测性的理由",因为这种解释方法"会带来危险,在某些情况下可能会产生以解释的形式立法的效果"。[53]这一序言用以限制他之后对该规则的论述,但单独来看,显示出比他预期更大的自由度。伯顿法官说:

> 我认为法律解释的规则,首先要遵循字词的语法意义。如果这与制定法任何明示的意图或目的相悖或不一致,或者在不同的条款

---

48 *Ibid.*, at 349 *per* Lord Esher MR.
49 *Ibid.*, at 350.
50 *Warburton v. Loveland* (1828) 1 Hud & Br 623.
51 6 Anne c. 2.
52 例如:Lord Wensleydale in *Grey v. Pearson* (1857) 6 HLC 61 at 106。
53 *Warburton v. Loveland* (1828) 1 Hud & Br 623 at 636–7.

中涉及任何的荒谬、抵触或不一致时,那就必须修改、扩张或者限缩该语法意义,以免产生这些不适,但是不能更进一步。[54]

由十名法官组成的财政部内室法庭(The Court of Exchequer Chamber)意见不一,[55]此案被提交至上议院审理。[56]首席法官廷德尔(Tindal)认为,如果法律的语言清晰明确,法院就必须适用,无论结果为何,"因为在这种情况下,法律的文字足以说明立法机关的意图"。[57]但是,如果文字表述存在疑义,法院必须"经由发现立法机关通过该法所要实现的目的"来解决这一疑义。[58]为了做到这一点,他准备采取更广泛的解释方法,不仅密切关注制定法的文字表述,也关注到立法机关试图杜绝的缺漏。他研究了法律的序言和其他条款,以确定立法机关的意图。[59]在此基础上,他得出结论认为,该法的目的是通过注册登记,防止发生土地的欺诈性转让,因此他赋予争议条款更广泛的含义。

1857年,温斯利代尔勋爵(Lord Wensleydale)赞扬了法院遵循法律文件的明文规定并赋予其普遍含义的智慧,并且说,如果遵循文字表述的普遍含义造成荒谬或与文件的其他部分不一致,可以调整文义,以避免这一结果。[60] 1859年,他明确批准伯顿法官的解释规

54　*Warburton v. Loveland* (1828) 1 Hud & Br 623 at 648.
55　下级法院,即王座法庭和财政法庭,本身就形成了相互矛盾的判决。
56　*Warburton v. Loveland* (1832) 11 Dow & Cl 480. 令人惊讶的是,鉴于案件的历史,上议院的法官一致裁定维持财政部内室法庭的判决。
57　同上文献,第489页。
58　同上。
59　同上文献,第489—494页。
60　*Grey v. Pearson* (1857) 6 HLC 61 at 106.

则,并称这一规则"是威斯敏斯特大厅(上议院)普遍采纳的"。[61]这种略微宽松的字面文义解释方法被法官们普遍遵循,由于法官们反复重申,税法在这方面与其他法律没有区别,[62]因此这种解释方法同样适用于税法。

因此,在1889年科尔昆诉布鲁克斯案[63]中,当法院面对一项字面文义明确但是操作存在不合理的条款时,法官将法律视为一个整体,以求得出正确的解释。存在争议的条款是1853年《所得与财产税法》第2节,[64]它以最广泛和最全面的语言规定了所得税的征收。纳税人是英国居民,担任一家澳大利亚企业的合伙人。他从澳大利亚的企业赚取大量利润,但是在英国境内仅收到总利润的一小部分。问题在于,他是应该就全部的利润纳税,还是仅就其实际收到的利润纳税。毫无疑问,这一节文字如果依其自然含义理解,他在澳大利亚的全部经营利润,负有所得税纳税义务,无论这些利润是否分配回英国。然而,菲茨杰拉德勋爵(Lord Fitzgerald)发现,"如果完全适用该条款的一般含义,会存在难以克服的困难",因此必须合理控制该条款的范围。[65]赫歇尔勋爵(Lord Herschell)认为,虽然这些表述的自然含义明确,但会导致法律内部的异常和不一致。因此,综合考虑法律文本的其他部分,以"阐明立法机关的意图",这是合法的行为。他的结论是,针对来源且留存于境外的利润,由于《所得与财产税法》没有提供必要的税款评定机制,足以反映出该法无意对这些利润课

61　*Thellusson v. Rendlesham* (1859) 7 HLC 429 at 519.

62　*Mersey Docks and Harbour Board v. Lucas* (1881) 51 LJ QB 114 at 118 *per* Brett LJ.

63　*Colquhoun v. Brooks* (1889) 2 TC 490.

64　16 & 17 Vict. c. 34.

65　*Colquhoun v. Brooks* (1889) 2 TC 490 at 497.

税。[66]从所得税D类报税单的第五个案件中,他得出一个合法且合理的结论。从整部法律的体系来看,这个结论符合立法机关的意图。[67]所得税法官甚至准备更进一步,尽管只有在绝对必要时才会如此。[68]例如1915年,当法律的"体系内容、征管机制、明示目的"表明应该这样做时,[69]法官就准备限缩甚至违背制定法的表述。[70]

在解释税法时,法官的个人价值和经验在很大程度上决定了他们采用何种解释方法以及考虑何种因素。[71]一些当代评论家认为,无论是税法领域还是其他领域,字面文义的法律解释方法显示出法官没有能力处理原则问题。[72]在许多情况中,法官对税法的解释杂糅着其常识、他们所理解的商事惯例、财产法的传统概念,以及最重要的,一种充足自信。[73]虽然税务案件很少有机会进入普通法院的上诉程序,但是法官并不完全缺乏税务专业知识。自17世纪以来,他们就

66　*Colquhoun v. Brooks* (1889) 2 TC 490 at 501.

67　另可参见:*Clerical, Medical, and General Life Assurance Society v. Carter* (1889) 2 TC 437; *Leeds Permanent Benefit Building Society v. Mallandaine* (1897) 3 TC 577。

68　*Drummond v. Collins* [1915] AC 1011 at 1018 *per* Lord Loreburn.

69　同上文献,第1017页。

70　事实表明,19世纪末和20世纪初的法官愿意在某些避税案件中,扩张解释字面文义,以支持纳税人。参见阿萨夫·利霍夫斯基(Assaf Likhovski),《1950年代和1960年代的形式主义和以色列的反避税原则》(Formalism and Israeli Anti-Avoidance Doctrines in the 1950s and 1960s),载约翰·泰利主编,《税法史研究》(Oxford and Portland, Oreg: Hart Publishing, 2004),第339—344页。

71　参见科尼什、克拉克,《1750—1950年英国的法律与社会》,第21—23页。

72　曼彻斯特,《现代法律史》,第33页。

73　R. 科克斯(Cocks),《维多利亚时代的大律师、法官和税收:法律工作扩张研究》(Victorian Barristers, Judges and Taxation: A Study in the Expansion of Legal Work),载G. R. 鲁宾(Rubin)和大卫·苏格曼(David Sugarman)主编,《法律、经济与社会,1750—1914年:英国法律史论文》(Law, Economy and Society, 1750-1914: Essays in the History of English Law)(Abingdon: Professional Books Ltd, 1984),第445—469页,第449页注释11和12。

经常审理有关印花税法、消费税法和少量土地税法的案件。虽然在印花税领域,法官主要裁定相关文件是否适当加盖印花,以判定其能否作为证据。[74]在整个18世纪,纳税人有权就评定税向普通法院提起上诉。法官们还通过行使司法监督权,积累着税收法律方面的经验。导致法官们倾向于采用形式主义方法解释税法的原因包括:不熟悉税收议题、税收立法中缺乏原则性规定、将税法视为刑法的观念、英国法律对盖章文件的重视、[75]对普通法的推崇、当时认为法官只是法律的解释者而非制定者的观点,以及作为一个阶层对公民合法私有财产的尊重。专注于制定法字面文义的正式解释方法满足了法官的全部需求和关切,并且与重视书面表述、准确性和严谨性的法官培训相契合。此外,在大多数情况下,这种普遍的字面文义理解会产生议会期望的合理结果。[76]在纳税人保护领域,它建立起了坚实的法律解释基础,即便存在某种限制,也让个案中对纳税人基本权利的保护更严谨规范。

二、税收立法的本质

相比于现代英国税法,19世纪的税法相对简短,而且一般仅限于筹集财政收入,不涉及任何更广泛或潜在的社会经济目标。[77]税

---

74 参见诺克,《1694年以及诸如此类事项》,载《英国税务评论》(1994年),第432页。

75 卢埃林·戴维斯,《英国法院根据其政策对制定法的解释》,载《哥伦比亚法律评论》(1935年)第35卷,第522页。

76 在米克尔思韦特案(*Re Micklethwait* [1855] 11 Exch 452)中,法院赋予"财产"一词以自然含义,认为它包括契约的利益。另可参见:*Lord Advocate v. Fleming* [1897] AC 145。

77 参见:*Coltness Iron Company v. Black* (1881) 1 TC 287。

率相对较低,避税尚未成为公众或司法领域关切的重点问题。一些税法获得了高度的评价。尽管1853年《继承税法》面临着大量诉讼的挑战,[78]但是温斯利代尔勋爵仍认为该法"起草得当",[79]其他法官、议员以及法案起草人也有同感。[80]然而,总体而言,19世纪的立法起草水平较低,缺乏原则性、统一性和一致性,成为当代众多批评的对象。[81]文字表述必须明确,并且体现议会的意图,[82]因为正如1894年遗产税辩论过程中所说的那样,"法院必须依据我们所说的,而不是我们所想的作出裁判"。[83]法官已经习惯了复杂的技术性立法,但是他们仍旧抱怨称,"大量未经整理的东西被扔到他们面前,法官们不得不整理消化,使其呈现合理状态",[84]而且这样做确有正当理由。事实上,他们的语气"有时不太尊重议会的智慧"。[85]直至1875年,尽管随着引入议会起草员、[86]优化起草风格、更清晰的条款安排和合

---

78 参见例如《国内税务局主管专员第六次报告》中报告的案例,第383—388页,以及《国内税务局主管专员第十六次报告》中关于外国住所的众多案例。

79 *Braybrooke v. Attorney General* (1861) 9 HLC 150 at 173 *per* Lord Wensleydale.

80 *AG v. Earl of Sefton* (1863) 2 H & C 362 at 375 per Wilde B;《议会辩论》第25卷,第4辑,第1420栏,1894年6月18日(下议院),报告人:罗伯特·里德(Robert Reid);《向改善现行立法方式和语言的特别委员会提交的报告和证据记录》,qq. 1700, 1703,报告人:亨利·斯林爵士。

81 参见曼彻斯特,《现代法律史》,第36—37页。

82 《议会辩论》第25卷,第4辑,第1247—1249栏,1894年6月15日(下议院);第1359栏,1894年6月18日。

83 《议会辩论》第27卷,第4辑,第186栏,1894年7月17日(下议院),报告人:J.卢博克(Lubbock)。

84 《向改善现行立法方式和语言的特别委员会提交的报告和证据记录》,q. 1946,报告人:爱德华·布维里,议员。

85 同上文献,q.214,报告人:托马斯·厄斯金·梅爵士,下议院书记员。

86 参见曼彻斯特,《现代法律史》,第36—37页。

理划分法案章节,[87]情况有所改善,但是税收立法的质量对法官、议员以及人民来说都成问题。在维护纳税人宪法权利即只有经议会同意才能征税方面,这必然影响到他们的能力。税法条文不明确时,诉讼是纳税人唯一的救济途径,只不过诉讼也是有成本和困难的,纳税人因此受制于粗糙且模糊的法案起草。[88]可见,在维多利亚时代,税收立法的性质和规模侵蚀着纳税人的法律解释保障。[89]

税法的起草,要保证其清晰、准确而又尽可能简短,并不是一件容易的事。1894年,英国总检察长说,这是"一项非常罕见的成就",[90]并且需要"极度的耐心、时间和磨砺来把事情做好"。[91]它必须满足议会程序和公共财政的需求,而这些都会影响到立法的品质。就性质而言,税法的复杂[92]和技术性人尽皆知,涉及日益商业化的社会中的一个专门领域。无论是征收1500万英镑还是15000英镑,法律制定都很复杂。[93]税法规则必须适用于不同且往往是很复杂的情况。例如,1853年《继承税法》旨在影响依据法律处分财产或转移财产的所有可能方式,这让它天然就很复杂。很明显,法律的复杂性会给课税带来问题。同样明显的是,如果税法的文字表述可能让纳税人跳出征税范围,纳税人或其顾问会极力争取将其排除适用,而且

---

87 《向改善现行立法方式和语言的特别委员会提交的报告和证据记录》,第216、218页,以及qq. 1345-7,报告人:C. 霍尔爵士(Sir C. Hall),副大法官。

88 参见例如约翰·普雷布尔(John Prebble),《为何税法难以理解》(Why is Tax Law incomprehensible?),载《英国税务评论》(1994年),第383页。

89 关于制定法的总数量,参见《向改善现行立法方式和语言的特别委员会提交的报告和证据记录》,qq. 1811-2,报告人:罗伯特·赖特(Robert Wright),大律师。

90 同上文献,q. 1903,报告人:爱德华·布维里,议员。

91 《议会辩论》第25卷,第4辑,第1384栏,1894年6月18日(下议院),报告人:总检察长约翰·里格比爵士(Sir John Rigby AG)。

92 关于税法复杂性的另一种观点,参见普雷布尔,《税法》,第380页。

93 《国内税务局主管专员第五次报告》,第125页。

手段往往非常巧妙。[94]税务机关希望的是,确保这些条款适用于他们预想的所有情况,包括他们没有想到的其他情形,并且希望在早期实施过程中解决税法暴露出的漏洞。[95]为此,他们起草条文时会在起草人的能力范围内尽可能做到详细、精确、确定和预见性。正如1891年斯蒂芬法官所言,"仅仅满足于善意纳税人能够理解的精确程度是远远不够的;如果可能的话,必须达到恶意纳税人也无法误解的精确程度"。[96]随着税率的提高和累进税制的引入,通过仔细检查法律文本的表述以及运用富有想象力的解释,纳税人将自己排除在适用范围之外的动力逐渐增强。起草人不断努力确保税法中不存在含糊表述或者漏洞,税法变得越发冗长、详细和庞杂。

征税的议会程序高度规范化,使得税收立法的表述方式独具特色,而这本身就是税收在宪法和政治领域的重要性所导致的结果。我们已经看到,在整个19世纪,议会辩论无论在实质内容还是在时长上都受到越来越多的限制。这产生了两方面的影响:首先,下议院有关财税法案的辩论减少将不可避免地导致起草工作的仓促、不明确和不准确。[97]上议院对财税法案的宪法职能也意味着,法案在下议院通过后,即使存在不妥之处也无法得到纠正,人们担心这种情况在1911年《议会法》通过后会变得更糟,届时上议院甚至无权指出一个起草错误。其次,这导致一种起草惯例,其目的在于让条文尽可能清晰和准确,即使是内容复杂的条款,以保证修正及其辩论

---

94 19世纪的社会、经济和法律条件就是如此,绝大多数纳税人都是男性。

95 参见约翰·克拉克,《法律起草》,第327—328页。

96 *Re Castioni* [1891] 1 QB 149 at 167 *per* Stephen J.

97 《议会辩论》第24卷,第5辑,第320栏,1911年4月11日(下议院),报告人:赫伯特·尼尔德(Herbert Nield)。

第四章 司法保障

保持在最低限度。然而，有人认为，这些法案是故意让人无法理解的，以确保它们在合理时间内被议会顺利通过。正如1929年赫瓦特勋爵观察到的那样，"简单易懂意味着问题容易被发现，而这就等同于失败"。[98] 1919年一名税务律师同样指出，当税收立法变得模糊不清时，政府会获得更多的税收，因为只有经验丰富的税务官员才能够理解。[99] 其结果是，税法条文细致而冗长，这在其他法律领域是非常少见的。

最重要的是，税法的复杂性是运用"参引援用"模式日益普遍和增长的结果。虽然所有立法中都存在着参引援用，但是税法领域特别严重。参引援用的具体做法是，法律在修正案通过时会包括一个条款，规定修正案的解释需参引若干其他法律，只要其中不存在不一致的情况。因此，1842年所得税要参引1803年、[100] 1808年[101]以及1810年[102]《税收管理法》的规定，这些法律通过参引援用的方式被明确纳入实体性法律中。继而，这些法律又涉及一些更早期的法律。此外，该法律还规定，任何法律中与评定税有关的内容都会被纳入。[103] 这意味着，对于几乎所有的主要税种而言，必须将若干部法律视为整体进行解释，[104] 这给法官带来了巨大的困难。1875年，一

98　赫瓦特勋爵（Lord Hewart），《新专制主义》（*The New Despotism*）（London: Ernest Benn Ltd, 1929），第77页。

99　《皇家所得税委员会的证据记录》，*HCPP* (1919) (288) xxiii, q. 15,991, A. M. 布雷姆纳，大律师，代表英格兰律师协会总理事会。

100　43 Geo. III c. 99.

101　48 Geo. III c. 141.

102　50 Geo. III c. 105.

103　5&6 Vict.c.35 s.3 (1842).

104　D. de M. 凯里（Carey），《视作整体的解释》（On Construing "As One With"），载《英国税务评论》（1975年），第260页。

名法官坦言，"这需要付出很大的努力，以确定你必须要解释的确切条款是什么"。[105] 1897年，格兰瑟姆法官抱怨称，他不得不"从一页翻到另一页，然后继续翻到其他页，之后再翻回来，所以几乎不可能不费吹灰之力就解决一个案子"。[106] 一位经验丰富的起草人员认为，这"令人非常反感"。[107] 而一位王室法律顾问则认为这"令人畏惧"，他曾经不得不就征税员的法律保障提供专业建议。他发现有一项条款，其大意是，所有与评定税有关的法律条文，无论其失效与否，在这个目的范围内都是有效的。有鉴于此，这位王室法律顾问不得不"无望地放弃检索"。[108] 乔治·杰塞尔（George Jessel）法官称其为"中国七巧板"（Chinese Puzzle）*，他认为这种惯例源于议会程序，因为它确保法案尽可能地简短，因此更有可能获得通过。[109]

法官的字面文义解释让税法的庞杂进一步加剧。这一现象并非英国特有，税法在美国也遵循严格解释规则。美国一些评论家认为，严格字面文义解释方法的应用"破坏了法律制定应具有的清晰且明确的目的"。[110] 这使得每项税收立法都特色迥异。然而，税法和法

---

[105] 《向改善现行立法方式和语言的特别委员会提交的报告和证据记录》，q. 1969，报告人：托马斯·阿奇博尔德爵士。

[106] *Leeds Permanent Benefit Building Society v. Mallandaine* (1897) 3 TC 577 at 587.

[107] 《向改善现行立法方式和语言的特别委员会提交的报告和证据记录》，q. 1350，报告人：C. 霍尔爵士，副大法官。

[108] 同上文献，qq. 712-3，报告人：约瑟夫·布朗（Joseph Brown），王室法律顾问。

* Chinese Puzzle原意为一种中国拼图游戏"七巧板"，后指代复杂难懂的事物。——译者

[109] 《向改善现行立法方式和语言的特别委员会提交的报告和证据记录》，q. 1165。

[110] 科里，《论税法》，第263页。

官之间是一种循环关系,前者的复杂性很大程度上取决于后者的态度。起草者必须让条文尽可能全面,并且涵盖尽可能多的预期情况。他无法通过宽泛而简单的文字表述做到这一点,如果不明确规定广泛的情形,他知道他无法依靠法官对文义的解释来实现其目的。因此,起草者的应对措施是,起草冗长而详细的条文,明确解决尽可能多的预期情形。[111]此外,正如我们所看到的,税法在制定法中占据着特殊地位。法官非常清楚,税法实际上是税收行政权力的唯一来源,其规律性和高频性,以及鲜少的授权立法,都影响着法官对这种立法形式的态度。[112]

来自议会、行政机关、纳税人和法官的压力不仅催生出一套晦涩、庞杂且缺乏连贯性的法律,也让这个法律无论在外在形式上还是思想内容上都从未真正一致。凭借接连不断的年度财政法,经过一轮又一轮的修订,它逐渐膨胀起来。例如,1894年引入新遗产税的法案,仅英格兰地区的规定就达到497行,其中360行的内容是在专门委员会和报告阶段增加的。[113]尽管税收立法的篇幅在不断增加,税法合并的尝试却是零星分散的。其结果是,大量零散的立法,涉及许多不同的税种,有些是古老的税种,有些是新税种,每一税种都有其特点。在每一种具体的税收制度中,法律的数量一般都很大。在消费税领域,这一现象尤为突出,每一种应税商品无一例外

---

111 《H. 贝伦登·克尔先生关于制定法修订委员会程序的第三次报告》,*HCPP* (1854) (302-1) xxiv 407,第412页。

112 大卫·W. 威廉姆斯,《税法就是税法:财税立法的解释》(Taxing Statutes are Taxing Statutes: The Interpretation of Revenue Legislation),载《现代法律评论》(1978年)第41卷,第404—408页。

113 《议会辩论》第27卷,第4辑,第190栏,1894年7月17日(下议院),报告人:托马斯·吉布森·鲍尔斯。

地受到若干不同法律的规范。即使存在原则性规定,也难以清晰地分辨。[114]因此,呈现在法官面前的是各不相关的税种,既缺乏整体的合理性,也缺少内部原则。[115]在许多情况下,立法者未对税收的重要概念进行界定,典型的例证是所得税,其中所得、居住地、贸易和利润[116]等概念完全由法官进行处理。1889年,埃舍尔法官指出,关于1853年《所得与财产税法》的争议"足以让人头疼"。[117]这一立法在议会中被视为"草率和可耻的",[118]法官们显然认为它"不是按照议会法律的形式制定的"。[119]《印花税法》是众所周知的晦涩难懂,甚至一些基本程序法的部分条款也存在缺陷。1898年,司法界认为1880年《税收管理法》中的一项条文"有些晦涩"。[120]即使在维多利亚时代末期,引入遗产税的1894年《财政法》在这方面也难言成功。

---

[114] 这种情况一直持续到20世纪,参见惠特克罗夫特,《税收制定法的现状》(The Present State of the Tax Statute Law),1968年,第377页。

[115] 维尼洛特法官,《财政法解释》,载《制定法评论》(1982年)第3卷,第79页。

[116] 关于1918年《所得税法》中"利润和收益"(profits and gains)概念的缺失,参见《皇家所得税委员会的证据记录》,HCPP (1919) (288) xxiii, qq. 15,940-47,报告人:A. M. 布雷姆纳。参见A. 法恩斯沃思,《1842年所得税法——司法解释的世纪》(The Income Tax Act, 1842-A Century of Judicial Interpretation),载《法律评论季刊》(1942年)第58卷,第314页;马丁·唐顿,《信任利维坦:英国的税收政治学(1799—1914)》,第204—210页;威廉姆斯,《税法就是税法》,第407—408页。

[117] Clerical, Medical, and General Life Assurance Society v. Carter (1889) 2 TC 437 at 442.

[118] 《议会辩论》第127卷,第3辑,第725栏,1853年5月27日(下议院),报告人:约翰·菲利莫尔(John Phillimore)。

[119] 《议会辩论》第127卷,第3辑,第723栏,1853年5月27日(下议院),报告人:约翰·布莱特(John Bright)。

[120] Lord Advocate v. AB (1898) 3 TC 617. 参见I. J. 戈什(Ghosh),《财政立法的解释》(The Construction of Fiscal Legislation),载《英国税务评论》(1994年),第131页。

吉布森·鲍尔斯在谈及该法时表示其"异常复杂",[121]并且批评法案的起草者,称其"准备得很糟糕且可耻"。[122]麦克纳顿勋爵(Lord Macnaghten)认为,其中的一节是"议会制定的法律中最不容易理解的一节,并且完全不清晰"。[123]在1897年的一起案件中,威尔斯(Wills)法官表达了对税务诉讼的普遍司法观点,他说这一案件"需要耗费所有的聪明才智和理解能力,才能了解立法机关的意思"。[124]甚至中央的税务机关在这方面也对法官表示同情。曼彻斯特一名印花税票的经销商说,《印花税法》复杂且难以理解,《继承税法》也难以解释;[125] 1862年苏格兰国内税务局的总审计长兼律师坦言,连律师和王室法律官员都认为理解《继承税法》具有挑战性。[126]

三、法律的行政解释

税法的严格解释方法固有的保障效力,遭受到拙劣起草和复杂立法的直接侵蚀。然而,当这种解释方法被完全绕过时,它以另一种更根本的方式被破坏,即税法由司法机关以外的其他机构进行解释,该机构在宪法层面不允许承担此任,其解释却成为了纳税人的行动依据。作为管理所得税、消费税和印花税法定职责的一部分,国内

---

121 《议会辩论》第27卷,第4辑,第189栏,1894年7月17日(下议院)。

122 同上文献,第191栏。

123 *AG v. Duke of Richmond* [1909] AC 466 at 470. 参见威廉·菲利普斯,《七十年》,载《英国税务评论》(1964年),第152页。

124 *Leeds Permanent Benefit Building Society v. Mallandaine* (1897) 3 TC 577 at 584.

125 《国内税务和关税机构特别委员会的证据记录》,*HCPP* (1862) (370) xii 131, q. 3570,报告人:R. E. 霍华德,印花税经销商;q. 2894,报告人:托马斯·斯坦努斯(Thomas Stannus),印花税经销商。

126 同上文献,q. 3060,报告人:安格斯·弗莱彻,国内税务局总审计长、律师。

税务局在实际执行税法的过程中每天都需要对其进行解释。国内税务局的职责是执行议会颁布的法律,而不是以任何形式对法律进行修改。在某些情况下,法律的含义是清晰和明确的;而在许多其他情况下,其含义是模糊且存有疑义的,例如,在征收纸张税时,对纸张的概念没有任何明确定义,因此国内税务局谴责这个税种是站不住脚的。在这种情况下,解释的任务不可避免地落在行政机关身上,[127]国内税务局必须做出自己的解释,作为执行立法的先决条件。对于1803年《所得税法》而言,这显得更加关键,因为它是所得税的主体法,是后续相关立法的基础,而它对重要的基础性术语就没有下定义。[128]虽然法官最终会通过判例法的形式界定这些概念,但是在这之前,这个任务就交由国内税务局承担。中央税务机关深度参与了立法的起草工作,在与自己的律师和法律工作人员协商后,他们按照自己认为合理的方式自信地解释立法。[129]例如,国内税务局在解释消费税法时,基于"其精神而非文字表述",将以获取奖金为目的的马匹解释为赛马并征收消费税,并且豁免了所有以农业或狩猎为目的的马匹。在涉及仆佣的评定税征收中,国内税务局也依据其自己的标准界定园丁与杂务园丁。[130]同样,对所得税法中有关机器耗损的折旧额度,国内税务局采纳了宽松解释的立场,不过得到了财政大臣的许可。[131]

---

127 参见莫里斯·谢尔顿·阿莫斯爵士(Sir Maurice Sheldon Amos),《法律解释》(The Interpretation of Statutes),载《剑桥法律杂志》(1934年)第5卷,第163页。

128 参见惠特克罗夫特,《税收制定法的现状》,第385页。

129 参见《国内税务和关税机构特别委员会的证据记录》,HCPP (1862) (370) xii 131, q. 2200,报告人:查尔斯·特雷弗,遗产和继承税审计长。

130 《国内税务局主管专员第十三次报告》,第255、323页。

131 《国内税务局主管专员第二十一次报告》,HCPP (1878) (2158) xxvi 717,第780页。

第四章　司法保障

　　通过所有税务机关从早期就开始发布的公告和指令,国内税务局确保自己有关立法的解释可以传播到全部业务环节。[132]在整个19世纪,这些指令不断从伦敦发出,被全国各地的国内税务局官员采纳和运用。它们让税务机关的实践跟得上时代,因为每一项新的法律、每一种新的情况、商业发展或者法律决定都有赖于国内税务局提供新信息。这对于依据国内税务局立场统一执行法律非常关键。更为重要的是,国内税务局下定决心还要确保其官员不会依据个人立场前后不一地解释法律。[133]对于税务局官员和地方专员而言,国内税务局对法律问题的意见是不容置疑的。[134]除了这些正式的通知,法律术语的解释问题也不断涌现,基层税务官员和地方专员都需要与伦敦的国内税务局保持联系,以便获得说明和指导。

　　在国内税务局对于立法的解读中,纳税人处于弱势地位。其自行规定的税法解释权不可避免地将广泛的自由裁量空间交给行政机关。尽管当立法存在空白时别无选择,但是纸张税解释和许多其他类似情形,都是国内税务局武断任性的典型例证。如果国内税务局对减免税条款限缩解释,而对课税条款扩张解释,这可能会向纳税人施加义务,构成行政机关征税而非议会征税。[135]尽管这些通知可以而且确实对纳税人个体的财务状况产生了实质影响,但是它们却不受议会的审查,而通过行政行为征税违背了税收的基本宪法原则,没

132　12 & 13 Vict. c. 1 s.3(1849).

133　《关于爱尔兰和苏格兰税收征收和管理的调查专员的第九次报告》,第342页,附录4,报告人:托马斯·卡尔(Thomas Carr),消费税律师。

134　《所得税与财产税特别委员会的证据记录》,HCPP (1852) (354) ix 1, qq. 2469-73,报告人:乔治·奥弗(George Offor),托尔·哈姆莱茨(Tower Hamlets)委员会主席。

135　有一个潜在的观点是,议会对国内税务局的问责机制不够健全,参见约翰·布斯,《国内税务局……是圣人还是罪人?》,第7页。

有法律依据。由于不受严格恪守法律字面文义的司法方法的约束，导致危险明显存在。当条文不明确或者含混不清时，国内税务局可能倾向于有利于自己的解释，牺牲纳税人的利益。凭借他们在税收征管方面的专业知识，人们对法律解释实际意义的评价会不可避免地影响行政解释。[136]事实上，有人认为，这就是整个19世纪和20世纪发生的事情，而且已经载入法律，并成为国内税务局的惯例。[137]

此外，虽然国内税务局很清楚它的解释不具备法律约束力，但是现实中纳税人都要服从，直到其法律效力被挑战。如果纳税人不同意这个解释，他们唯一的途径就是上诉，只是这个过程会带来不便、焦虑和大量费用。国内税务局拥有丰富充沛的资源，远远超过大多数纳税人拥有的，以争取法院支持他们对法律的解释。基于其享有的专业权威，国内税务局的解释往往被普遍接受，尽管人们知道只有法院有权对法律作出权威解释。凭借垄断对税法的初始解释权，立法的日渐复杂还起到了增加行政机关影响力的作用。

第三节 上诉至法院

一、对税务案件上诉的态度

法官认为，对制定法的严格解释方法是议会同意原则这一基本

---

136 参见H. 韦德·麦克劳克伦（Wade MacLauchlan），《法律行政解释的司法审查：我们可以合理承受多少形式主义？》（Judicial Review of Administrative Interpretations of Law: How Much Formalism Can We Reasonably Bear?），载《多伦多大学法律杂志》（University of Toronto Law Journal）（1986年）第36卷，第344—363页。

137 布斯，《国内税务局》，第8页。

保障的自然结果和支持。向普通法院提起上诉，涉及原审裁决本身的是非曲直、潜在的事实和法律问题，上级法院可以用自己的判决取代裁判庭的裁决，这本身就被视为一种明确和独立的保障。[138]然而，在维多利亚时代之初，税收领域针对上诉条款的主导立场就已经形成，总体是限制性的：要么根本不允许上诉，要么只允许针对法律问题上诉。在1837年生效的两种主要的直接税中，一种有权向法院上诉，另一种则没有。评定税保留了督察员或纳税人就地方专员的决定向上级法院提起上诉的法定权利，其方式是案件要点陈述。这项权力一直存在，但用得不多，国内税务局的记录显示，1858年发生39起上诉，[139]1859年发生35起。[140]另一方面，在土地税的管理架构中，根本不允许就法律或事实问题向法院提起上诉，专员行使终局裁决权的传统规则充分发挥着作用。至于间接税，消费税申诉专员或季审法院的治安法官审理消费税案件的初次上诉时，可自行决定是否以案件要点陈述的方式将案件提交财政法庭。[141]在印花税领域，如果专员对某份文件的应纳税款提出了意见，则允许通过案件要点陈述的方式向财政法庭提起上诉。[142]事实上，帕丁顿诉总检察长一案

138　*Allen v. Sharp* (1848) 2 Exch 352 at 367 *per* Platt B.
139　《国内税务局主管专员第三次报告》，第513—521页。
140　《国内税务局主管专员第四次报告》，第283—290页。1852年，一位督察员意识到，他已五年未提起上诉了，参见《所得税与财产税特别委员会的证据记录》，*HCPP* (1852) (354) ix 1, q. 1559和q. 1555. 相关案件，参见《评定税领域英格兰退回案件的上诉判决》(Return of Cases determined on Appeal in England relating to Assessed Taxes)，*HCPP* (1831-2) (87) xliv 1.
141　.7 & 8 Geo. IV c. 53 s. 84 (1827). 并且可能向财政部内室乃至上议院提交再审令。
142　33 & 34 Vict. c. 97 ss. 18(1), 19(1) (1870).

就是在印花税问题上听取法院意见的特殊个案。[143]

鉴于19世纪税收立法的状况、地方主义保障机制的破坏以及该制度的不足,再加上行政权力的扩张,[144]增加向普通法院提起上诉的规定成为一个重要问题。随着税率的提高和商业的扩张,这个问题变得十分急迫。在维多利亚时代末期,所得税的上诉结果决定着数千乃至数十万英镑的税赋,遗产税的评定结果无疑也会相当可观。然而,基于强公共政策和实事求是的考虑,维多利亚时代的立法者选择维持现状,限制向普通法院提起上诉。允许就事实问题提起上诉,被视为是不必要和不可取的。[145]第一,上诉将延宕公共收入征收,导致资金流的中断。任何税收的目的都是增加财政收入,而且要迅速和持续。向普通法院上诉会延长诉讼时间,阻碍税法在特定情况下的实施。这可能会造成相当程度的拖延,因为上诉需要从最底层的高等法院开始,经过两个阶段后再向合适的上诉法院提起上诉,最后向上议院上诉。对任何政府而言,这种延宕都是不可接受的。如果发生大量的上诉案件,这种延迟造成的后果显然会更加严重。1848年,在谈到马匹商人的课税问题时,帕克指出,如果不对上诉权加以限制,就会出现"大量的诉讼"。他继续说,"诉讼将会不计其数,陪审团不得不无休止地裁决事实问题,而法官也将无休止地对法律问题作出裁判,当国家遭遇紧急情况需要尽速裁判时,案件还将会被移

---

143 *Partington v. AG* (1869) LR 4 HL 100.

144 正如法韦尔法官1911年所说的那样,"法院是保护人民自由免受行政机关侵蚀的唯一保障",参见:*Dyson v. AG* [1911] 1 KB 410 at 424。

145 《司法专员第二次报告的证据记录》,问题答复23—28。另可参见《皇家所得税委员会报告》,*HCPP* (1920) (615) xviii 97,第590段;《司法专员第三次报告的证据记录》,*HCPP* (1874) (957-1) xxiv 13,问题答复14—15。

送至最高裁判机构"。[146]立法者的担心并不是多余的，依据1853年《继承税法》进行的大量诉讼，就是造成遗产税收入无明显增长的部分原因。当一项税收特别不受欢迎时，例如1842年所得税，就存在着一种明显的危险，即上诉权会被广泛使用，可能只是为了延迟缴纳相关税款，这是1894年有人建议针对遗产估值向高等法院提起上诉之前，先行缴纳遗产税的根本原因。[147]虽然上诉权可以发挥一定的安抚作用，但是不可能压制住这种不满情绪。评定税同样不受欢迎，不过其本质上是自愿的，可以通过不购买应税消费品来规避；而所得税是强制性的，上诉是逃避纳税义务的唯一合法手段，因此，认为它可能会被滥用并非没有道理。允许就税务裁判庭的裁决向普通法院提起上诉，显然不符合国家利益。

第二，宽泛的税收上诉可能不利于法律制度的整体利益。英国在19世纪中叶有一个明确动向，要求对法院进行立法改革。人们意识到，法律程序过于缓慢、正式，且费用高昂。普通法法院和衡平法院的程序得到改革，法院人员也有所优化。司法专员审视法律体系的整体状况，并提出了改革建议。在这样的背景之下，如果开放大量多为小规模和事实性的新上诉案件，可能会压垮沉疴已久的法院系统。这种想法显然不会获得青睐。

第三，向普通法院提起上诉是不必要的，因为地方主义体系允许申诉，而且申诉实际上就是其组成部分。法律提供一个快速、廉价和独立的争端解决机制，各方可以就其案件得以充分的审理和辩论。

---

146 *Allen v. Sharpe* (1848) 2 Exch 352 at 363. 这一点在税收领域尤为重要，因为行政机关在涉及原则问题时会向最高法院提起诉讼，参见《皇家所得税委员会的报告》，*HCPP* (1920) (615) xviii 97，第594段。

147 《国内税务局主管专员第二次报告》，第501页。

此外，这些非专业的裁判官拥有确定事实和解决纠纷所需的地方经验，而普通法院则普遍缺乏这种专业知识。对纳税人而言，向法院上诉会让制度变得复杂，并给他们引来不必要的曝光，此外，还会给他们带来相当大的费用负担，包括诉讼费和其他可能的费用，其中最重要的是聘请专业法律代理人所不可避免的高昂费用。不同于国内税务局，这些都是大多数纳税人难以承担的费用。

然而，支持将上诉权扩大到普通法院的理由也同样有力。首先，传统的财政思想提倡，准确评定需要具备地方性专业知识，所有管理直接税的地方专员，除了所得税特别专员外，也确实拥有这些知识。但是我们已经看到，到19世纪这种专业知识显然是不够的。[148]所以，向法院提起上诉比以往更有必要，而且有利于纳税人，因为法院是由训练有素、能力充足的法律专家组成的，尽管他们不具备专业的税务知识或地方性知识。其次，税务裁判庭须确保迅速、非正式和低成本裁定税务争议，这个特点也导致其容易出现错误、疏忽、管理不善和懈怠。因此，上诉权是值得拥有的。

然而，纳税人并未强烈要求扩大上诉权。尽管一般来说，他们尊重且信任法官，并且承认向法院提起上诉是防止行政机关滥用权力的最终保障，但是诉讼费用和持续时间意味着他们通常会害怕并尽量避免诉讼。只有在涉及法律问题或者涉及大额资金时，对上诉权的需求才会更为强烈。相比而言，国内税务局更为迫切，他们渴求向普通法院上诉的权利，尤其是针对首席专员的决定提起上诉。他们知道，这些决定并非总是合理的，即便税务官员认为其违反法

148　参见上文第87—88页。

律，他也无能为力。[149]中央税务机关都认为，向普通法院上诉的权利会让专员在作出决定时更加慎重和周全。[150]然而，这种需求的动机主要是对税收征管领域中地方主义制度的不满，而不是信赖上诉机制本身。他们倾向于废除地方主义，保留向法院上诉的限制性通道。正如一位评论家在1842年所说的，"有一个非常好的裁判庭而不允许上诉，比有一个不那么好的裁判庭而允许上诉要好"。[151]

法官们也看到了允许上诉的一些好处，至少在法律问题层面。他们同意税务专员是裁决事实问题的最佳机构，但认为就法律问题提起上诉是有必要的，以保证适用的准确性和一致性，确保他们对裁判庭的权威性，同时保障人民的自由。[152]事实上，上级法院监督和控制下级法院裁判的必要性在1854年被视为"如此巨大和明显"，以便"法律的原则和实践可以从源头上以统一和连续的路径展开"。[153]

二、上诉权的扩张

尽管立法机关不愿意给予税收争议完全的上诉权，但是它认同

---

149 《所得税与财产税特别委员会的证据记录》，*HCPP* (1852) (354) ix 1, q. 1548。

150 参见同上文献，q. 1556。

151 《关于爱尔兰和苏格兰税收征收和管理的调查专员的第九次报告》，第333页，报告人：约翰·福斯特（John Foster），国内税务局法律顾问。

152 尽管19世纪就提到了这些考虑因素，例如《所得税与财产税特别委员会的证据记录》，*HCPP* (1852) (354) ix 1, qq. 1556-7，到了20世纪它们变得尤为重要，参见《行政裁判庭和调查委员会的证据记录》（Minutes of Evidence before the Committee on Administrative Tribunals and Enquiries），*HCPP* (1956) (218) viii 1, 第194页第14段，第678页第11（e）段。参见：Bowen LJ in *R. v. Justices of County of London and London County Council* [1893] 2 QB 476 at 492。

153 《皇家破产委员会报告》（Report of the Royal Commission on Bankruptcy），*HCPP* (1854) (1770) xxiii 1, 第38页。

上诉条款可以在实体和征管层面为人民接受税收做出贡献。立法机关也不愿明确拒绝当事人诉诸法院,以维护和行使他们的权利。此外,整个19世纪的法律程序改革都在削弱广义法律体系内限制上诉的文化。1873年《司法法》规定,对高等法院的每项判决和命令都可以提起上诉,[154]并且赋予对下级法院新的和广泛的上诉权,尤其是郡县法院和季审法院。对税务裁判庭的决定允许提起上诉,这个压力变得难以阻挡,尤其是,此类税务案件涉及的金额往往比普通下级法院案件所涉金额大很多。因此,尽管19世纪很少开征新税种,允许上诉的条款还是保持着审慎增长。

1853年爱尔兰开始征收所得税时,允许向普通法院提起上诉,这一点与英格兰的所得税形成鲜明对比。毫无疑问,这是对爱尔兰缺乏地方主义保障的补偿,尽管如此,普通法院还是介入到了税收领域。当纳税人对税款评定不满时,其有权向评定地的助理律师(Assistant Barrister)上诉,这种上诉是以重审形式进行的,并且采用非公开形式审理。[155]助理律师是具有地方属性和有限管辖权的法官,在评定和上诉领域拥有与特别专员相同的权力,而且助理律师作出的裁决是终局性的。在1854年爱尔兰地区约2500起所得税的上诉案件中,诉至助理律师的案件为77起。[156]同样,引入继承税后,该法规定,如果纳税人不满评定结果,有权通过诉状形式向财税法庭提起上诉;如果案涉金额不足50英镑,则可以向郡县法院提起上诉。[157]国内税务局在1857年抱怨称,依据该法进行的诉讼是"最肆无忌惮

154　36 & 37 Vict. c. 66 s. 19. 另可参见《司法专员第一次报告》,*HCPP* (1868-9)(4130) xxv 1,第20页。

155　16 & 17 Vict. c. 34 s. 22 (1853).

156　*HCPP* (1854) (471) lviii 373 at p. 374.

157　16 & 17 Vict. c. 51 s. 50 (1853).

和持续不断的",是基于"过分的反对意见"。[158]它还认为,在大量的情况下,这是出于延迟缴纳税款的目的,而不是因为坚信国内税务局的立场缺乏依据。国内税务局尤其反对威尔科克斯诉史密斯一案,[159]认为"当看到(纳税人)仅因为一个疑点就诉至法院,是令人痛苦的"。[160]

在所得税领域,不愿意赋予上诉权的现象最为顽固。当1842年恢复开征的所得税首次允许提起上诉时,原所得税法中的终审裁判条款被保留了下来,并无条款允许采纳法官的意见。同样,在允许依据D类报税单向特别专员提出申诉时,裁判庭作出的是"对该事项最终和决定性"的裁决。[161]

然而,允许向普通法院上诉势不可挡,立法机构基于务实和政治上有利的立场,最终在1874年允许上诉,尽管这是一项谨慎的改革。立法机关采取的折中方法是,在税收领域仅针对法律问题扩大传统的上诉范围,这仍然是法官的正当职权,且存在公认的机制。在税收领域,案件要点陈述的上诉方式是在普通法特殊案件程序的基础上发展而来的,自18世纪以来就在评定税中一直沿用。温福德勋爵甚至建议在新的郡县法院中运用。[162]三十年后,司法专员说,案件要点陈述"提供了准确和清晰地阐明争议焦点的机会,而不被无关紧要的问题所困扰"。[163]允许仅就法律问题向法院提起上诉,在不适

---

158 《国内税务局主管专员第二次报告》,第501页。
159 *Wilcox v. Smith* (1857) 4 Drew 40.
160 《国内税务局主管专员第二次报告》,第501页。
161 5 & 6 Vict. c. 35 s. 130 (1842).
162 《议会辩论》第65卷,第3辑,第238栏,1842年7月18日(上议院)。
163 《司法专员第二次报告的证据记录》,第273页,问题答复,报告人:威廉·雷恩斯(William Raines),法官。

合的法院过度争讼和费用昂贵的问题将迎刃而解，同时可以确保法律适用的一致性，解决非专业裁判人员在理念方面的弱点。因此，在1874年，政府和纳税人有权以所得税专员的决定存在法律错误为由，要求所得税专员提交案件要点陈述，以寻求高等法院财政分庭的司法裁决意见。[164]该程序与评定税的程序略有不同，因为它允许进行法律辩论，还可期待最终判决说明理由。法院将审理和裁判法律问题，推翻、维持或修改原审裁决。这是对上诉司法保障的明确和明显强化。大约四年后，出于维护纳税人和政府利益的考虑，上诉条款的层级进一步扩张至上诉法院乃至上议院，[165]从而让税收案件的上诉和其他诉讼保持一致。

国内税务局仍然意识到赋予上诉权的困难。它认为上诉的数量会很多，但是不会过于庞大。国内税务局显然无法控制纳税人提起上诉的数量，但是它自己会审慎提起上诉，避免不必要的上诉，也不会让任何未经批准的上诉继续进行。它不希望卷入"无意义或者无理取闹的"案件。因此，上诉的数量会少于表达不满的数量。国内税务局认为，这项权力"十分方便"并且"公众容易接受"。[166]尽管从所得税的角度看，它对各方和税法本身都是非常重要的发展，开启了这一领域的判例法时代，但它引发的公众讨论却少之又少。

164　37 & 38 Vict. c. 16 ss. 8, 9 (1874); 43 & 44 Vict. c. 19 s. 59 (1880). 该程序建立在1859年《女王纪念法》(Queen's Remembrancer's Act)的基础上，22 & 23 Vict. c. 21 s. 10。参见W. A.威尔森(Wilson)，《案件要点陈述理论》(The Theory of the Case Stated)，载《英国税务评论》(1969年)，第230页；斯特宾斯，《通过案件要点陈述的方式对所得税首席专员的决定提出申诉：一个历史视角》，载《英国税务评论》(1996年)，第611页。在所得税的内部结构中存在使用案件要点陈述程序的先例，参见同上文献，第617页。

165　41 & 42 Vict. c. 15 s. 15 (1878)。

166　《国内税务局主管专员第十七次报告》，第712页。

第四章　司法保障

通过案件要点陈述的方式提起上诉无疑存在一些问题。除了一些可能对纳税人造成重大影响的程序性规定外，[167]当法官对事实调查结果产生疑义时，他也无能为力，因为法官无法偏离案件要点陈述的范围，其中所涉事实是结论性的。有人说，在某些情况下，"案件要点陈述让上诉人游离在法院之外"。[168]这一点再加上法律和事实混同问题带来的困难，导致一些人呼吁针对法律和事实问题都应享有上诉权，[169]像遗产税的做法一样。然而，允许就事实问题提起上诉存在现实障碍。上诉只能通过重审或审查专员的庭审速记记录的方式进行。重审会产生相当大的费用，并且会破坏首席专员、特别专员以及其他税务裁判庭在创设时就具有的成本低廉、快速与非正式的特点。如果依赖证据速记记录，则需要全面改革地方专员的实践和文化，因为他们很少记录证据，书记员几乎总是仅仅记录最终决定。然而，总体而言，行政机关和纳税人似乎对上诉权范围的扩张表示满意。一位著名的税务律师表示，律师协会的观点是，针对所得税专员的裁决提起上诉的权利不应扩大到事实问题，而应当继续限制在法律领域。[170]关于新的遗产税，它仅允许就遗产估值向高等法院提起上诉。[171]要求对所有争议点拥有更广泛的上诉权，这被认为

167　《皇家所得税委员会的证据记录》，HCPP (1919) (288) xxiii, q. 23,895，报告人：兰德尔·霍尔姆。

168　同上文献，q. 15,935。

169　《议会辩论》第11卷，第5辑，第1619—1621栏，1909年10月1日（下议院），报告人：阿奇博尔德·威廉姆森（Archibald Williamson）；第1622—1623栏，报告人：爱德华·卡森爵士。

170　《皇家所得税委员会的证据记录》，HCPP (1919) (288) xxiii, qq. 15,929-37，报告人：A. M. 布雷姆纳。

171　57 & 58 Vict. c. 30 s.10 (1894). 或者如果遗产估值低于10000英镑，则向郡县法院提起上诉，参见s. 10 (5)。

是非常荒谬的,可能导致大量微不足道的问题被提至法院。[172]同样,1920年皇家所得税委员会对允许就事实问题提起上诉这一"诉讼领域的惊人扩张"表示担忧。[173]因此,传统立场的根基并未动摇。直至1915年,雷丁勋爵(Lord Reading)在谈及所得税时重申,地方裁判庭在事实问题的确定、可及性和终局性方面具备卓越的能力,这也是审查法律问题时的最终保障。[174]

第四节 监督保障的强化:提审令的扩张

司法保障的第三个也是最后一个要素,是上级法院的司法监督。我们已经看到,上级法院控制下级法院行使裁判权的权力已经确立[175]并且得到了理解。这种控制的司法基础是王室特权,[176]是通过再审令、禁止令、提审令以及执行令的方式实现的。法官的法律审查权涉及下级法院的管辖及程序,包括其权力及程序的范围和运行。可以说这种控制是有必要的,因为税收制度由法定的税务裁判庭主导,无论是非专业的地方专员,还是隶属于行政机关的官员,都缺乏一般的法律知识和技能,而这些知识和技能是正式法律制度中不可或缺的。他们拥有不明确的管辖权和非正式的程序,极少被认为具

---

172 《议会辩论》第24卷,第4辑,第1383—1384栏,1894年6月18日(下议院)。

173 《皇家所得税委员会的报告》,*HCPP* (1920) (615) xviii 97,第590段。

174 *R. v. Commissioners of Taxes for St Giles and St George, Bloomsbury* (1915) 7 TC 59 at 65.

175 参见上文第35—39页。

176 *Mayor and Aldermen of City of London v. Cox* (1867) LR 2 HL 239 at 254 *per* Willes J.

备足够强势。通过确保裁判庭在裁决过程中遵守公认的司法行为准则，上级法院的司法审查对纳税人构成有力的保障，可以防范处置不当、不称职或者错误的发生。[177]

执行令一直适用于税务裁判庭，并且在维多利亚时代继续沿用，例如，执行令可以强制要求所得税特别专员发布命令，退还经首席专员证实的纳税人溢缴的税款。[178]尽管执行令的适用存在理论障碍，但是这些问题很少出现，现实中执行令一直在使用。[179]提审令能否适用于税务裁判庭，这个特别成问题。尽管18世纪的法学理论取得了长足进步，克服了税务裁判庭适用提审令的前两个法律障碍，[180]但第三个也即最后一个障碍仍然是实质性难题，即专员们需要被视为构成了法院。由于税务裁判庭在司法层面与法院存在本质差异，所以在1837年，提审令适用于税务裁判庭缺乏法律上的可能性。

官僚制的消费税裁判庭更类似于法院，它们行使广泛的刑事管辖权。不过，即使是直接税的非专业裁判庭，也拥有法院的一些基本特征，如有权主持宣誓，有义务遵守自然正义规则。它们还被授权处罚虚假陈述行为，其决定也具有终局性。此外，它们作出的裁决无疑

---

177 例如，纳税人有权享受公正且良善的审理，参见：*Wood v. Woad* (1874) LR 9 Ex 190 at 196 *per* Kelly CB; *Cooper v. Wandsworth Board of Works* (1863) 14 CB NS 180 at 194 *per* Byles J; ibid at 190 *per* Willes J; *Hopkins v. Smethwick Local Board of Health* (1890) 24 QBD 712 at 714–5 *per* Wills J。

178 *R. v. Special Commissioners of Income Tax* (1888) 2 TC 332.

179 *R. v. General Commissioners of Taxes for the District of Clerkenwell* [1901] 2 KB 879; *R. v. Commissioners for the General Purposes of the Income Tax for Kensington* [1913] 3 KB 870; *R. v. Swansea Income Tax Commissioners* (1925) 9 TC 437. See, however, *Chabot v. Lord Morpeth* (1844) 15 QB 446.

180 参见上文第38—39页。

会影响个人权利。然而，在其他方面，它们显然不是法院。裁判庭并不是由具备法律资格的人来管理，程序也不是固定的，审理往往非公开。最重要的是，裁判庭的主要职能显然是行政性质的。它们依据管理和规范税收的法律任命，旨在执行实体性的税收立法。它们主要负责税款的评定和征收，这无疑是一种行政职能。在19世纪的大部分时间中，这一职能压倒了它们的司法职能，即审理和裁决对评定的申诉。这种司法职能被视为税款评定行政程序的最后一步，事实上，税款评定和审理申诉这两项职能之间的界限从来没有做过明确划分，申诉裁决可以被合法地视为一种评定。作为一个仅拥有附带司法权的行政机构，税务裁判庭并未行使国家的司法权，所以它们不是法院，也不能成为司法体系的组成部分。背景就是一切。法律反映出的情况是：所得税评定必须由专员"准许并确认"，而被申诉的评定只有在申诉审理后才能获得准许。[181]因此，专员面前的任何申诉都不包含诉讼（lis）色彩，因为专员们仅仅是估价人。[182]长期以来，人们一致认为，提审令不适用于纯粹行政性质的行为。[183]当治安法官行使许可权，[184]评定委员会出于估价目的审理和裁定有关估值

181　8&9 Geo.V c.40 ss.122,123(1918). 这一要求最终由如下法案所废止：5&6 Geo.VI c.21 Schedule 10 paras. 3, 4 (1942)。

182　参见C. 斯特宾斯，《所得税首席专员：评税员抑或裁决者？》（The General Commissioners of Income Tax: Assessors or Adjudicators?），载《英国税务评论》（1993年），第52页。

183　*Re Constables of Hipperholme* (1847) 5 Dow & L 79.

184　参见：*Sharp v. Wakefield* [1891] AC 173; *Boulter v. Kent Justices* [1897] AC 556 at 569. 当伦敦郡议会行使其许可权时也是如此，参见：*Royal Aquarium and Summer and Winter Garden Society Ltd v. Parkinson* [1892] 1 QB 431; *Copartnership Farms v. Harvey-Smith* [1918] 2 KB 405 and *Shell Company of Australia Ltd v. Federal Commissioner of Taxation* [1931] AC 275。

清单的异议时，这一原则已经确立。[185]在所有这些情形中，相关裁判机构都不是传统意义上能作出判决的诉讼法院。

无法具备传统法院的地位，这对于提审令适用于各类地方专员机构来说可能是致命的。除非打破提审令不适用于行政行为的严格传统，或者拓展法院的定义，纳税人才能利用提审令。由于不好判断税务裁判庭的性质是否属于法院，在司法上拒绝或准许适用提审令都有其道理。不过，法官在这方面的利益与纳税人的利益是一致的，在19世纪末，司法机关推动并建立了一个扩张到税收领域的司法管辖权。事实上，在法律的所有保护性条款中，这是唯一一个不仅未遭到侵蚀，而且实际得到强化的条款。法官们以专业眼光看待各个领域中裁决机构的爆炸式增长，希望控制所有下级法定裁决机构的活动。1882年，布雷特（Brett）法官依据公共政策为这一目标辩护。他说：

只要立法机关授权高等法院以外的其他机构向个人施加义务，当这些机构试图行使超出议会法律赋予他们的权力时，针对这些机构，法院就应当尽可能广泛地行使控制权。[186]

大约三十年后，法韦尔（Farwell）法官评论道，这样的机构"不是一个可以恣意行事的独裁机关，而是一个下级裁判庭，受制于几个世纪以来王座法庭和自《司法法》以来高等法院对其的管辖权"。[187]

法官之所以能够无视与之相反的权威观点，是因为多数并未明

---

185 *R. v. Assessment Committee of St Mary Abbotts, Kensington* [1891] 1 QB 378 per Lord Esher MR at 382.

186 *R. v. Local Government Board* (1882) 10 QBD 309 at 321.

187 *R. v. Board of Education* [1910] 2 KB 165 at 179.

确提及提审令，因此不构成法律上的障碍，即无须具备法院的完整地位就可以适用提审令。[188]法官认为自己可以自由地对"法院"的含义做创造性解释。法官转而使用"司法行为"一词，以区别于行政行为。1891年，哈尔斯伯里勋爵指出，执照法官（licensing justice）拥有广泛的权力，依据他们的自由裁量权来行使司法权力。他说，这种权力必须"依据理性和正义的规则，而不能凭借主观臆断……依据法律，而不是情绪。它不应是任意、模糊和异想天开的，而应当是合法且有规律的"。[189]次年，洛佩斯法官指出，"司法"一词不仅可以指法官在法庭上履行的职责，还可以指向行政职责，但是，这些职责必须恪守"司法精神"，即"秉持着公平正义的精神面对待审理的事项"。[190]后者的含义比下级法院的命令还要广泛，而且被用于提审令的目的。[191]事实上，1901年沃恩·威廉（Vaughan Williams）法官评论称，从执照法官并非简易审判法庭（Court of Summary Jurisdiction）这一结论中，[192]不一定可以推导出提审令不适用，而且不久之后，执照法官的裁决即被视为具备足够的司法性质，允许其适用提审令。[193]

与其他裁判庭相比，法院显然更容易得出与法官有关的结论，因为法官是以司法职能为主的法律官员，他们自然倾向以司法方式履行其行政职能。这种以司法方式掩盖行政职能的做法对税务专员

188　*R. v. Assessment Committee of St Mary Abbotts, Kensington* [1891] 1 QB 378.

189　*Sharp v. Wakefield* [1891] AC 173 at 179.

190　*Royal Aquarium and Summer and Winter Garden Society Ltd v. Parkinson* [1892] 1 QB 431 at 452.

191　关于美国19世纪类似的发展，参见弗兰克·J.古德诺，《提审令》，载《政治学季刊》（1891年）第6卷，第505—513页。

192　在该案中就是如此：*Boulter v. Kent Justices* [1897] AC 556。

193　*R. v. Woodhouse* [1906] 2 KB 501; see too *R. v. Sunderland Justices* [1901] 2 KB 357 and *R. v. Johnson* [1905] 2 KB 59.

很有利。这让法院能够遵循自己的倾向，允许提审令适用范围的扩张。他们认为，如果一个裁判庭有权审理和裁决影响人民权利的问题，[194]并且审判活动必须在公平、公正和良善的基础上进行，那么这个裁判庭与法院已经足够相似，可以适用提审令。[195]即使这些事项以现代立场来看是行政性的，情况也将如此。1906年，弗莱彻·莫尔顿（Fletcher Moulton）法官评论称，"简言之，必须运用某些权利或义务来做决定，以便在普通法领域提供提审令的适用空间"。[196]首席专员符合这个要求，因为适用于他们的法律规定，其有权审理和裁决依据税法提出的所有申诉，[197]同时规定每个专员都应当宣誓，保证"依法、不偏不倚地审理和裁决提交给他的全部事项"。[198]这些要求中隐含着公平、公正和良善行事的责任，换言之，就是以司法方式行事。因此，税务裁判庭在审理和裁决争议的职责中具有天然的司法职能，而且所有专员都有义务通过宣誓约束自己的行为，符合这些经司法修订的适用提审令的条件。

虽然在19世纪末期，高等法院对法定裁判庭的控制原则已经牢牢确立，并且适用于任何新设立的裁判庭，[199]但是记录中首次针对首

---

194 参见：*R. v. Electricity Commissioners* [1924] 1 KB 171。

195 *R. v. North Worcestershire Assessment Committee* [1929] 2 KB 397; see *R. v. London County Council* [1892] 1 QB 190; *R. v. Legislative Committee of the Church Assembly* [1928] 1 KB 411.

196 *R. v. Woodhouse* [1906] 2 KB 501 at 535.

197 43 Geo. III c. 122 s. 144 (1803).

198 *Ibid.*, Schedule F.

199 *R. v. Poor Law Commissioners* (1837) 6 Ad & E 1; *Re Dent Commutation* (1845) 8 QB 43; *Re Crosby Tithes* (1849) 13 QB 761; *Chabot v. Lord Morpeth* (1844) 15 QB 446 at 457 (Commissioners of Woods and Forests); *Board of Education v. Rice* [1911] AC 179; *R. v. Light Railway Commissioners* [1915] 3 KB 536; *R. v. Electricity Commissioners* [1924] 1 KB 171. See too *Church v. Inclosure Commissioners* (1862) 31 LJ CP 201 (prohibition).

席专员适用提审令的案例发生在1904年。[200]这是法官面对不断变化的新情势作出创造性回应的一个典型例证,尽管法官的初衷是为了确保上级法院对所有下级法院的传统控制,在这种情况下,甚至包括一些外围的司法活动。事实证明,法官的做法灵活且务实,他们的解释也异常宽松,从而让严格意义上无法适用的救济措施广泛地适用于法定裁判庭,包括税务裁判庭。因此,它对司法监督保障形成了重大且持久的强化。

第五节 小结

19世纪,司法机关的独立性、权力和政治地位,使得法律为纳税人提供的司法保障获得全面强化。法官们能够抵御行政机关的侵蚀,而议会和地方税收征管体系都无法做到这一点。法官们在法律解释保障方面态度保守,且一直未有改变,不过他们将课税限制在议会法律的明确文字范围内,这在本质上保护了纳税人。限制性的上诉政策得以基本维持,这是纳税人、法院、行政机关以及立法机关之间利益博弈的结果。然而,实施更广泛的法律制度改革后,要求在所得税和新遗产税领域对上诉权做出拓展。纳税人法律保护的强化主要源于法官对司法监督权的积极态度。在这一点上,税务裁判庭主要得益于新一批法定裁判庭的发展,它们可以声称自己属于这类裁判庭,而法官们为了维护自己在法律体系中的地位,不得不对这些裁判庭施加控制。法官们通过谨慎地拓展上诉条款,毫不含糊地发展

200　*R. v. Commissioners of Income Tax for the City of London* (1904) 91 LT 94.

其司法监督职能，成功为税务裁判庭在既定法律等级体系中争取到一个正式位置，并且将它们置于法官的正式控制之下。虽然这承认了税务裁判庭是初级裁判机构，其裁决和程序因上级法院强大的变更权而受到限制，但是在维多利亚时代末期，通过实现这一目标，法官们造就了抵御行政机关侵蚀的强大堡垒。

第五章 纳税人保障的实现渠道

第一节 引言

146　　纳税人拥有三项主要的法律保障,即议会、地方征管程序以及司法保障,在1837年与之前的两百年一样,其效力取决于纳税人能否获得这些保障。在直接税领域,由于不像关税和消费税一样基本实行自愿主义,实现保障措施的途径更为重要。实现保障的途径包括知晓和理解税法以及实践中规定的纳税人义务、法定的申诉或上诉机构以及诉诸救济的能力。实现保障的途径还包括提供专家建议,以尽可能地利用法律保障措施。只有这样,"议会同意才纳税"这项纳税人的宪法权利才能得到有效保障。

　　19世纪,受过良好教育的纳税人可以通过阅读现有资料,了解适用于他们的税收以及议会通过的新税法。从维多利亚时代初期开始,下议院辩论报告、专门委员会以及皇家委员会的报告广泛印刷发行,公众能够以相对低廉的价格购买,当地的公共图书馆也经常提供这些报告。纳税人可以在《泰晤士报》等出版物上浏览有关税收的即时评论。作为一份面向公众的出版物,如果税收恰好成为时事热点,它就会提供有关所有税种的信息。针对议会程序进行的定期且详细的报道,为读者提供新立法通过的相关细节。同时,官方质询的摘录也让纳税人了解到当下辩论的问题。读者来信和头条评论为纳税人提供了最新的实务信息。它还会定期出版中央税务机关的年度报告,其中包含有关税收征管的最新信息,有时还会对个别税种进行解释,供大众参考。地方报纸也会刊载关于议会程序的详细报告以及税法领域的文章。在所得税恢复征收的第一年,多数报纸都对该法的内容和征管机制进行了评论。例如,1843年1月的《埃克塞特飞邮时报》中刊登了一篇文章,承认新税种的必要性和公平性,却不满其职权调查机制。在随后的数月中,它还陆续刊载了立法摘录。[1]面向商人和金融专业人士的商业期刊会定期讨论商业税收问题,并且提醒读者注意一些紧急事项。

第二节 税法的可及性

对纳税人课征的合法税收只能源于法律的规定。公认的理想状态是,法律的主体部分应当足够地明白易懂,让纳税人熟悉法律为他们提供的保障,这样他们才能在必要的时候援引这些保障。理解课税的性质以及它是否适用于自己,这是他们应该具备的能力。如果对税务机关的税款评定或者其他决定不满,纳税人应该能够确定他们是否拥有申诉或者上诉的权利,以及如果拥有该项权利,如何启动申诉或者上诉程序。1854年人们说,"当每个人都被迫做出明确的牺牲,并且不情愿地服从法律时,人们普遍认为精确的表达是

---

[1] 《特雷曼的埃克塞特飞邮时报》,1843年1月19日。

必要的"。[2]针对1913年《临时征税法》,一名议员指出,"这是一部影响人民利益的税法,每个人都应当能够阅读"。[3]同样,1919年税务律师协会的一名领导者认为,税法应当"清晰易懂,或者至少使用清晰且简单的文字表述"。他继续说,"我不是说可以拥有简单的税收,而是可以拥有使用简单语言表述的税收,让它尽可能地简单"。他说:"我想让整个事情变得简单,这样,任何一个智力正常的人都可以通过自己阅读法律文本或者相关手册理解税收。这会是一件皆大欢喜的事情。"[4]这一观点自然获得了人民的支持,并且得到广泛传播。[5]

然而,我们已经看到,19世纪税法起草的整体水平很低,甚至法官也发现,税法缺乏固有原则和极度复杂的属性构成了相当大的挑战。[6]司法机关可以解释最复杂的契据,在财产法和其他领域的立法方面也拥有丰富的经验,如果税法对他们而言都是一种考验,普通纳税人更会不知所措。事实上,多数纳税人和税务专业人士都承认,公众完全无法掌握税收立法的主要内容。18世纪和19世纪早期,这已经成为立法的一个特征,并且在维多利亚时代持续存在,甚至进一步恶化。

---

2 《H. 贝伦登·克尔先生关于制定法修订委员会程序的第一次报告》,第224页,附录1,报告人:乔治·库德。

3 《议会辩论》第51卷,第5辑,第1219栏,1913年4月9日(下议院),报告人:威廉·乔文森-希克斯。

4 《皇家所得税委员会的证据记录》,HCPP (1919) (288) xxiii, qq. 15,947, 16,032,报告人:A. M. 布雷姆纳,大律师,代表英格兰律师协会总理事会。1894年,亚瑟·贝尔福坚持认为,每一项税收都应该简单易懂,易于纳税人计算,且合规成本较低,但是新的遗产税没有做到其中的任何一项,参见《议会辩论》第27卷,第4辑,第260—268栏,1894年7月17日(下议院)。

5 参见例如劳埃德·里德,《英国纳税人的权利》,第263—265页。

6 参见上文第125—128页。

第五章 纳税人保障的实现渠道

普通纳税人实际获取法律文本存在着困难,尽管并非完全不可能。大多数城镇都会有私人图书馆和阅览室,但只有少数纳税人拥有其会员资格。而在19世纪后期,带有解释评注和索引的权威法律系列印本已经风靡各地。受消费税法约束的商人经常抱怨称,他们很难查阅到他们所依据的法规。例如,在19世纪30年代初,一名来自阿伯丁的造纸商人希望查阅与其贸易相关的最新法律,尽管他四处写信询问,但是他和他的代理人都无法获得。最终,他不得不前往档案局复印。[7] 更为重要的是,法律的理解会面临着知识障碍,这比以往任何时候都要严重。即使一个纳税人有机会接触到成卷的法律,也只有受过训练的法律或税务专业人士才能够理解它们。早期税法的问题在于笼统,明显缺少关键术语的定义。在维多利亚时代,税法面临的主要且日益严重的问题,则是其表述方式和复杂程度。

纳税人发现税法的篇幅、形式和表述是造成其无法理解的不可逾越的障碍。法案起草时,遵循使用没有标点符号的完整长句的陈旧惯例,缺乏任何连贯的立法计划,同时充斥着晦涩难懂的语言。这归因于使用含混不清的术语,赋予历史术语以新的含义,[8] 或者单纯的起草不当。对律师而言,技术性术语非常清晰,但是普通人却难以理解。大量税法年代久远,无论是语言表达还是颁布背景,纳税人都无法理解。维多利亚女王登基时,很多税法已经施行近40年。例如,与任命征税员有关的法律规定必须参考1803年的法律,该法最

---

7 《消费税机构调查专员第十四次报告(纸张)》,第312页,附录59,报告人:亚历山大·皮里(Alexander Pirie),造纸商。

8 然而,遗产税,虽然像所有与死亡相关的税收一样,是一项复杂的税种,但至少应当用"简短而清晰"的句子来表达,参见《议会辩论》第25卷,第4辑,第385栏,1894年6月4日(下议院),报告人:罗伯特·里德。

初是为了评定税而制定的,完全早于现代所得税的开征。此外,立法很少展现出连贯的计划。即使纳税人能够找到相关的法律条文,也无法从其表面看出能否适用。为了确定法律的有效情况,纳税人必须警惕随后废止或修正的法律,因为它们可能会扩大或限缩这一条文的适用范围,纳税人要结合这些法律来理解,以便找出完整有效的法律。例如,1842年《所得税法》仍然是19世纪所得税领域的主要法律,但是1853年法律以及后续的多部法律都对其进行了修订。截至1870年,有效的土地税法有42部,所得税法有32部,[9]烈酒税法有23部,白银税法有24部。事实上,消费税领域立法篇幅的问题尤为突出。1836年,《德比水星报》在报道消费税调查专员报告时,惊讶地发现与消费税相关的法律超过400部。报告指出,法律应该是"简短、清晰、人人都能理解的,但是却散见于众多的制定法中,而且最终呈现出混乱、矛盾并且难以理解的状态"。[10]几乎所有税法都包含着冗长的附表,这也导致了同样的困难。由于包含了不相关的主题,使其内容变得更为混乱。[11]维多利亚时代第一部重要的税法,即1842年《所得与财产税法》,[12]这部法律的起草工作并没有在这方面展现出任何改进。该法包括194节和7个附表。在这些附表中,有五个涉及所得税的构成,规定了不同来源的应税财产。第六个附表规定参与税收征管的人员应当进行的各类宣誓,而第七个附表则包含与前五个附表相关的详细规则。十一年后通过的《继承税法》在这方面做得好一些。继承税是一个全新的税种,因此不受早期法律表

---

9 《国内税务局主管专员第十三次报告》,第314、326页。
10 《德比水星报》(*The Derby Mercury*),1836年9月7日。
11 参见惠特克罗夫特,《税收制定法的现状》,载《英国税务评论》(1968年),第386页。
12 5&6 Vict.c.35.

述的束缚。该法只包括55节，不过附表部分内容丰富，由3个表格组成，列举出某些年金的价值。

此外，让法官恼怒的参引援用模式，实际上将纳税人彻底隔绝在税法的门外。这导致他们不可能仅从一部法律中确定可供适用的法律。议员们谴责了与1853年《所得与财产税法》有关的做法，其中一名议员说，全国所有的纳税人中，不超过十分之一，甚至不足五十分之一的人，能够确定和理解他们纳税所依据的法律。另一位议员说，对于希望知晓自己权利的纳税人而言，没有比这更糟糕邪恶的做法了。[13]他继续说：

> 如果这部法律由印度人起草，他相信这会被视为印度人缺乏智力的证明。如果任何法律都应该通俗易懂，那么这样一部影响五六百万英国人民利益的法律更应如此。[14]

最后，大量文件材料将中央税务局的税法解释包括在内，这也是有问题的。1854年，贝伦登·克尔在审查制定法的修订工作时指出，"以国内税务局的命令取代法律条文的权力，想要弄清制定法这一分支准确情况的难度随之增加"。[15]此外，纳税人无法获得这些文件材料。例如，1829年，[16]数千条消费税的普通命令编纂成书并公开

---

13 《议会辩论》第127卷，第3辑，第716—717栏，1853年5月27日（下议院），报告人：约翰·布莱特。

14 同上文献，第725栏，报告人：约翰·菲利莫尔；另可参见第731栏，报告人：艾萨克·巴特（Isaac Butt）。

15 《H.贝伦登·克尔先生关于制定法修订委员会程序的第二次报告》，HCPP (1854) (302) xxiv 363，第383页。

16 约翰·欧文斯，《与国内税务局消费税部门相关的普通文件》，第261页。

出版，一卷内容达600多页，但是消费税局一直拒绝向贸易商提供详细的纳税指示，也不允许向其提供官方指南，理由是，这些可能会对消费税局产生约束，并且在诉讼中成为被起诉的对象。[17]消费税局甚至拒绝向贸易商提供适用于他们的法律副本，它倾向于推定贸易商们通过日常业务活动已经对法律有足够了解，[18]即使在18世纪末期，所有消费税法的完整分析报告都被印刷了出来，消费税局也拒绝内部官员之外的任何人获得副本。财政委员会在1787年强烈要求消费税局广泛提供该书，并在1835年对其进行严厉的斥责，[19]消费税局仍然无动于衷，一直持续到维多利亚时代。国内税务局向其督察员发出的指示偶尔会出现在当地报刊上，例如，《埃克塞特飞邮时报》[20]曾刊登对A类与B类报税单中税款评定适当性的官方解释，但是一般而言，涉及中央税务机关权力性质和行使的财政部会议记录、指令和通知被视为机密文件。因此，中央税务机关形成的封闭圈层，除它以外的任何人都完全无法接触。

税法的复杂性必然反映在中央税务机关的纳税申报表中。经营所得申报表，即表11，在这方面臭名昭著。[21]如果申报表不能准确反映立法，就相当于国内税务局在对法律作出解释，[22]这可能会对纳税

---

17 《消费税机构调查专员第二十次报告》，第525页，报告人：约翰·弗里林（John Freeling），消费税局秘书。

18 同上文献，第567页，报告人：威廉·赫瑟林顿（William Hetherington），总督察官。

19 《消费税机构调查专员第十四次报告（纸张）》，第181—182页。

20 《特雷曼的埃克塞特飞邮时报》，1843年1月5日。

21 有关表11的副本，参见《国内税务局主管专员第一次报告》附录。

22 《皇家所得税委员会的证据记录》，*HCPP* (1919) (288) xxiii, q. 15,95, 报告人：A. M. 布雷姆纳，他指出在表格中出现"非预期利润"一词，但在立法中找不到这种表达。

人造成不公,并且损害他们仅依据法律纳税的权利。因此,就所得税而言,所有的限制、免税、扣除以及减免措施,每一项所得来源都必须在申报表中明确说明。这些申报表本可以成为向纳税人解释税收技术性内容的理想场域,但是在实践中,纳税人往往难以理解这些申报表中的内容。

以过时的形式表达复杂的技术性法律,同时整合不同法律条文的需求,导致普通纳税人对法律毫无概念,他们甚至发现自己几乎不可能理解与他们息息相关的法律,更不用说在其中找到任何清晰或者准确的信息。[23]虽然纳税人可能知道特定税收的存在,也大概了解应税财产是什么,但他们几乎不可能确定该税种是否适用于自己,也无法事先预测某些交易行为的税收后果;虽然他们可能知道,如果不满评定机构的决定,有权提出申诉,并且明白如何着手去做,但是他们无法确定申诉将会如何进行。他们也很难理解中央税务机关的要求。由于受到苛刻的消费税法约束,商人们尤为"厌恶和不满",因为这些法律的"多样性和复杂性"让他们无从遵守。[24]贝伦登·克尔发现,消费税法是各种法律"五花八门的条款"中"最难确定的"。[25]而在所得税领域,纳税人也意识到,所得税法"散见于浩如烟海的法律中,横跨数个朝代,需要通盘了解法典全文……才能知道法律如何规定"。[26]一位当时的评论家指出,"如果一个英国人非常清楚法律

---

23 参见例如《国内税务和关税机构特别委员会的证据记录》,*HCPP* (1863) (424) vi 303, qq. 427-40,报告人:克里斯托弗·布舍尔(Christopher Bushell),葡萄酒和烈酒商人。

24 《消费税机构调查专员报告摘要》,*HCPP* (1837) (84) xxx 139,第156页。

25 《H.贝伦登·克尔先生关于制定法修订委员会程序的第二次报告》,第383页。

26 《国内税务和关税机构特别委员会的证据记录》,*HCPP* (1862) (370) xii 131, q. 500。

是什么，无论他是否喜欢这部法律，他一般都会感到满意，但是现在没有一个英国人感到满意，因为他不知道自己在所得税问题上是否找到了恰当的法律。"[27]

到了20世纪初，税收立法和文字表述的复杂性已经逐渐失控，有法官观察到，与税法相关的"大多数实施条款对于那些必须缴税的人而言是无法理解的"。[28] 1927年，德希斯勋爵（Lord Decies）向《泰晤士报》抱怨称，现在"任何一个普通人都无法理解大多数的条款"，1929年赫瓦特勋爵谴责税法"复杂和难以理解的形式"，并且指出，如果连法官都对它们感到困惑，普通纳税人更会绝望。[29] 最终受苦的就是这些纳税人，他们面对全新而又无法预料的要求，发现自己被一些本不赞同的条文所束缚；而如果要阐明法律，只能自己承担费用诉诸法院。[30] 迟至1937年，一名纳税人仍在针对税法模糊不清的问题提出强烈反对意见。他抗议称，税法"被一种陌生的语言、一种只有一小部分人看得懂的语言所主导，与国家的工商业生活渐行渐远"。[31]

对纳税人有约束力的不仅是法律，也包括司法裁判。随着上诉

---

27 《所得税委员会部门的证据记录》，*HCPP* (1905) (2576) xliv 245, q. 1967, 报告人：治安法官亚瑟·张伯伦，代表伯明翰商会。

28 *Brown v. National Provident Institution* [1921] 2 AC 222 at 257 *per* Lord Sumner. 1948年，辛格尔顿（Singleton）法官向纳税人提供的一个著名建议是："我希望你不要再为税务问题操心了，因为你似乎花了很多时间来处理各种不同的法律，如果你继续把时间花在财政法和类似的法律上，这会让你变傻。"参见：*Briggenshaw v. Crabb* (1948) 30 TC 331 at 333。

29 赫瓦特勋爵，《新专制主义》，第77页。

30 《泰晤士报》1927年5月25日，第12页d栏。

31 《所得税编纂委员会法案备忘录（1937—1947年）》（Income Tax Codification Committee Bill Memoranda [1937-47]），TNA: PRO IR 40/5274。

第五章 纳税人保障的实现渠道

条款的增加,税务司法案例的数量不可避免地增长。虽然税法呈现出复杂和晦涩的特征,法官的任务便是解释和阐明其意涵。即使这会促使税法形成真正的一致性,对纳税人而言也无济于事,因为税务案件的判例汇编比立法本身更难获取。例如,自1748年起,就存在通过案件要点陈述方式提起的上诉,这形成评定税领域的独立判例。不过这些判例太过专业化,因此所有法律图书馆都没收藏,非法律职业人士不容易获取。其他税务案件的判例汇编即使存在,即使纳税人有机会接触到这些实体卷宗,也会淹没在数以百计的涵盖整个英国法律的判例汇编中,检索起来犹如大海捞针。当然,在所得税领域,1874年之前禁止向地方专员以外的人申诉,因而缺乏普通法院的判例。

虽然希望税法能够让普通纳税人理解,但是大多数政府认为这几乎是一项不可能完成的任务。[32]税法就其本质而言就是复杂的,而且伴随着日常商务的日益复杂化,税法的复杂性也日益加剧。[33]税法固有的重要性致使其不可能变得简单或者非正式,因为它影响到财产权。而在英国,财产权本身就是出了名的复杂,并且深刻影响着国家的政治和经济。税法还具有广泛的社会影响。例如,所得税的基本要求就是公平,反映每个人的支付能力,这不可避免地带来了极大的复杂性。如果使用简单易懂的语言向非专业的读者解释税收,总是存在误导的可能,并且可能对纳税人造成不公,因为这样的税法必然会忽视个体之间微小的差异。这种迁就现实的立场让官方认为,对于任何法律,都不可能"把它带入每个人的怀抱和事业中",用现

---

32 参见惠特克罗夫特,《税收制定法的现状》,第390—393页。
33 《皇家所得税委员会报告》,*HCPP* (1920) (615) xviii 97,第374段。

代流行的话说,就是"让人民理解"。[34]如果这是对一般立法的态度,对税法来说更应如此。在这方面,格莱斯顿承认这"并不是一件容易的事情",[35]而在所得税领域,约翰·罗素勋爵(Lord John Russell)认为,任何这样的尝试都会导致"公众的巨大不便"。[36]

一种不完全但很实际的建设性措施就是对浩如烟海的制定法进行合并,这一做法得到了众多律师和评论家的支持。例如,詹姆斯·菲茨詹姆斯·斯蒂芬(James Fitzjames Stephens)坚信这是税法简化的关键,他同时称赞印度对刑事与民事诉讼程序以及部分税法的合并措施。[37]1854年,贝伦登·克尔报告称,直至1853年底共有16579部一般公共法律。[38]他建议基于统一和审慎的方式,尽速启动制定法的合并和修订工作。他的建议相对温和,包括在可能的情况下进行修订,删除不合乎时宜和不必要的条款,同时改进起草方式。[39]尽管法律合并是19世纪后期的一个特色,但是在英国,法律合并现象只是零星出现,尤其是在各类条款合并法、商法以及19世纪末的信托管理领域。[40]在税法领域,这种需求是显而易见的。贝伦登·克尔在其第一份报告中指出,法律合并时应当尤其注意那些以"松散方式"连续起草的制定法。他说,由于不清楚哪些法律已经废止,哪些仍然有效,修订工作将会十分困

---

34 《向改善现行立法方式和语言的特别委员会提交的报告和证据记录》,*HCPP* (1875) (280) viii 213, qq. 509, 526,报告人:弗朗西斯·赖利(Francis Reilly),大律师。
35 《议会辩论》第127卷,第3辑,第722栏,1853年5月27日(下议院)。
36 同上文献,第723栏。
37 《向改善现行立法方式和语言的特别委员会提交的报告和证据记录》,q. 266。
38 《H.贝伦登·克尔先生关于制定法修订委员会程序的第二次报告》,第379页。
39 《H.贝伦登·克尔先生关于制定法修订委员会程序的第三次报告》,第409页。
40 参见曼彻斯特,《现代法律史》,第38—49页。

难。然而，把每一类税种合并成一部法律，这个事情简单明了，是一项重要的预备性工作。[41]自18世纪开始，税法合并的要求便时常出现，尤其是在关税和消费税领域。商人们认为，这将有助于这些法律的简化，使其容易理解。关税的计算十分复杂，以至于商人难以准确计算出应纳税额，甚至对境外商人产生了阻遏作用，因而这种需要显然非常迫切。[42]税法合并在很早便取得了成果。1825年，与关税有关的1500部法律被压缩为6部议会法律，1835年和1836年再度合并后，到1853年被精简为1部法律，[43]"使用通俗易懂的语言，任何能够阅读英文的人都不易产生误解"。[44]事实上，关税主管专员（Commissioners of Customs）的确坚持认为，该法律"对于执行它和遵守它的人来说同样明确和显著"。[45]虽然商人的不满情绪同样强烈，但是消费税领域取得的进展较少。在19世纪的任一时间段内，平均存在着大约500部生效的消费税法，虽然1803年[46]和1827年[47]的早期法律合并带来了一些改进，但是仍然不够完善且成效有限，与关税领域的力度相差甚远。因此，在19世纪30年代，消费税调查专员表示，消费税迫切需要一个彻底和专业的修订、简化及合并方案，以解决过时、无效和"带来不必要烦恼和压迫"[48]的消费税法问题。部

---

41 《H.贝伦登·克尔先生关于制定法修订委员会程序的第一次报告》，第160页。
42 《关税主管专员第一次报告》，第374页。
43 16 & 17 Vict. c. 107.
44 《议会辩论》第126卷，第3辑，第199栏，1853年4月21日（下议院），报告人：詹姆斯·威尔森（James Wilson）。
45 《关税主管专员第一次报告》，第326页。然而，在接下来的两年里，必须出版两份增补内容。
46 43 Geo. III c.69.
47 7&8 Geo. IV c.53.
48 《消费税机构调查专员报告摘要》，*HCPP* (1837) (84) xxx 139，第156页。

分税项废除、法案在议会遭遇失败以及行业本身存在着抵触情绪，造成工作进展缓慢，直至1837年，仅仅完成三个行业的消费税法和征管规范的整理工作。就印花税而言，尽管困难重重，它们在1870年还是被合并为三部法律，在1891年进一步合并成两部。[49]

在直接税领域，19世纪的进展更是屈指可数。1877年，制定法委员会建议合并由国内税务局管理的各项立法，并将这一任务交由国内税务局的初级法律顾问艾伯特·迪西（Albert Dicey）负责。其结果是，最终制定了1880年《税收管理法》，[50]合并了除土地税以外其他所有税种中与官员任命和职责相关的法律。然而，《税收管理法》并未改变晦涩难懂的复杂表述。1906年，一个特别委员会呼吁简化所得税的实体内容，直至1918年才完成首次合并工作，甚至在当时被称为"大量混乱的拼凑"。[51]虽然后续的合并工作陆续开展，但是纳税人不得不等待近百年的时间，等待像"税收重塑项目"（Taxes Rewrite Project）这样的中央措施，[52]以更清晰、更简单的语言，更合理的形式重塑直接税立法，使其更好被使用。在19世纪，整个税法仍然因其复杂性而被孤立，因此，除了那些日常从事该专业的人士之外，其余所有人都无法获取税法知识。

税收立法一如既往的错综复杂、难以理解的文字表述以及现代商业生活的复杂性，导致纳税申报表的改革困难重重，因而这一改革被忽视了。关税领域也是如此，关税申报表的数量和复杂性人尽

49　33&34 Vict. c. 97, c.98, c. 99; 54&55 Vict. c.38, c. 39.

50　43&44 Vict. c. 19.

51　《所得税特别委员会的证据记录》，*HCPP* (1906) (365) ix 659, qq. 2781-2。

52　《皇家所得税委员会的证据记录》，*HCPP* (1919) (288) xxiii, q. 15,952, and also q. 15,990，报告人：A. M. 布雷姆纳。关于1918年法律的起草，参见同上文献，qq. 16,026–30。

皆知，关税局致力于清理所有不必要的申报表并且简化剩余的表格。所得税领域，这方面唯一的改革措施是1873年的一项法律，按其规定，只有国内税务局规定或批准的通知才可以使用，[53]这杜绝了各地区普遍使用不同版本申报表和通知的做法，引入了一个受欢迎的统一措施。尽管国内税务局会定期对申报表进行仔细修订，并且接受和考虑来自纳税人和社会团体的建议，但是国内税务局认为，以牺牲准确性作为代价来简化表述，会导致申报表"被指责为向纳税人提供混乱信息，且试图将行政部门对法律的解释作为法律本身"。[54]随后所得税领域几乎没有实施任何改革，这件事成为20世纪20年代所得税纳税人协会最重要的运动之一。该协会的理事长德希斯勋爵曾多次致信《泰晤士报》，要求抓紧简化官方申报表，并且表示：

各行各业中成千上万的纳税人试图在错综复杂的问题中找到一条清晰的道路，他们几乎都陷入了绝望。这些问题既没有必要，也令人困惑，似乎是在蓄意迷惑可怜的纳税人，让纳税人尽可能地算不出应纳税额，进而增加他在缴税时的麻烦。[55]

迫于所得税纳税人协会的压力，财政大臣同意任命一个委员会考虑这个问题。然而，负责简化所得税和超级税申报表的部门委员会在1924年表示，无法针对申报表做出任何深远或者根本性的重塑。[56]鉴于税法仍在不断地修订，简化申报表并且将解释材料置于附

---

53 36&37 Vict. c.18 s.9; 43&44 Vict. c.19 s.15(2) (1880).
54 《泰晤士报》1922年9月15日，第7页c栏。
55 《泰晤士报》1922年9月14日，第6页b栏。
56 *HCPP* (1924) (2019) xi 41，第6段。

带的小册子中是不切实际的。[57]只有当立法本身被简化后,申报表才有办法跟上。

第三节　上诉机构的可及性

在所有税种中,堵塞公开的保护性上诉程序的适用,等同于剥夺纳税人有权质疑税务机关决定这个重要法律保障。当然,上诉与否是纳税人的个人选择,但是如果无法使用这些程序,实际上剥夺了纳税人的选择权。无论是行动层面还是认识层面,缺乏实现渠道会让上诉机构无法发挥作用。对行政程序的决定不服时,纳税人越容易向裁判庭提出反对、异议、申诉并要求其审理和裁决,他们就越能从保护性立法中受益,政府也能实现上诉条款的全部政治利益。

一、申诉权

从理论上而言,所有纳税人都可以通过发布和出版的官方通知来了解它们向税务裁判庭申诉的权利。在教堂门前张贴通知的传统做法在19世纪一直得以保留。随着报纸的普及,相关通知的出版发行也更加普遍。教堂门前的通知没有改变,其中直接载明了专员会议的日期、时间和地点,以审理任何受害纳税人的申诉。[58]虽然纳税人一般都可以看懂这些内容,但是他们认为这一做法已经过时且不够可靠。设置在教会门前的张贴区域,除了税收以外还有其他目

57　HCPP（1924）（2019）xi41,第16段。

58　参见例如,TNA: PRO IR 9/6A, Form 7 (1854)。

的,[59]税务通知常常被忽视。况且,它们并不是依据法律规定必须张贴在天主教堂或新教教堂门前。[60]然而,直至1932年,这一做法仍然具有一定的价值。虽然不是所有的纳税人都会前往教堂,但教堂仍然是一个区域内的标志性建筑,在此处张贴通知会吸引一些纳税人的关注。[61]纳税人对纳税评定决定有权申诉,这也在发放给纳税人的官方申报表和通知中有所宣传,尽管它们并不是特别明确具体。[62]如果要向所得税特别专员申诉,纳税人完全依赖于这些申报表,因为这项权利没有出现在教堂门前的通知中。然而,与经营所得有关的申报表并没有对裁判庭的性质作出任何解释,也未提及申诉权。因此,虽然特别专员的税款评定权在一定程度上得到了宣传,[63]但是向他们提出申诉的权利却非常隐晦,且鲜为人知。首次评定的正式通知中包括一项说明,即以书面形式向督察员申诉。至于向特别专员申诉,其用语则隐晦不明。[64]还有一个问题是,在1873年以前,各地区通常会自行印制所得税申报表和通知,其中往往不包括这些最低限度的官方信息。[65]正是在这一点上,该制度让纳税人感到失望,因为向特

---

59 例如,铁路和圈地法案。

60 《下议院私人事务调查特别委员会第三次报告》(Third Report of Select Committee to inquire into the Private Business of the House of Commons), *HCPP* (1847) (705) xii 357, qq. 831-35,报告人:乔治·埃利科姆(George Ellicombe),政党法律顾问;qq. 1395-1401,报告人:约瑟夫·帕克斯(Joseph Parkes)。

61 TNA: PRO IR 75/1 at p.186 (1932).

62 TNA: PRO IR 9/2, Form 64 (1868); TNA: PRO IR 9/4 Pt 2, Form 65 (1850s).

63 TNA: PRO IR 9/4 Pt 2, Form 11 (1857); TNA: PRO IR 88/1, Form 11 (1887).

64 TNA: PRO IR 9/4 Pt 2, Form 65 (1850s). 另可参见《国内税务和关税机构特别委员会的证据记录》,*HCPP* (1862) (370) xii 131, qq. 122, 406,报告人:查尔斯·普雷斯利,国内税务局主席。该法明确指出,在这种情况下,申诉是向特别专员提出的:5 & 6 Vict. c. 35 s. 131。

65 国内税务局对其申报表和通知的信心大为削弱。参见《国内税务局主管专员第十五次报告》,第213页;《国内税务局主管专员第十六次报告》,第686页。

别专员申诉的权利可能是所有申诉权中最不为人所知的。各类申诉裁判庭都普遍由"专员"负责，知道这一点无助于问题的解决。"专员云集"[66]让纳税人感到困惑，无法准确区分首席专员、附加专员、评定税专员、土地税专员以及国内税务局的主管专员。由于对特别专员普遍缺乏认知，以至于在19世纪多数纳税人不知道这个裁判庭的存在，更不用说了解它的具体职能。[67]因此，当1871年埃克塞特因所得税超额征收产生大规模抗议时，[68]当地纳税人完全不知道这个本可以解决它们不满的裁判庭的存在。直到1873年以后，当首次评定通知必须明确说明这一点时，纳税人才有机会接触到特别专员。[69]这种知识的缺乏一直持续到20世纪，[70]甚至在消息灵通的商人群体中也是如此，这导致整个19世纪特别专员的使用频率不高。即使在1863年，作为申诉机构的特别专员已经成立了二十年，他们在英格兰每年审理的案件数量仅大约150件。[71]

---

66 《议会辩论》第62卷，第3辑，第999栏，1842年4月22日（下议院），报告人：查尔斯·布勒。

67 参见C.斯特宾斯，《十九世纪所得税特别专员实现正义的途径》（Access to Justice before the Special Commissioners of Income Tax in the Nineteenth Century），载《英国税务评论》（2005年），第114页。

68 C.斯特宾斯，《十九世纪所得税法的通俗观念：一场地方税收叛乱》（Popular Perceptions of Income Tax Law in the Nineteenth Century: A Local Tax Rebellion），载《法律史杂志》（Journal of Legal History）（2001年）第22卷，第45页。

69 TNA: PRO IR 9/2, Form 64 (1873).

70 参见亚瑟·张伯伦的困惑，代表伯明翰商会：《所得税委员会部门的证据记录》，HCPP (1905) (2576) xliv 245, qq. 1950-3；另可参见《皇家所得税委员会的证据记录》，HCPP (1919) (288) xxiii, qq. 15,923, 16,032, 报告人：A. M. 布雷姆纳；qq. 19,854-5, 报告人：休特森·纳尔逊（Hewetson Nelson），会计师；门罗，《无法忍受的职权调查？关于税法的思考》，第78页。

71 关于任命针对财产税和所得税进行评定和审理申诉的特别专员人数的申报表，参见：HCPP (1863) (528) xxxi 607.

纳税人有权向地方所得税裁判庭以及特别专员提出申诉，官方通知中相关内容的规定存在不足。这种不足并未因纳税人具备文化知识、知道申诉机制的存在而得到缓解，即便了解申诉机制如何运转，其结果也不会有所改变。相对而言，消费税领域的消费税简易法庭和治安法官、土地税专员以及评定税专员的管辖权和程序是众所周知的，因为他们的审理都是公开的。纳税人透过正常的社会和商业交流就会熟悉它们的存在和程序。所得税领域内的情况完全不同。所有的地方所得税专员及其下属官员，以及中央政府的所有官员，都必须宣誓禁止披露其履职过程中收集的任何信息。这意味着纳税人无法获知专员的所得税案件报告。至少对普通专员而言，即使这些报告空洞无物，仅包括是否确认、减少或者增加评定税额的说明，[72]仍旧不允许公开发表，除非纳税人向普通法院提起上诉。同样，直至下个世纪末，特别专员也不会留存这些决定报告。只有在极少数的情况下，所得税专员的程序才会被公开。他们往往使用笼统的表述，不透露任何个人的细节信息，以便让纳税人群体了解和知情。例如，地方报纸以"重要决定：财产与所得税"为题，报道了德文郡的一次首席专员会议，许多纳税人要求增加所得税的部分扣除项目，而专员一致认为这是法律所不允许的。[73]虽然保密条款有效防止了有关个人申诉的新闻报道，但是当纳税人涉嫌任何形式的税务欺诈时，报道则不受限制。税务欺诈案件具有刑事诉讼的属性，地方报纸会刊载这些案件的详细信息，与破产法庭以及治安法庭的审理一

72　参见例如，TNA: PRO IR 86/3；1853—1866年金斯布里奇分部的所得税记录簿：TNA 3625Z/OA1-2。

73　《特雷曼的埃克塞特飞邮时报》，1843年2月9日。

样。[74]虽然没有直接涉及法律规定的申诉保障,其主要目的在于震慑逃税者,但是这种报道有助于提高当地对所得税征管的认知。同样,作为唯一不受保密宣誓约束的诉讼当事人,受害纳税人基于自身目的希望公开时,报纸可以报道这类税务诉讼,尽管这种情况非常罕见。例如,1856年《泰晤士报》报道了爱尔兰所得税专员的一次申诉审理会议,该案的申诉人是一名罗马天主教的牧师,他希望借机表达对教区内信徒自愿供奉的所得征税的强烈反对,并且反对英国政府对罗马天主教神职人员的普遍待遇。[75]宣传的缺乏不仅导致纳税人普遍不了解对纳税评定的申诉权利,而且意味着纳税人在申诉审理中对案件遵循的程序,以及在某些情况下对案件的实质内容都知之甚少。纳税人对偏私和任意裁决的质疑,加上流言蜚语和道听途说的刺激,导致普通纳税人没有信心预测申诉审理过程中专员的立场。案件申诉人对此感受颇深,1905年一位纳税人表示:

现在,法律的魅力一半在于,当一个人在法官面前争论时,可以援引之前发生的案例,让我们知道自己的处境。我们说,由于"这个案件已经在那里裁判过,那个案件已经在那里裁判过",所以你可以依据以前的判决适用。但是面对专员,我们不知道他们在过去三十个案件中做出了何种裁决。我们不知道他们豁免了布朗多少钱,拒绝了史密斯多少钱的申请,就因为布朗的举止更讨人喜欢,或者更有智慧。这就是所得税申诉人的不利地位,他不知道专员裁决

---

[74] 《特雷曼的埃克塞特飞邮时报》,1843年2月2日和1843年3月16日。

[75] 《泰晤士报》1856年10月10日,第7页e栏,以及1856年10月13日,第7页d栏。

的程序。[76]

二、上诉的提出

一旦纳税人意识到他们有权挑战地方评定专员的决定,纳税人申诉权的有效性就取决于启动申诉程序的难易程度。在这方面,税务裁判庭十分便捷。税法持续提供明确的指导,在所有税种中,这种与地方专员或者中央税务官员直接进行书面沟通的简单和相对非正式的程序也继续存在。因此,在D类报税单的所得税评定中,纳税人拿到的征税通知中会包括一个简短说明,即如果纳税人希望申诉,有权以书面方式向督察员提出。[77]只有当督察员忘记公布其通信地址时,就像肯辛顿丑闻那样,[78]申诉机制才会出现问题。这与普通法院的诉讼程序形成强烈对比。普通法院是一个烦琐而正式的诉讼过程,如果没有专业律师从旁协助,诉讼当事人难以独立完成。由于严格遵循形式和复杂且详细的规则,普通法院与衡平法院变得十分僵化。[79]查尔斯·狄更斯(Charles Dickens)在其多部作品中,尤其是1853年出版的《荒凉山庄》(*Bleak House*)一书中,突出强调了对诉讼程序的普遍看法。19世纪中叶,初步的诉讼程序改

---

76 《所得税委员会部门的证据记录》,*HCPP* (1905) (2576) xliv 245, q. 1940,报告人:亚瑟·张伯伦,治安法官;另可参见同上文献, q. 1953;《泰晤士报》1854年3月11日,第8页a栏。

77 TNA: PRO IR 9/2, Form 64 (1868).

78 参见上文第99页。

79 参见《普通法专员的第一次报告》,*HCPP* (1829) (46) ix;《普通法高等法院的程序、惯例和诉状制度调查专员的第一次报告》,*HCPP* (1851) (1389) xxii 567。参见律师协会,《普通法实务汇编》(*A Compendium of the Practice of the Common Law*)(London: R. Hastings, 1847)。

革启动,[80]并在1846年引入郡县法院系统,[81]人民对普通法院系统的改革呼声最终导致高等法院系统的全面重塑,并在1873—1875年《司法法》[82]中制定了统一的诉讼程序法。这对于实现亨利·布劳厄姆在四十年前呼吁的"平价正义、可及正义和及时正义"起到了巨大的推动作用。[83]然而,普通法院的诉讼程序仍旧缓慢,因为传票、背书、起诉状、诉讼请求、答辩、抗辩以及质询不仅充斥着复杂性和技术性,而且需要严格论证和证据标准,普遍缺乏灵活性。复杂的诉讼程序需要律师参与,律师介入又使得整个过程变得更加复杂,二者相互作用,彼此强化。因此,当1874年督察员和纳税人开始有权就所得税案件以案件要点陈述的方式向高等法院提起上诉时,[84]虽然这一举措受到普遍的欢迎,但是纳税人知道,这也会让他们面临巨大的潜在困难。启动高等法院尚在发展中的司法监督职能,同样困难重重。

---

80 2 Will. IV c. 39 (1832); 3 & 4 Will. IV c. 27 (1833); 15 & 16 Vict. c. 76 (1852); 17 & 18 Vict. c. 125 (1854). 参见 W. S. 霍尔兹沃斯(Holdsworth),《1834年希拉里任期辩护的新规则》(The New Rules of Pleading of the Hilary Term, 1834),载《剑桥法律杂志》(1923年)第1卷,第26页。鲍恩男爵(Baron Bowen),《维多利亚时期司法管理的进步》(Progress in the Administration of Justice during the Victorian Period),载《英美法律史选文》(Select Essays in Anglo-American Legal History),共3卷(Boston: Little, Brown & Co.),第1卷,第516—557页。

81 9 & 10 Vict. c. 95.

82 36 & 37 Vict. c. 66; 38 & 39 Vict. c. 77. 参见科尼什和克拉克,《1750—1950年的英国法律与社会》,第38—45页。

83 《议会辩论》第18卷,第3辑,第891栏,1833年6月17日(上议院)。1873年最高法院关于《司法法》的辩论中也提出了类似的论点,例如总检察长在《议会辩论》第216卷,第3辑,第643栏,1873年6月9日(下议院)。另可参见《议会辩论》第214卷,第3辑,第337栏,1873年2月13日(上议院)。

84 参见上文第137—139页。

三、费用因素

纳税人能否获得救济,费用因素是基本性和决定性的因素。显然,依据定义,管辖直接税的税务裁判庭并非为赤贫者服务:如果一个人要缴纳所得税,那就意味着他或她的收入超过了税法规定的免征额。纳税人购买奢侈商品缴纳的评定税,也表明其至少有能力负担这些奢侈品。因此,以商人和专业人士为代表的中产阶级和中下阶级,都会利用地方的非专业裁判庭。然而,如果申诉或者上诉的费用过高,绝大多数纳税人将无法或者不愿意挑战税务机关的决定。无论是在财政裁判庭还是在普通法院,诉讼费用的一部分均来自于裁判庭收费,但主要是委托律师的费用;其次,诉讼地点也会影响费用。

包括消费税裁判庭在内的所有财政裁判庭,在这些方面都不存在多大障碍。向它们申诉所涉及的费用"微不足道"。[85]当事人无需向裁判庭支付费用,尽管委托事务律师和出庭律师的费用可能很高,但这并不是一个普遍的问题。1842年法律仍然正式禁止事务律师和出庭律师出席所得税专员的庭审,[86]并且明确纳入了1880年《税收管理法》。[87]因此,当事人要么代表自己出庭,要么像从事经营活动的纳税人在特别专员出庭一样,由合伙人、董事或者公司职员代表其出庭。在其他税务裁判庭中,虽然允许诉讼代理人出庭,但是从来不作强制要求,而由于申诉程序的非正式性和简易性,也没有必要委托诉

---

85 《关于爱尔兰和苏格兰税收征收和管理的调查专员的第九次报告》,附录4,报告人:托马斯·卡尔,消费税律师。

86 以参引援用的方式并入1842年的法律之中:43 Geo. III c. 99 s. 26 (1803)。

87 43&44 Vict.c.19 s.57(9).

讼代理人。例如，在评定税和消费税裁判庭审理的案件中，如果纳税人愿意，可以由诉讼代理人代表，但是在实践中很少出现。这种强制性或者实际避免诉讼代理人的做法，并不是出于裁判庭的可及性或者纳税人的利益，而是源于公共政策的考虑。对于所得税这样的一般性税种，潜在的诉讼当事人成千上万，其不受欢迎的程度只会加剧申诉的倾向。律师参与到法律程序中，引入"精细的讨论和论证"，[88]这必然会增加诉讼程序的时长和复杂性。从政府的角度而言，原本裁决迅速的申诉程序一旦耽搁，就会影响到税收的有效征收和连贯性。

在所得税裁判庭中诉讼代理人被禁止出庭，尽管确保了大多数希望提出申诉的纳税人在经济上可以负担，但是它可能以另一种方式破坏裁判庭声称要为纳税人提供的保护。在普通法院，当事人的诉讼代理人被视为公平裁判的关键，被认为是最重要的保障之一。诉讼代理人可以确保证据得到彻底检视，通过严格专业的口头审查和交叉质证，正确认定重要的案件事实。可以说，这在非专业的税务裁判庭中更有必要，因为专员们的专业法律知识只能依赖他们的书记员。还有一个额外因素就是，纳税人与行政机关之间实力不平衡。很明显，当面对国内税务局的权力、权威和毋庸置疑的行政经验时，普通的纳税人需要尽可能地获得协助，以便将自己的案件正确且有效地提交给专员们。然而，当与政府的财政需求相抵触时，任何对纳税人保障的潜在破坏都无关紧要。

维多利亚时代的纳税人在这方面并不平静，公众对诉讼代理人的需求也很强烈。这种禁令已经被证明造成了一些困难，特别是对

88　*Collier v. Hicks* (1831) 2 B & Ad 663 at 670 *per* Lord Tenterden CJ.

女性申诉人、[89]英语水平有限的威尔士纳税人以及那些"完全无法应对精明的、对每一条制定法都了如指掌的税务督察员"的商人。[90]很明显,在申诉人的要求和专员们的同意下,允许事务律师和出庭律师出庭应诉的做法已经形成,而经验表明,诉讼代理人的介入也并未造成诉讼程序的拖延以及费用的变化。因此,改革迅速推进,并且在1898年赋予委托诉讼代理人的权利。[91]这也没有对地方主义保障措施造成影响,因为它在证据检验上的优势,可以抵消代理费用上的劣势。由于诉讼代理人不是强制性的,它并没有让裁判庭的准入门槛更高。此外,有证据表明,尽管对诉讼代理人存在需求,并且最终拥有了这项权利,但是很少有人使用它。在所得税以及评定税专员审理的案件中,大多数纳税人并未委托律师。在所得税问题上,当他们需要专业的代理人时,通常会指定一名会计师。这也许并不奇怪,他们只会在案涉金额巨大,一方当事人有能力也有意愿一直诉至最高法院,或者由于案件充斥技术性和复杂性而提交给特别专员的情况下,才会委托税务律师出庭。

诉讼代理人在税务裁判庭中要么被禁止,要么可以选择。如果纳税人向普通法院上诉,那就完全是另外一回事了。由于司法程序的正式性,纳税人必须寻求诉讼代理人的协助,而对税收这么复杂且相对新颖的案件,像布雷姆纳这样的税务律师屈指可数且收费高

---

89 参见爱德蒙·菲茨莫里斯勋爵(Lord Edmond Fitzmaurice)对新条款的介绍,《议会辩论》第59卷,第4辑,第128—129栏,1898年6月13日(下议院);《所得税委员会部门的证据记录》,*HCPP* (1905) (2576) xliv 245, q. 55,报告人:W. 盖勒(Gayler)。

90 《议会辩论》第26卷,第4辑,第749栏,1894年7月2日(下议院),报告人:约翰·罗伯特斯(John Roberts)。

91 61&62 Vict.c.10 s.16; 8&9 Geo.V c.40 s.137(3)(a) (1918); 13&14 Geo.V c.14 s.25 (1923)。

昂。如果把必要的诉讼费用包括在内，再加上纳税人的时间和精力成本、伦敦的住宿费用，以及万一败诉而判赔其他费用的可能，除了最富有的诉讼当事人之外，其他所有人都将无法实现向普通法院上诉的权利。事实上，税收上诉历经的阶段越多，保障措施就越加形同虚设，这并非毫无道理。尽管评定税通过案件要点陈述的方式提起上诉"轻而易举或花费很少，几乎不费吹灰之力"，[92]而且所得税的上诉也"相对便宜"，[93]但是这些都是相对的，诉讼费用导致大多数纳税人不愿意在法院向中央税务机关发起挑战。不可否认，双方的地位并不对等，这意味着面对国内税务局掌握的庞大资源，很少有纳税人可以媲美。在财政资金的支持下，国内税务局不仅可以负担得起最优秀的律师，它也将毫不犹豫地通过每一个可以利用的庭审来对抗不利于自己的裁决。昂贵的诉讼总是有利于较为富裕的一方当事人，而这将破坏地方税务裁判庭的一个基本目标，即维持纳税人和国家之间的平衡。立法者意识到了这一点，在19世纪时，每当有人建议在新税种中增加普通法院的上诉权时，相关的费用总是成为令人关切的问题。有人反对将财政法庭作为继承税的上诉法庭，因为它可能带来大量的费用。当最初有人提议，纳税人支付1894年新遗产税的全部应纳税款后，才可以对遗产估值提起上诉时，议会中出现了强烈的批评，理由是，这种做法加重了纳税人的费用负担，并且导致上诉保障机制无法发挥作用。

四、位置因素

影响救济费用和可及性的另一个重要因素是，纳税人向裁判庭

---

92 《国内税务局主管专员第六次报告》，第346—347页。
93 《国内税务局主管专员第十七次报告》，第712页。

或者法院提起诉讼所面对的空间距离。尽管在19世纪30年代，受益于上个世纪道路交通建设的优化，对人民而言，出行比起以往任何时候都更便利，但是也绝非易事。马车是富人专属的交通工具，对于大多数人来说，出行仍然依赖于骑马或步行。这种出行方式会受到天气等因素的限制，带来个人的实际困难。出行的距离越远，纳税人耽误生意的时间也就越长，食宿费用也会越高。因此，税收申诉的审理地点是一个具有实际意义的问题。1833年，下议院获悉，9名农民不得不在集市日前往离家14英里的地方接受税务专员的审理，结果发现，没有证据能证明他们在无证狩猎。[94]事实上，诉讼当事人为了追讨小额债务，往往不得不长途跋涉。在某些情况下，奔走50英里，只是为了追讨不足40先令的债务，这是促成1846年设立郡县法院的因素之一。十九世纪三四十年代，当为了重塑土地权利而设立新的裁判庭时，人们清楚地意识到，在当地设立一个便利场所，把传唤证人的费用降至最低，这是非常重要的。向位于伦敦的高等法院提起上诉时，地点成为一个真正的问题。多来年，在首都进行司法诉讼给诉讼当事人带来的不便和费用问题，一直让普通法院饱受争议。当事人和他们的证人要前往伦敦，由于漫长的审判，他们可能要在那里停留很长一段时间，这导致许多诉讼的成本过高。在这方面，非专业税务裁判庭和治安法官都非常方便，它们在全国各地的分支机构开庭，一般来说，纳税人离案件审理人员不会太远。这种地理上高度的可及性意味着几乎没有人抱怨。

即使是构成所得税地方主义征管例外的所得税特别专员，在实际感受上也同样是容易接触的。虽然所得税特别专员的总部位于伦

---

94 《议会辩论》第17卷，第3辑，第799栏，1833年4月30日（下议院），报告人：威廉·科贝特（William Cobbett）。

敦，其职责却遍布全国各地，而且"出于便利纳税人的目的"，他们在全国范围内巡回审理，每年一至两次，每次约三到四周，专门审理申诉案件。在实践中，他们通常选择在主要城镇开庭，在1849年走访了英格兰地区的27个城镇，南至特鲁罗，北达纽卡斯尔。[95]在特别专员没有开庭的小城镇，地理上的不便因为铁路扩张而得到了一定程度的缓解，但更重要的是统一便士邮政（uniform penny post）的新特色，即所有信件依据重量计费，每盎司收取一便士的统一费用，不论距离远近。这是罗兰德·希尔（Rowland Hill）在维多利亚女王登基的第三年推出的，并且迅速被税务裁判庭采纳。鉴于邮政信函的快捷、可靠与低廉的价格，一些申诉案件的当事人无需亲自出席审理，案件就能够得到解决，大大减少了纳税人的潜在支出。[96]

在区域中心，申诉审理的具体地点通常也很方便。在19世纪，人们很少关注审理场所是否适当，也没有意识到需要平衡适合司法或准司法程序的正式性和避免申诉人受到惊吓的非正式性。地方税务专员通常在当地酒店、旅馆或咖啡厅开庭，或者使用治安法官的审判室。特别专员在他们自己位于伦敦的办公室内审理大多数申诉案件，外出巡回时，审理地点通常是在当地酒店或者督察员办公室内。对于纳税人而言，这些地点都十分便利。

在交通不便的区域，申诉审理的组织变得更加重要。当纳税人向距离较远的法院提起上诉或者被传唤出庭时，其不应该在长途跋

---

95 《所得税与财产税特别委员会的证据记录》，HCPP (1852) (354) ix 1, qq. 1068-71, 1106，报告人：詹姆斯·狄更斯（James Dickens），特别专员；《国内税务和关税机构特别委员会的证据记录》，HCPP (1863) (424) vi 303, q. 2511；《皇家所得税委员会的证据记录》，HCPP (1919) (288) xxiii, q. 13,730，报告人：G. F. 豪（Howe），首席特别专员。

96 TNA: PRO IR 86/2,《国内税务局记录》（Board Minute），1850年10月8日。

涉之后,发现他们的案件并不能及时开庭。这是关于爱尔兰消费税诉讼审理条款的辩论中的一个重要问题。在19世纪的大部分时间里,爱尔兰地区的交通仍然很不便。在整个19世纪,人们经常抱怨,首席专员总是在同一时间传唤申诉人,导致他们为了等候开庭,被迫在不舒服的环境下等待数小时。

第四节 专家建议

税法及其实务运作的复杂性和技术性不言而喻,纳税人需要寻求专家的建议和协助。这种建议的来源渠道很多,包括地方专员的书记员或其他下属官员、督察员、中央税务机关本身、法律专业人士和新兴的会计专业人士。有证据表明,整个19世纪,随着税收变得愈发复杂,纳税人发现自己完全无法独立处理自己的税务问题,越来越依靠这些专业人士提供的建议。当然,在维多利亚时代,纳税人的要求变得更高,他们主要是新兴中产阶级中的一员。中产阶级在国家生活中发挥着前所未有的权力和影响力,包括商人、银行家、律师、医生、神职人员、公务员和商店老板。作为一个阶级,他们自力更生,受过良好的教育,在经营层面十分精明,而且对自己和自己在国家中的政治经济地位拥有十足信心。

虽然每个地区的地方税务专员姓名都会在城市联络簿中公布,[97]

---

[97] 在埃克塞特,与大多数城市一样,所有非专业税收专员的姓名都被列入联络簿,参见《1835年贝斯利的埃克塞特联络簿》(*Besley's Exeter Directory for 1835*)(Exeter: Henry Besley, 1835),第9页;《家庭年鉴》(*Household Almanack*)(Exeter: William Pollard & Co., 1891),第19页。此外,从1869年起,有资格担任土地税专员的人员名单将在《伦敦宪报》(*London Gazette*)上公布:32 & 33 Vict. c. 64。

但是纳税人无法像普通法院的法官那样，直接向他们寻求建议。然而，地方专员的下属官员为纳税人所熟知，成为一个明确的信息和专业指导来源。书记员在税收实务方面不如督察员专业，而且缺乏国内税务局的支持，但他确实拥有相当大的优势，即通常站在纳税人一方，且与政府没有利益相关。纳税人经常前往书记员的办公室寻求填写纳税申报表的建议，对某项评定提出质疑，对法律条文的含义提出自己的看法，或者对如何申诉、如何申请退税进行咨询。由于一般民众不允许参加所得税专员的审理，书记员作为少数熟悉申诉内容和程序的人之一，经常回复有关如何进行申诉审理的问题。地方评税员也经常被要求提供建议。尽管他们缺乏充足的税务专业知识，但是他们身处税收征管的第一线，负责递送和收集纳税申报表。当纳税人在评定一开始就遇到困难时，不可避免地会上门向他们咨询。1920年皇家所得税委员会的会议上有人表示，对于大量贫困的纳税人而言，评税员是不可或缺的。[98]

随着19世纪督察员在税收征管过程中占据主导地位，他成为纳税人的主要咨询对象，[99]也是评税员、书记员以及地方专员的最终建议来源。因此，虽然书记员和督察员之间互相争夺纳税人专家意见提供者的角色，但是督察员才是公认的准确权威的建议和信息的来源。自重新引入所得税的第一天起，他就被视为这个领域的专家，不仅了解地方情况和税法，还同样了解国内税务局的政策和惯例。这些对税收征管至关重要的惯例，公众只能通过督察员这个渠道了解。

---

98 《皇家所得税委员会的证据记录》，HCPP (1919) (288) xxiii, q. 23,890；另可参见 q. 23,983, 报告人：兰德尔·霍尔姆，代表律师协会。

99 大卫·威廉姆斯，《1900—1914年的税务督察》(Surveying Taxes, 1900-14)，载《英国税务评论》(2005年)，第229页。

由于报酬不是以手续费方式支付的，督察员没有个人私心，没有理由不提供诚实的建议，也没有理由不让纳税人充分了解他们的选择。虽然督察员代表税务机关，负有保护政府利益的首要职责，但是部门内部存在一种传统的精神和期许，即官员应当秉持着公正、正直和熟练的态度行事。国内税务局主席在1862年说，督察员"总是充当顾问的角色"，并且随时准备回答纳税人的询问，[100]到1878年，国内税务局也推荐督察员作为解释或者信息的方便来源。[101]因此，当与督察员碰面时，督察员通常准备与纳税人讨论税收问题，并向他们提供法律方面的建议。尽管督察员的工作负担较重，但是纳税人的数量较少，让这种咨询具备实际可能性。纳税人是否亲自与督察员碰面，取决于督察员的个人性格和他在当地的社会印象。督察员的工作都在一定程度上与社会脱离，这是由于工作的性质和国内税务局坚持让他们在各地区之间不断轮换造成的。如果督察员被视为一个独立和公正的人，纳税人往往愿意与他沟通。如果他被看做"政府人员"，纳税人往往会依赖其他的建议来源。中央税务系统的官员针对其职权范围内的税收提供建议。例如，在印花税领域，如果纳税人存在简单的疑问，他们通常会去当地的印花税局咨询，尽管印花税经销商没有提供建议的义务，而且往往不具备充足的知识来提供建议。因此，在这种情况下，主要是一个运气问题。大城市的纳税人可以获得更多的技术性咨询，当他们遇到有关印花税的复杂问题时，可以致电

---

100 《国内税务和关税机构特别委员会的证据记录》，HCPP (1862) (370) xii 131, q. 504，报告人：查尔斯·布莱斯利。

101 《国内税务局主管专员第二十次报告》，HCPP (1878) (1896) xxvi 593，第646页。督察员有时会通过当地报纸提供一般性建议，比如1843年埃克塞特督察员刊发了一封信，在信中他仔细阐释了所得税申诉程序的性质，参见《特雷曼的埃克塞特飞邮时报》，1843年1月12日和1843年1月19日。

位于萨默塞特宫（Somerset House）的国内税务局总部。遗产和继承税的审计长查尔斯·特雷弗是公众强烈反对的对象，对此他深表遗憾，[102]不过他一再表示，他的办公室就"如同警局办公室一样向公众开放"，可以为任何愿意前往的纳税人提供咨询。[103]此外，国内税务局的官员在地理分布方面也十分方便。虽然中央税务局不喜欢税收征管的地方主义，但是他们并不反对权力下放。为了帮助公众并且提高自身的内部效率，国内税务局不仅确保其分支机构的办公室遍布全国各地，在所有主要城镇均派驻一名官员，而且这些机构还尽可能地分布在一起。[104]只有在爱尔兰，由于地域面积较大，督察员通常驻扎在都柏林，有记录显示在交通方面存在着困难，纳税人不得不乘坐长途火车来讨论其评定结果。[105]

然而，在向纳税人提供咨询时，国内税务局可能会发挥积极的作用，保护纳税人的基本权利不受外部因素的侵犯，例如税法的复杂性和模糊性，或者地方税务官员缺乏经验或知识。在19世纪，纳税人甚至可以直接向中央税务机关提出咨询，由于消费税的重要性、法律上的复杂性以及消费税局在征管中的核心地位，这种做法在消费税领域尤为普遍。然而，消费税局被认为是不合格的，因为19世纪30年代的官方调查显示，消费税局和商人之间几乎完全缺乏沟通，

---

102 参见《泰晤士报》1864年8月4日，第6页b栏；1864年8月5日，第4页d栏；1864年8月13日，第7页e栏；1864年8月13日，第8页d栏；1864年8月16日，第5页f栏；《国内税务局主管专员第十次报告》，*HCPP* (1866) (3724) xxvi 131，第148—162页。

103 《国内税务和关税机构特别委员会的证据记录》，*HCPP* (1862) (370) xii 131, qq. 2155, 2244, 2283-5。

104 《国内税务局主管专员第一次报告》，第116页。

105 《皇家所得税委员会的证据记录》，*HCPP* (1919) (288) xxiii, q. 13,740，报告人：G. F. 豪。

而且普遍存在着一种根深蒂固的隔阂。消费税局对于常见的技术性问题，往往置之不理或者迟迟不作答复。1835年，一名造纸商人抱怨称，"我们从来没有听过他们的消息；我们也从来没有得到过直接的答复；他们视而不见"。[106]在很多情况下，信件甚至不被承认，因此商人们不知道消费税局是否已经收到他们的信件。[107]此外，即使消费税局做出了回应，它也拒绝提供完整的书面答复和理由，而是仅通过官员口头传达一个决定。虽然这样做有助于节约时间成本，并且确保在未来的交涉或诉讼中不会留下对消费税局不利的书面证据，但是这往往会让商人不敢确定这个决定的正确性或所涉范围。[108]因此，即使纳税人在某种程度上受到伤害，并且对此感受"最深"，[109]他们也不愿意向消费税局请愿。1835年，消费税调查专员对消费税局的严厉批评产生了良好效果，[110]据说到1862年，商人提出的咨询不仅得到直接答复，而且还在不断发展，咨询数量也在大量增长。[111]在维多利亚时代初期，鉴于消费税法的复杂性和惩罚性，消费税局的态度尤其让纳税人反感。但是更为重要的是，消费税局与关税、印花税和其他税务机关的做法形成了鲜明的对比。国内税务局

---

106 《消费税机构调查专员第十四次报告（纸张）》，第285页，报告人：约翰·盖特（John Gater）。

107 《调查专员第十七次报告（肥皂）》（Seventeenth Report of the Commissioners of Inquiry [Soap]），HCPP (1836) (20) xxvi，第94页，附录51，报告人：威廉·霍伊斯（William Hawes）；《消费税机构调查专员第十四次报告（纸张）》，第182页。

108 参见例如科克主要酿酒商在《消费税机构调查专员第七次报告（英国烈酒第1部分）》中的观点，HCPP (1834) (7) xxv 1，第179页。

109 《消费税机构调查专员第十四次报告（纸张）》，第182页。

110 同上。

111 《国内税务和关税机构特别委员会的证据记录》，HCPP (1862) (370) xii 131, qq. 1341, 1658，报告人：托马斯·多布森，国内税务局首席秘书。

非常方便让纳税人接触,它的大部分日常业务都与个人申请的纳税评定事项有关。国内税务局的会议记录中不乏各类纳税人就该局负责的所有税种提出的小问题,这些问题都逐一得到耐心和礼貌的回复。他们甚至更进一步,可以应纳税人要求亲自会见他们。[112] 在所得税恢复征收后的二十年里,这类咨询的数量大大增加。

纳税人可以向自己的事务律师寻求税务专业领域之外的建议。虽然这些律师的工作通常以财产转让为主,[113] 但是不可避免地会触及税收问题。在19世纪的大部分时间里,即使不是律师的主营业务,税收问题也是十分普遍的,律师因此必须了解印花税、土地税[114]以及遗产继承税。1874年,当所得税进入判例法时代后,事务律师和出庭律师获得一片巨大的蓝海,开始拓展这一业务版块。[115] 无论其有意与否,以正式和合法的方式解释税法,让事务律师成为税法解释中不可或缺的重要角色,[116] 尽管他们和议员、法官以及纳税人一样,也

---

112 《国内税务局记录》,1849年1月22日,TNA: PRO: IR 31/141。

113 阿夫纳·奥夫(Avner Offer),《1870—1914年财产与政治:英国的土地所有权、法律意识形态与城市发展》(*Property and Politics, 1870-1914: Landownership, Law Ideology and Urban Development in England*)(Cambridge University Press, 1981),第11—20页、第31—32页。

114 1843年,埃克塞特实现了土地税评定的均等化,受益于该措施的教区资金,用以支付律师的费用,律师曾为他们提供专业的建议,并向他们赠送了一个50几尼的钱包,参见《特雷曼的埃克塞特飞邮时报》,1843年4月13日。

115 R. 科克斯,《维多利亚时代的大律师、法官和税收:法律工作扩展研究》,载G. R. 鲁宾和大卫·苏格曼主编,《法律、经济与社会,1750—1914年:英国法律史论文》,第445—446页。参见大卫·苏格曼,《简单的图像和复杂的现实:英国律师与商业和政治的关系,1750—1950年》(Simple Images and Complex Realities: English Lawyers and their Relationship to Business and Politics, 1750-1950),载《法律与历史评论》(*Law and History Review*)(1993年)第11卷,第277页。

116 科克斯,《维多利亚时代的大律师》,第449—451页。科克斯教授得出结论,19世纪末的法官和律师没有完全一致的身份去形成这一深思熟虑的政策。

经常被税法问题和难以理解的立法所困扰。[117]此外，事务律师无法了解中央税务机关的官方惯例，也没有机会了解他们对税法的行政解释，然而这一点对客户提供咨询而言至关重要。律师们经常不得不咨询当地的评税员，因为他们拥有详细的地方知识而且容易找到。律师还认为评税员在争议个案中处于相对独立的地位，因为他不像督察员代表着国内税务局那样代表着纳税人。在维多利亚时代末期，事务律师的税收业务大大增加，部分归因于较高的免税额，让纳税人有权申请退税。作为一个机构，法律界也开始帮助纳税人，新设立的联合法律协会会向议会反映税法存在的具体问题。维多利亚时代的纳税人也可以求助于新兴的会计专业人士。在整个维多利亚时代，会计师无法取代律师的税务顾问地位，但是在第一次世界大战之后，当税率提高以及纳税人数量持续增长时，会计师开始承担更多的税收业务，尤其是在商业经营领域。[118]他的技术性知识和对税务实践的理解，足以与督察员相媲美，[119]并且远远超越律师。[120]因此，当底层的纳税人还在依赖评税员、书记员以及督察员提供咨询时，富有的商人和公司已经开始委托会计师为其提供建议，并让其直接与督察员进行谈判，以求达成和解。1919年一名律师观察到，会计师及其客户"在处理业务方面游刃有余"。[121]

---

117 《国内税务和关税机构特别委员会的证据记录》，HCPP (1863) (424) vi 303, q. 427，报告人：克里斯托弗·布舍尔，葡萄酒和烈酒商人。参见约翰·普雷布尔，《为何税法难以理解》，载《英国税务评论》(1994年)，第380页。

118 温·格里菲斯，《百年：1849—1949年的国内税务局》，第40—41页。

119 参见马丁·唐顿，《信任利维坦：英国的税收政治学(1799—1914)》，第200—204页。

120 《皇家所得税委员会的证据记录》，HCPP (1919) (288) xxiii, qq. 15，第992—994页，报告人：A. M. 布雷姆纳。

121 同上文献，q. 23,890，报告人：兰德尔·霍尔姆。

在20世纪,会计师将在税收领域牢牢确立自己的地位,不仅在税收行政征管阶段,在地方专员申诉程序中也成为首选的专家代表。[122]

最后,纳税人可以向互助组织寻求建议。在19世纪初,这些组织往往通过施压团体的形式,争取推动税法的改革,以减轻特定纳税人群体的负担。利物浦财政改革协会就是其中的典型代表,该协会在1849年领导了一场抗议活动,反对贸易和工业领域关税与消费税的负担。[123]利物浦财政改革协会的会员资格向全民开放,每年支付5先令的会费。会员支付10先令后,就可以获得该协会的出版物,其中直接涉及一些税收问题。不过,所得税纳税人协会才是当时最重要的互助团体,尽管它是在维多利亚时代结束后才出现的。它在二十世纪二三十年代积极开展各项活动,以改善普通纳税人的境况。所得税纳税人协会拥有一个专业团队,协助所有需要咨询所得税问题的纳税人,无论是穷人还是富人,并且就所得税议题游说议员。[124]

第五节 小结

到19世纪,人们对可及性问题的意识有所提高,认识到法律应该通俗易懂,昂贵的正义不是正义,但是相对而言,这方面的改进很

---

122 大卫·斯托福斯,《1920年之前的汇算清缴与避税》,载《英国税务评论》(1990年),第225页、第242—244页。

123 利物浦财政改革协会(Liverpool Financial Reform Association)、《利物浦财政改革协会理事会向英国纳税人的致辞》(Address of the Council of the Liverpool Financial Reform Association to the Tax-Payers of the United Kingdom)(London: printed at office of The Standard of Freedom, 1849)。

124 《泰晤士报》1926年7月23日,第11页c栏。

有限。税法的固有性质，以及政府在解决困难和潜在税源流失问题时存在的惰性，意味着获取主要税法渊源的困难没有得到实质性缓解，[125]简化纳税申报表更是完全失败。作为一个知识和理解层面的问题，仅仅通过中央税务系统的机构提供咨询建议，公众的信息获取途径在19世纪获得了些许改善。借助于19世纪50年代对法院程序的普遍改革和19世纪70年代对法院本身的重大组织改革，诉诸普通法院的机会得到了改善。由于这些改革没有区分税收和其他领域，纳税人可以从这些更便利、费用更低的上诉中受益。不过，诉讼代理人的费用问题并没有被触及。虽然引入案件要点陈述的上诉模式加强了上诉保障，但是这种保障却因技术性负担和随之而来的费用问题被削弱。对纳税人而言，普通法院系统其他方面的缺点无关紧要，他们受益于各类财政裁判庭提供的高度便利的基层申诉系统。无论是否存在不足，这条渠道无疑是廉价、迅速和完全非正式的。从实际情况来看，在绝大多数情况下，纳税人都不需要进一步提起上诉。可见，当时对保障机制实现渠道的优化很零碎，在许多情况下会被随之而来的缺陷所掩盖。

保障措施的可及性代表着法律与纳税人的关系，揭示了行政机关对其自身职能和纳税人地位的看法。可以看出，保障措施的实现渠道和保障机制本身一样，都受到行政机关的控制。中央税务机关在税法改革、合并和简化时的谨慎态度，是由于担心财政程序受到干扰和破坏。这也是19世纪公务员制度封闭僵化和组织严密的结果，[126]它让自己在某种程度上脱离了时代背景，对纳税人的需求和愿

---

125 参见曼彻斯特，《现代法律史》，第32页。
126 参见唐顿，《信任利维坦》，第180—223页。另可参见《泰晤士报》1866年10月17日，第10页c栏。

望缺乏敏感性。国内税务局对税收法律、实务和制度的精通加剧了这种情况,他们更难理解纳税人在这方面遇到的问题。事实上,税务官员对立法的熟悉往往让他们低估了立法的难度,[127]例如,1862年国内税务局主席在谈到所得税时说,"它非常简单,理解它不存在任何困难。"[128]许多观察家也想知道,税收是否故意保持这种晦涩难懂的状态,以防止纳税人和议员掌握。[129]无论情况到底如何,中央税务机关在这方面独占鳌头。由于担心会因此遭受不利后果,所以它们不愿意公布自己的内部规章制度和执行法律的惯例。最重要的是,从所得税特别专员可知,官方对纳税人法律保障便利性的态度令人不安。在宣传这些保障措施时,国内税务局存在着惰性。这是因为他们意识到,让纳税人有权向费用低廉、运行高效的裁判庭申诉,并通过一些案例在公众心目中予以证实,这对公共财政具有实际价值,因为它会促进纳税遵从。从这个角度而言,这套机制的实际使用并没有多大必要。事实上,广泛宣传之后,任何大规模利用都可能导致诉讼数量的增加,导致拖延财政程序。过多的申诉,就如同过多的知识,可能会阻碍公共收入的征收。因此,通过有限宣传限缩裁判庭的可及性,这无异于代表着国内税务局的控制。由于缺乏实际动机,有证据表明,国内税务局在宣传裁判庭申诉机制时仅仅只是口头承诺,很少付诸实际行动;而其对裁判庭机制利用不足的持续关心,则

---

127 《皇家所得税委员会的证据记录》,HCPP (1919) (288) xxiii, q. 15,992,报告人:A. M. 布雷姆纳。

128 《国内税务和关税机构特别委员会的证据记录》,HCPP (1862) (370) xii 131, q. 500,报告人:查尔斯·布莱斯利。

129 参见例如,TNA: PRO IR 40/5274,《所得税编纂委员会法案备忘录(1937—1947年)》。

显得有些虚情假意。[130]在提供咨询方面，国内税务局虽然做的越来越多，但是它们也只是按照自己的标准行事。在促进税收程序遵从的情况下，它们才会提供咨询服务。因此，中央税务机关会尽可能地将税收立法、实务和法律程序牢牢掌控在自己手中。只有消息灵通、精力旺盛和善于表达的纳税人，才能够对付这个体系；对于绝大多数人来说，他们没有什么选择的余地，只能毫不怀疑地接受中央税务机关的观点和决定。

---

130 《国内税务局主管专员第一次报告》，第96页。1868—1869年，根据D类报税单进行评定的38万人中，有近2400人接受了特别评定，参见《国内税务局主管专员第十三次报告》，第328页。

第六章 纳税人、宪法与同意权

第一节 维多利亚时代纳税人的法律保障

177　19世纪,一系列因素结合起来,迫使人们重新评估纳税人和法律之间的传统关系,包括财政政策和文化的变迁、意识形态的转变、国家财富的迅速积累、工商业的复杂化,以及由此产生的务实要求和政治需求。英国法律始终承认国家和纳税人关系中固有的不平等,并通过立法,尽可能地让他们在法律面前处于平等的地位,以确保纳税人免受非法课税的威胁。法律通过赋予纳税人额外的、特殊的保护来实现这一目的,这种保护主要体现在,将征税的法定权力建立在纳税人同意的基础之上,并将税收征管的法定权力掌握在纳税人自己的代表手中。人们看到,在1914年第一次世界大战开始时,当世界为捍卫其基本自由而进行更加激烈的斗争时,这三项保障措施已经遭到严重的削弱,而这些由法律建构起来的保障措施曾经是17世纪英国内战的捍卫对象。人们认为,这些保障措施已经过时而且具有很强的限制性,[1]阻碍了中央政府有效课征公共税收以及实施

---

[1] 参见例如罗伯特·科利,《维多利亚时代中期的雇员与税务人员:1860年国家收集信息的研究》,载《牛津法学研究杂志》(2001年)第21卷,第593页。

更广泛的政策，这个结果是难以接受的。这种认识即使不是基于意识形态，也是出于实用主义目的。税收不再是由纳税人的代表在议会中经过充分辩论和审查后，由他们在地方上独立于政府的非专业代表们负责征管。根据1911年《议会法》，课税完全成为下议院的特权，下议院的意志正式凌驾于上议院的权力之上，上议院事实上已经完全退出财税立法。此外，依据1913年《临时征税法》，下议院在法律层面有权只通过议会的决议课税，尽管这是暂时性的。现在，直接税的征管类似于间接税，因为地方专员及其工作人员不再承担全部的职责，很多职责已经被转嫁给其他的机构。司法领域成为纳税人法律保护削弱的一个显著例外。司法保障不仅得到维持，而且进一步强化，这主要是源于司法界的自身利益以及强有力的政治独立性。然而，总体而言，法律赋予纳税人的法律保障已经大为衰减。

除了保障措施本身遭受侵蚀外，对纳税人而言，它被侵蚀的方式和手段是更为重要的东西。法律保障的力量在于，法律规定税收的征收和管理由独立于行政机关的机构承担。在维多利亚时代末期，这种独立性被正式或者潜在地削弱了。正是由于行政机关渗透到传统的法律保障措施中，侵蚀着寻求独立的地方机构，导致这些保障措施在1914年比起维多利亚时代初期就算没有失效，也要弱得多。行政机关拥有的强大权力是税法特性的产物，是日益成熟发展的官僚机构的要求，也归因于税收征管领域中央主义和地方主义之间不可避免的矛盾。尽管实践中这种权力可能是必不可少的，但它的存在本身就破坏了纳税人的法律保障。

虽然从法学理论上而言，中央税务机关的权力和监督管理税收的义务不会影响纳税人只服从议会征税的基本权利，但是在维多利亚时代结束之时，它们的权力和权威倾轧着纳税人。尽管人们决心确保由民主选举的下议院掌握财政税收的控制权，而非上议院或者行政机关，这个情况仍然是事实。法律领域的其他因素也会导致行政机关对纳税人法律保障的破坏，这些因素并不显著，在法律和传统类型的某些僵化分类面前已经变得很隐晦，不一定立足于税收实体法或者程序性规则。尤其重要的是，无论是物质条件层面，还是知识理解层面，税法实体性和程序性规则的获取渠道都格外狭窄，行政机关在税收征管中实施的内部准法律规范和惯例会不可避免地占据主导地位。行政机关对保障措施获取渠道的选择性惰性强化了它的主导地位。对于只有他们能理解的法律、所控制的行政管理措施和所主导的机构场所，只有满足他们自己设定的条件，中央税务机关才会开放便利的获取渠道。从19世纪中期开始，中央税务机关开始控制所有税收的征管。像其他行政机关一样，与普通纳税人相比，它们拥有的资源和专业知识处于相当强势的地位。此外，他们管理公共税收的法定职责、所拥有的广泛权力、官僚体制以及内部规范和惯例的自然发展、强大的抱团文化以及有效控制的缺乏，都无情地强化了中央税务机关的地位和权力。当纳税人不满中央税务机关的税收征管时，由于缺乏既定的投诉程序，他们在行政机关的支配下显得更加脆弱。至于行政监察专员（Ombudsman）、税务仲裁员和人权立法等保障措施，都不存在于那个时代。纳税人可以就评定结果向各个专员机构提出申诉，有时也可以向法院提起上诉，但是对于管理不善、做出错误决定、处理税务问题时拖延不办，或者中央税务机关渎职的情况，纳税人没有任何正式的救济措施，只能祈求他们的恩惠，以获得补正或补偿。即便由于法律错误导致税款溢缴，纳税人也无能为力。他们只能向中央税务机关、财政部以及议会请愿，以表达不满。[2]最后，虽然在法律和宪法层面，国家司法权由普通法院的法官掌握，但是在这个领域，行政机关也可以发挥其影响力。由于税务裁决可以合理地视为纳税评定行政程序的一环，它仍然受到行政机关的控制，到了维多利亚时代末期，普通法院几乎无法控制它。

纳税人的传统法律保障已经丧失基本的独立性，在许多情况下沦为官僚机构的工具，纳税人无法摆脱对公务员的依赖，尽管他们作为专家和负责的正直官员，不会对英国税收的基本宪法规则漠不关心。[3]虽然税务机关将自己视为"税收的守护者"，[4]但在纳税人看来，之前法律在他们和无限强大的国家利益之间达成的微妙平衡已经被打破，天平开始向政府倾斜，损害了宪法规定的纳税人基本保障。过去为限制行政机关的征税权而进行的斗争，在现在看来都是徒劳的。税收变得日渐专业化和官僚化。行政机关破坏了法律对纳税人的保障，并且占据主导地位，而法律似乎既无能为力，又无动于衷。

我们已经看到，日益占据主导地位的行政机关主要通过非正式方式侵蚀纳税人的法律保障，因此一般不会在立法中得到体现。在这方面，理论层面的法律地位和实践层面的法律适用之间存在着明显错位。19世纪末，《权利法案》中关于税收只能由议会课征的规定在理论上仍旧完全有效。向纳税人课征的每一笔税款都必须规定在议会正当通过的法律中。然而，由于下议院对上议院的影响越来越大，而行政机关支配着下议院，这一规定在实践中遭到破坏。在法律层面，《权利法案》中提及的议会由下议院、上议院和王室组成，而议

---

2 参见诺曼·切斯特爵士，《1780—1870年英国行政体系》，第112页。
3 参见门罗，《危机中的宪法》，载《英国税务评论》(1969年)，第24页。
4 《国内税务局主管专员第二次报告》，第497页。

会的征税同意权是不可逾越的。然而在实践中，下议院极力维持其在税收领域的传统支配地位，将上议院排除在外。当然，这一做法最终在1911年《议会法》中获得法定确认，从此不再是一个有待辩论的问题。同样清楚的是，行政机关对下议院的传统支配没有体现在立法中，而正是在这一点上，议会同意的基本保障在19世纪遭受到了最严重的现实侵蚀。这一发展过程是碎步缓进的，最终在1913年授权议会可以通过决议合法课税，尽管决议的效力是暂时性的，但无疑增强了政府的权力。

但是在此之前，更加潜在的破坏行动就已经出现了，尤其是政党制度的发展和普通议员（private member）影响力的削弱，以及由于引入程序性限制而造成议会辩论时长的限缩。此外，由于大量议员无法完全理解税法的主体内容，下议院否决或者修改政府税收提案的权力变得几乎毫无价值。议会面临越来越大的时间压力，加上越来越多的技术性立法，导致税法超出了普通议员理解能力的范围。行政机关由此在这方面占据主导地位，它可以依据自己的政策进行立法构思和起草，所以比普通议员更熟悉和了解其中的细节。尽管议会辩论在时长和质量上都受到限制，但还是必然会发生一些辩论，在某种程度上，政府也可以为其税收提案负责。此外，行政机关既不能通过规章课税，也不能尝试以其他的名义课税。最终的结果是，虽然法律明文规定，只有在议会同意的情况下才能课税，但在实际应用和发展的过程中却演变成，议会同意只是对行政机关意愿的形式同意。因此，作为一种纳税人保障措施，尽管议会同意拥有崇高的法律地位，但在实践中的成效却大打折扣。

在19世纪现代财政和法律制度的形成时期，纳税人保障措施在实践层面遭到破坏，但是没有反映在正式的法律中，法律与实践之间

第六章 纳税人、宪法与同意权

出现了错位，同样的错位在纳税人保护占主导的法律保障措施中表现得格外显著。由纳税人在当地的同侪管理直接税，特别是所得税，这是他们的权利。法律继续明确规定，相关税收由地方的非专业专员负责征管，行政官员仅仅行使监督权，但在实践中却无法达到理论层面的要求，在维多利亚时代末期，甚至已经名存实亡。非专业专员的职责几乎完全交由行政官员来完成，他们的职权也沦为一种形式。与议会的形式同意一样，这种削弱一部分获得了法律层面的承认，但在大多数情况下，非正式做法导致地方专员职权的削弱和督察员地位的提高，以至于督察员被称为所得税征管中的"关键人物"。[5] 丧失了对纳税评定有效且独立的审查，无法在纳税人和国家之间发挥缓冲作用，对维多利亚时代的纳税人而言，意味着法律保障已经失去了效用。他们认识到，这是官僚体制控制的显著延伸，以牺牲地方控制为代价。[6] 纳税人受到行政机关的摆布，虽然大多数情况下，政府官员不仅是专家，而且品行端正，但是他们并不独立。如果地方专员们认真负责、知识渊博，他仍然可以作为一种保障措施，但这已经越来越不可能了。1920年，皇家所得税委员会承认理论和实践之间存在错位，但它也主张，如果没有这种错位，所得税征管机制将陷入"令人绝望的不适应"。[7]

---

5 《皇家所得税委员会报告》，HCPP (1920) (615) xviii 97，第375段。
6 《议会辩论》第76卷，第5辑，第1118栏，1915年12月6日（下议院），报告人：乔治·巴恩斯。另可参见《泰晤士报》1915年10月25日，第9页e栏，以及1915年10月26日，第10页b栏。
7 《皇家所得税委员会报告》，第331段。

231

第二节　人民支持变革

维多利亚时代的纳税人与时俱进，普遍具有探索精神、思想开放、乐于接受变革。彼时，许多人对艺术、文学、历史、科学、医学以及自然界表现出强烈的好奇心，这种好奇心延伸到政府、社会以及法律机构等更现实的领域，其中就包括税收。维多利亚时代见证了法律概念和法律手段的提出、检视、改革、完善、发展以及适应，在当时生机勃勃的英国社会中充分发挥作用。因此，在一个由社会和政治调查、辩论和改革文化主导的时代，在一个充斥着新思想和新观点的时代，纳税人清楚地知道，他们与法律之间的传统保障关系可能需要进行重新评估和适当改革，以适应一个充满活力的新兴商业社会。许多纳税人意识到了保障措施的缺陷，无论是个人经验、朋友和同事的经验，还是报纸刊载的读者来信、越来越多讨论当代生活问题的期刊，以及重要的是，19世纪针对税收制度的各个方面定期进行的大量详细调查，都向纳税人揭示了这些缺陷。商会和专业组织在税收问题的宣传上也积极发挥了自己的功能。随着人们认识到法律保障措施存在着弱点，纳税人可能会接受对保障措施进行一些调整。事实上，这方面确实获得了一些支持。

因此，维多利亚时代的纳税人意识到，在税法制定过程中，议会程序存在着缺陷。他们知道，严格意义上的保障措施包括下议院和上议院的同意，但他们看到了上议院在课税过程中发挥太大作用的危险性。事实上，为解决这一担忧，宪法通过限制上议院在这方面的权力，让下议院成为唯一的代议制机构，并且在税收领域拥有最高地

第六章　纳税人、宪法与同意权

位。剥夺上议院在税收领域的全部职权与此一脉相承,强化了代议制机构的征税权。因此,当1860年上议院否决纸张税法案时,多数纳税人对此表示反对,因为人民的普遍共识是,上议院已经超越了其权力范围;下议院应当坚定支持的保障措施是,税收必须经过纳税人代表的同意。一位议员就此事会见其选民后警告议会,认为这种行为可能会挑起和煽动"危险分子"。[8]全国各地爆发抗议集会活动,形成大量的请愿书。在伦敦举行的一场抗议集会中,汇集了来自英格兰50个主要城镇的代表,[9]伯明翰举行的另一场抗议集会吸引了约200人参与。[10]这些活动通过张贴布告进行宣传,打出诸如"上议院要管理属于国家和人民的财政吗?"等标语。[11]激进的自由党人约翰·布莱特指出,即便下议院在税收议题上无法充分代表人民意愿,议员也有权以其选民的名义抗议政府可能施行的任何不公正行为。上议院未经选举产生,也缺乏人民的代表。布莱特问道:"如果一个不负责任、未经选举产生的世袭制议会可以不受制约地从这个国家勤劳人民的口袋中窃取财富,英国的自由会变成什么样?"[12]人们意识到这是一个远远超出税收范畴的问题,并且对代议制政府的作用和上议院的根基提出了严肃质疑。一位议员预言,如果上议院对国家财政拥有控制权,"我们是否还需要用民主选举取代世袭贵族制度,这可能成为一个重要的问题"。[13]在一次伦敦的公开集会

8　《议会辩论》第159卷,第3辑,第1416栏,1860年7月5日(下议院),报告人:威廉·科宁汉姆(William Coningham)。

9　同上文献,第2079栏,1860年7月17日,报告人:费莫勋爵(Lord Fermoy)。

10　《泰晤士报》1860年5月18日,第8页b栏。

11　《泰晤士报》1860年5月16日,第12页b栏。

12　同上。

13　《议会辩论》第159卷,第3辑,第1808栏,1860年7月12日(下议院),报告人:约翰·特里劳尼爵士(Sir John Trelawny)。

上,其主席称,上议院是"一个明显反常的现象",并且指出,如果它要篡夺下议院的特权,"世袭制立法的时代也就快结束了"。[14]基于更广泛的政治理由,削弱上议院在议会保障中的作用得到了广泛支持。至于对议会保障的另一种削弱,即允许议会通过下议院决议征税,支持率则非常低。事实上,支持的群体仅限于当时的政府,在新旧法律的空白期内由于向纳税人所付股息不能合法在所得税前扣除而感到不便的银行家、经纪人和代理人,以及那些因此需要详细记录每一笔交易的银行家们。

同样,在维多利亚时代末期,纳税人已经更加成熟和苛刻,他们看到地方税收征管的法律框架已经不合时宜,并且意识到其中存在着很多缺陷。第一,他们对地方专员的任命方式持保留意见。[15]事实上,这种任命方式既不公开透明,也无法让人理解,[16]在1853年人们谴责称这无异于一场"骗局"。[17]有人支持采纳美国的评税员选举制度,以防止委任可能持有偏见的专员。[18]第二,很多纳税人越来越担忧地方专员的能力,他们缺乏责任感和一致性,尤其是缺乏对技术性知识和法律程序的了解。从事经营活动的纳税人清楚地意识到,在

---

14 《泰晤士报》1860年5月16日,第12页b栏。

15 关于督察员对地方税收征管的尖锐批评,参见《泰晤士报》1873年2月4日,第7页f栏。

16 《国内税务局主管专员第六次报告》,第342—343页。

17 《议会辩论》第127卷,第3辑,717栏,1853年5月27日(下议院),报告人:约翰·布莱特。另可参见《泰晤士报》1893年1月5日,第2页f栏。任命过程参见《国内税务局主管专员第十三次报告》,第308页。

18 《议会辩论》第127卷,第3辑,536栏,1853年5月23日(下议院),报告人:约翰·布莱克特(John Blackett);第717—718栏,1853年5月27日(下议院),报告人:约翰·布莱特;第126卷,第3辑,689—690栏,1853年4月28日(下议院),报告人:理查德·科布登(Richard Cobden)。

多数情况下，专员们的地方性知识在理论层面上是作出纳税评定的关键，但是这种地方性知识往往是从一些街头巷尾的传闻和他们生活方式的外在表现中收集到的有关纳税人收入的一般印象。所得税日益复杂，超出了地方专员所具备的智力和体力，这一点对纳税人而言是显而易见的。有人认为，地方专员提供着"粗糙的正义"。[19] 1905年，一位商人谴责他们"没有任何好处"。他说："他们几乎什么都没做，而且几乎什么都不懂。他们之中几乎没有人能够阅读运用复式记账法的账本。"[20] 人们普遍认为，一个无知的地方专员，凭借着其对事实问题的垄断权，以及对法律问题的决定权（直到1874年，在所得税领域这一决定权仍然是毋庸置疑的），可能严重损害纳税人接受准确纳税评定的权利。这是为了换取地方税收征管和非正式程序的保障而必须做出的牺牲，但是由于这一保障本身遭受侵蚀，对部分纳税人而言，这种代价似乎过高。第三，由于存在侵犯隐私和造成商业或社会偏见的危险，纳税人始终不希望向他们的邻居和同事披露自己的私人财务状况。这是由地方非专业专员管理带有职权调查性质的税收所固有的问题，在地理和社会层面，他们不可避免地和纳税人保持着必要联系。当纳税人怀疑裁决中存在偏见和恣意时，即使缺乏正当理由，也会破坏纳税人对地方行政系统的信任，而这套系统本来是为了保护他们免受不公平征税而建立的。缺乏信任导致纳税人不愿意参与这个过程，由此产生一系列的政治和财政后果。在这种情况下，获得非专业申诉救济的渠道遭到破坏，它提供的保

---

19 《皇家所得税委员会的证据记录》，*HCPP* (1919) (288) xxiii, qq. 4903, 4905, 4912。

20 《所得税委员会部门的证据记录》，*HCPP* (1905) (2576) xliv 245, qq. 1978，报告人：亚瑟·张伯伦，治安法官，代表伯明翰商会提出对所得税的看法。

障也受到削弱。然而，至少在理论层面，这样的披露也是纳税人为非专业人士参与纳税评定过程而必须付出的代价，这反过来也让评税程序与政府之间保持了距离。当看到政府官员根本没有保持独立性，纳税人并未获得多少安慰。一旦纳税人意识到他们没有从地方主义制度中受益，他们对信息披露的反感情绪就会一直持续下去。

因此，纳税人在一定程度上支持中央政府更多地参与税收征管，因为他们开始意识到，国内税务局长久以来对地方主义模式的种种批评是有道理的，督察员才是真正的税务专家，他熟知税收事务，比地方专员更有可能做出准确的纳税评定。这种积极的看法在其他方面也得到了支持。第一，维多利亚时代的公民对国家干预习以为常，对中央集权式税收征管的反感随之减少。例如，由中央负责征管消费税所引发的强烈不满在很大程度上已经减弱。第二，地方税收征管的现实局限性强化了这一点。地方主义仅限于直接税领域，而且主要是一种"英格兰现象"。它在爱尔兰地区并不存在，在苏格兰地区也在迅速弱化。苏格兰的纳税人总是更容易接受地方主义的削弱，他们甚至主动放弃大部分的地方税收征管权，进而选择中央征管，到1862年，承担评税工作的督察员引发的任何不满都可以迅速消解。1869年，国内税务局也注意到公众态度的这种转变。[21] 第三，虽然特别专员没有被广泛应用，但凡是尝试过的纳税人都发现这是一个优秀的裁判庭。[22] 尽管没有构成对地方主义制度的破坏，但他们无疑是行政机关权力在税收领域的延伸。政府部门的职责是指导和控制征税活动所必需的机制和系统，政府部门永久雇佣的特别专员

---

21 《国内税务局主管专员第十二次报告》，第635页。
22 《皇家所得税委员会的证据记录》，HCPP (1919) (288) xxiii, q. 8185, 报告人：H. 拉金－史密斯（Lakin-Smith），代表英国商业协会。

自然缺乏独立性，不过这在19世纪并不成问题，[23]事实上，他们反而备受赞誉。[24]最后，人们对披露私人财务信息的态度正在发生转变。纳税人越发觉得，督察员不仅是专家，而且非常谨慎，向他披露涉税信息好过向自己的同行披露。

第三节　纳税人保障遭受侵蚀的反对声浪

然而，针对法律保护性条款中的缺陷表示出惋惜，并不意味着他们支持对保障措施的侵蚀。相反，面对社会的不断变迁，对于是否有必要重新评估这些保障措施，虽然维多利亚时代的纳税人对此非常敏感，但是当他们看到在某些情况下，这相当于废除了保障措施时，他们往往也无法接受。他们希望重塑保障措施，以适应不断变化的时代环境，而不准备将其完全牺牲。

人民对于国家侵蚀个人权利的反对，并不限于税收领域。面对中央政府不断扩张的权力，19世纪英国社会和政治中充斥着关于个人权利的辩论，尤其是有关福利国家的起源问题。这些改革源于18世纪和19世纪初的工农业革命，涉及工业、公共卫生、矿业、教育以及扶贫等诸多领域，都在一定程度上削弱了个体的私权。大量的立法侵蚀了私人财产权，例如，法律规定，财产所有人有义务在高危机

23　直到后来，他们相互冲突的职能才引起人们的关注，参见同上文献，qq. 23,891, 23,898, 24,017, 报告人：兰德尔·霍尔姆，律师，代表律师协会。

24　同上文献，q. 8185, 报告人：H. 拉金-史密斯；q. 1853, 报告人：G. O. 帕森斯，所得税改革联盟秘书；q. 13,770, 报告人：D. M. 凯利，委员会成员；《皇家所得税委员会报告》，HCPP (1920) (615) xviii 97, 第359段；《部长权力委员会的报告》，HCPP (1931-2) (4060) xii 341, 第86—87页。

械周边设置围栏,并且采取其他措施保障工厂劳工的健康和安全,同时应当建立城市排水系统或者确保清洁水源的供应。在土地权利的重塑过程中,这种对私人财产权的侵蚀尤为明显,财产权利也被永久地重塑。[25]与其他所有财产权一样,强制应当是最后的手段,在可能的情况下,无论是什一税征收代偿金、[26]不动产权从公簿持有转向自由持有、[27]还是圈地运动,[28]最初至少都是自愿的。由于这些领域存在无法否认的显著弊端,本身就有待修正,因此多数改革都取得了成功,不过,所有这些改革措施都引发了人民的不满。[29]个人权利在其他领域同样受到侵蚀,但是主要表现在新颁布的心理健康和公共卫生立法中,尽管这些立法的性质更倾向于强制性。例如,法律规定,新生儿必须强制接种传染病疫苗,特别是天花疫苗。[30]这一改革遭到广泛的谴责,认为其损害了个人权利。同样,政府有权规定性工作者必须接受性病体检,这也是中央政府的权力直接干预个人自由的体现,[31]正如精神疾病立法一样,这使得中央政府对个人的人身和财产拥有广泛权力。[32]

---

[25] C. 斯特宾斯,《维多利亚时代英格兰的国家干预和私有财产权》(State Intervention and Private Property Rights in Victorian England),载阿拉斯泰尔·哈德森(Alastair Hudson)主编,《家庭法、人权和家庭的新视角》(*New Perspectives on Family Law, Human Rights and the Home*)(London: Cavendish Publishing, 2004),第217—237页。

[26] 6 & 7 Will. IV c.71(1836).

[27] 4 & 5 Vict. c. 35 (1841).

[28] 8 & 9 Vict. c. 118 (1845).

[29] 为实施公共卫生立法而设立的中央委员会引起了尤为强烈的反对。参见大卫·罗伯茨,《维多利亚时代英国福利国家的起源》,第70—85页。

[30] 16 & 17 Vict. c. 100 (1853).

[31] 27 & 28 Vict. 85 (1864); 29 & 30 Vict. c. 35 (1866); 32 & 33 Vict. c. 96 (1869).

[32] 16 & 17 Vict. c. 70 (1853); 16 & 17 Vict. c. 96 (1853); 16 & 17 Vict. c. 97 (1853).

第六章 纳税人、宪法与同意权

因此，在个人权利受到削弱的政治和立法大背景之下，加上敏感和抗议的文化环境，纳税人体验到自己的法律保障逐渐遭到侵蚀。虽然大多数纳税人反对上议院过度干预税收立法，认为此举会破坏以代议制为基础的议会同意，[33]因此希望上议院仅仅发挥有限的作用，但他们却不一定希望看到上议院在税收领域毫无话语权，因为这等于废除了一项保障措施。故此，1911年《议会法》虽然看似是一个合乎逻辑的结果，但对于大多数人来说，这一步走得太远了。议会同意的形式法律保障通过严格的议会程序规则实现，以确保税收法案在两院内经过连续、充分的辩论与审查。对部分纳税人而言，正式剥夺上议院参与税收立法的权力，相当于废除了税收立法中一个批判性分析和辩论的场所，破坏了议会程序的保障。还有人认为，上议院对财税法案的否决权，是约束下议院权力的重要机制，也只有上议院才能"阻止人民怒火的肆意蔓延"。[34]一些人认为，随着行政机关逐渐控制下议院，来自上议院的制约显示出空前的重要性。1860年，上议院主张自己有权否决纸张税法案，而《泰晤士报》以审慎措辞表达了对上议院的支持。《泰晤士报》评论称，是政府的所作所为导致了上议院的行动，因为"有史以来规模最大、最全面、最危险的预算案"过于野心勃勃，而废除纸张税只是做得有点过而已。[35]《泰晤士报》认为上议院"维护了一项特权，并且确立了一项权利"，

---

33 上议院的代表最多是间接产生的，参见《议会辩论》第163卷，第3辑，第103栏，1861年5月27日（下议院），报告人：理查德·米尔斯（Richard Milnes）。

34 威廉·佩利（William Paley），《威廉·佩利作品集》（*The Works of William Paley*），埃德蒙·佩利（Edmund Paley）主编，共7卷（London, C. & J. Rivington, 1825），第4卷，第388—389页。

35 《泰晤士报》1860年5月23日，第8页f栏。

尽管它也希望上议院除了"一些同样合适的场合"之外，不要再动用这项权利。[36]仅仅依据议会决议而非议会颁布的法律就启动纳税评定和税收征收，在纳税人群体中并没有引发矛盾不一的反应，这被普遍视为威胁保障措施的本质，因此遭到强烈的抵制。人们明确地认为，它破坏了议会同意原则，除了给拖延的政府和贪婪的行政机关提供便利，找不出其他益处作为缓和因素。这是一个"革命性"、[37]重大且意义非凡的变革。一位议员说："这是一个新事物。我确信这是一件危险的事情。我认为这也是一件不必要的事情。"[38]

虽然纳税人对地方主义的态度模棱两可，一方面承认制度中存在着明显的缺陷，但另一方面仍然高度重视地方主义的基本前提。显然，纳税人不准备逾越这个限度；如果突破，激烈的政治斗争在所难免。事实上，在19世纪初，直接税应当遵循自愿、暂时性、非职权调查和地方征管这四项税收指导原则，前三项原则在历经激烈但相对短暂的反对声浪后，从财政体系中被有效地剔除出去。人们意识到，在稽征经济层面，这些原则已经无法继续保留。然而，在整个19世纪，破坏地方税收征管机制的行径遭遇到不懈抵抗，而事实证明，挑战地方主义是非常棘手的。因此，虽然法国人对地方主义不感兴趣，他们的政治和社会制度仅允许有限和复合的地方主义，而美国人在现实中回避了这个问题，然后根据自身的需要决定运用与否，但是英国人却坚决拥护地方主义。据说存在"充分的证据"表明人民

---

36 《泰晤士报》1860年5月23日，第8页f栏。

37 《议会辩论》第51卷，第5辑，第857栏，1913年4月7日（下议院），报告人：威廉·菲舍尔。

38 同上文献，第1047栏，1913年4月8日（下议院），报告人：乔治·凯夫（George Cave）。

极度不愿意"直接或者间接受制于国内税务局不受控制的权力或影响"。[39]直至1919年,一位律师仍指出,所得税的征收之所以没有起什么摩擦,其中一个原因在于其由个人负责征管,而不是由税务局的公务员代劳。[40]他说,"作为一个纳税人和纳税人的代表,我总是安慰我自己,想象这项工作不是由税务局完成……而是由一个中立的机构完成",[41]地方专员"严格来说,既不代表纳税人,当然也不代表税务局"。[42]地方专员要在政府和纳税人之间公平地执行法律,并且"确保人民享有立法精神或文义规定的每一项特权"。[43] 1917年出版的《乌托邦中的所得税》(*The Income Tax in Utopia*)遭到尖锐批评,然而即使是这一书的作者,也希望保留地方专员。[44]维持地方专员作为纳税人和国家强大利益之间的缓冲,是一种"天然的保障",[45]这在很大程度上成为纳税人不可妥协的内容。纳税人无法接受中央全盘管理,当地方主义原则在法律或实践层面遭到削弱,以至于威胁到它的存在时,纳税人意识到地方主义的真正意义,表达出强烈的不满。对地方主义的侵蚀在议会、新闻界和纳税人的公开集会中遭到最为强烈的抗议,在人民群众中遭到最为持久的抵制,而政府的回应也是最为含糊的。对纳税人不安程度的衡量,揭示了他们对地方主义的重视程度。

39　TNA: PRO IR 74/20 (1906).
40　《皇家所得税委员会的证据记录》,*HCPP* (1919) (288) xxiii, q. 23,890,报告人:兰德·霍尔姆。
41　同上文献,q. 23,969。
42　同上文献,q. 23,986。
43　TNA: PRO IR 74/20 (1906).
44　亚瑟·赫勒尔德,《乌托邦中的所得税》,第14页。
45　《皇家所得税委员会报告》,*HCPP* (1920) (615) xviii 97,第344段。

通过具体立法对地方主义机制的正式侵蚀总是遭到人民的反对，尽管这种反对声音往往来源于书记员，[46]他们担心失去一项重要的收入来源，而地方专员也担心自己沦为傀儡。地方专员向公众发出警告称，如果中央税务机关接管他们的职责，就会丧失所有的弹性空间，并且无法亲自过问每个纳税人。[47]他们敦促纳税人不要放弃地方机制给他们提供的保障。[48]即使是纳税人团体提出有损地方主义的建议，也会遭到强烈的抵制。例如，1883年商业联合会建议，如果经营所得和薪金所得的征税员在未来出现空缺，可以由政府来填补空缺的职位。一位议员认为，这破坏了"在筹集税收时必要的古老保障之一"。[49] 1887年，另一次失败的尝试遭到新闻界的抗议，[50]从事经营活动的纳税人也在伦敦组织了一场大型集会，表达正式的抗议，认为此举剥夺了纳税人的某些立法保障待遇。[51]纳税人对于地方征管中任何变动的深刻领会，以及他们所表达出的不满，都是持续不断的。[52]《泰晤士报》称，由代表纳税人的独立地方专员进行

---

[46] 《国内税务和关税机构特别委员会的证据记录》，HCPP (1862) (370) xii 131, q. 2476, 报告人：爱德华·威尔士，伦敦市税务督察员。

[47] 《猎杀纳税人》(Hunting the Taxpayer)，载《泰晤士报》1921年4月20日，第11页f栏。

[48] 关于后续的反对意见，参见《泰晤士报》1931年5月19日，第12页b栏；1931年4月25日，第13页f栏。

[49] 《议会辩论》第279卷，第3辑，第500栏，1883年5月10日（下议院），报告人：威廉·史密斯（William Smith）。

[50] 《泰晤士报》1887年8月15日，第14页a栏。

[51] 《国内税务局法案》(The Inland Revenue Bill)，载《泰晤士报》1887年8月19日，第10页c栏。

[52] 《议会辩论》第155卷，第4辑，第1476—1477栏，1906年4月25日（下议院）；第158卷，第4辑，第1146—1148栏，1906年6月14日（下议院）；第163卷，第4辑，第861—862栏，1906年10月30日（下议院）；《泰晤士报》1915年10月25日，第9页e栏，以及1915年10月26日，第10页b栏。

纳税评定是"所得税评定的基本原则"。[53]这是一项公认、值得信赖而且很经济的制度,[54]对于保障所有纳税人,尤其是那些弱势的、通常无法获得或者无力负担专家技术咨询的纳税人而言,更是至关重要的。

针对以非正式方式侵蚀地方主义,人民的反对也同样强烈。虽然纳税人知道地方专员拥有的知识既不准确也不充分,而督察员却具备准确和专业的知识,从这个角度来看督察员更具优势,但是督察员必然会支配纳税人的代表,因此纳税人对此感到不满。纳税人的不满情绪是广泛而强烈的,主要是针对督察员在地方专员的申诉管辖权领域所发挥的作用。当然,由于在纳税评定阶段存在着时间和知识不足的问题,这一阶段中督察员的主导地位是可以接受的,因为这有助于准确地确定应纳税额。但在申诉阶段,问题的性质发生了质的改变,行政机关的做法破坏了地方主义的保障功能,因此遭遇到相当大的敌意。争议裁决并非行政性事务。当事人将案件送交独立的裁决者,并且期望得到平等和公正的对待。基于英国纳税人的公正观念,其中任何一方当事人影响裁决者都是完全无法接受的。如果督察员的意见(即对于提高税收收入有显著物质利益的政府官员意见)比纳税人的意见更受重视,如果他可以在纳税人不在场的情况下与专员进行沟通,或者,如果他的意见可以不经过质疑或审查就被采纳,纳税人的申诉显然会徒劳无功。人们对于专员们

---

53 《更加官僚的财政》(More Bureaucratic Finance),载《泰晤士报》1915年10月29日,第9页b栏,抱怨税务局在超额利润税方面的权力增加。另可参见《泰晤士报》1927年6月29日,第17页b栏。

54 《议会辩论》第76卷,第5辑,第1098—1129栏,1915年12月6日(下议院)。另可参见《泰晤士报》1915年10月30日,第9页f栏。

服从行政机关意志的疑虑很深，形成了一种普遍的、可以理解的观点，即裁判庭成员一旦如此行事，裁决就不可公正和独立了，国家实际上成为了自己的法官。在很多情况下，这种看法是正确的。反对的声音从未停止，一直持续到20世纪。1921年有人提议将这种做法正式化，将评税权全数移交给中央官员。尽管地方专员仍然拥有申诉裁决的权力，但是这一提议遭到了谴责，被认为此举十分恶毒，[55]显然是为了强化国内税务局的控制。诸如"猎杀纳税人：保障措施即将失效"[56]和"原则岌岌可危"[57]之类的头条新闻，成为当时流行言论的典型代表。提议遭到强烈反对，不仅此类法案被迫搁置，[58]还导致所得税纳税人协会的成立。[59]尽管如此，这种激烈的情绪并没有掩盖纳税人对税收征管中地方主义的矛盾和复杂心理。他们希望保留专员，作为独立于行政机关、地方政府的体现，也作为地方分权的体现。他们希望地方主义制度可以正常运作，信息灵通的专员可以要求督察员为自己做出的评定进行辩护和解释，且专员在这一过程中还可以充分运用常识。独立性原则是至关重要的，当地方专员可能缺乏独立性时，纳税人的不满程度显示出他们对独立性的尊重程度。

面对传统法律保障机制遭受侵蚀，纳税人的反应力度极为强烈。他们的言语非常极端，公开的抗议集会参与者众多，宣传册和报刊的读者来信也很多，有时还存在部分暴力抗争的情况。产生这种深刻

55　《泰晤士报》1920年3月18日，第17页c栏。
56　《泰晤士报》1921年4月20日，第11页f栏。
57　《泰晤士报》1920年3月18日，第17页c栏。
58　《纳税人的保障》(Protection for the Taxpayer)，载《泰晤士报》1921年7月28日，第11页e栏。
59　参见上文第174页。

感受的原因有二：首先，维多利亚时代的英国人非常不乐见国家干预；其次，他们认为破坏保障措施无异于破坏英国宪法本身。

第四节 对国家干预的态度

各个领域对私人财产和个人权利的侵犯，几乎无一例外地源于中央政府，是国家干预人民生活领域的结果，而在此之前这些往往被人所忽视。这一过程始于19世纪30年代，当时议会颁布法令，以解决日益严重的贫困问题，改善日益脏乱和拥挤的城市公共卫生问题，以及改善矿场和工厂危险且不健康的劳动环境问题。重构财产权，允许土地改良，以供养不断增长的人口，以及铁路运营监管等活动，随着19世纪的发展，都要接受议会的审查，并且由中央政府控制。扩张中央行政机构是解决这些问题的唯一路径，因为只有中央政府才能够提供必要的权威、统一的标准和全国范围的控制。[60]

在19世纪，带有干预主义、集权主义和集体主义色彩的新立法不断出台，其覆盖范围极为宽泛。由于政府活动日益频繁，国家干预

60　参见罗伯茨，《维多利亚时代英国福利国家的起源》；J. B. 布雷布纳（Brebner），《十九世纪英国的自由放任和国家干预》（Laissez Faire and State Intervention in Nineteenth Century Britain），载《经济史杂志》（Journal of Economic History）（1948年）第8卷，增刊第59页；M. W. 托马斯（Thomas），《行政集权的起源》（The Origins of Administrative Centralisation），载《当代法律问题》（Current Legal Problems）（1950年）第3卷，第214页；W. C. 卢贝诺（Lubenow），《政府扩张的政治》（The Politics of Government Growth）（Newton Abbot: David and Charles, 1971）；德里克·弗雷泽，《英国福利国家的演变》；马丁·唐顿，《信任利维坦：英国的税收政治学（1799—1914）》，第194页。

的性质和程度在整个19世纪都是一个备受争议的话题。[61] 人们对国家干预的态度取决于个人的观念，但是总体而言，这方面的意识形态不仅复杂、多变而且并不一致。辉格党、自由党和保守党给予人道主义关切的立场是基本一致的，以解决最紧迫和确实存在的社会弊病，都认为中央机构最适合承担这些工作。信奉功利主义的人虽然坚持个人主义，但他们认为政府可以通过有效的中央国家干预，确保多数人的幸福最大化。[62] 激进主义人士只是在极端情况下才对此持赞成态度。总体而言，人民对于国家干预持有敌意，至少也是存在怀疑和顾虑。反对的程度和语气可以揭示这一点。一些极端的批评人士，如约书亚·图尔明·史密斯（Joshua Toulmin Smith），在1854年成立反中央集权联盟。对他来说，政府要么属于地方自治，要么属于中央集权，它们处在两个极端；前者为善，后者则为完全的恶。[63] 他称中央集权是"纯粹欺骗性的立法实验"，是"痛苦而充满恶意的人工流产"。[64] 除了那些无法否认的社会弊端外，中央集权受到普遍的

61　J. S. 密尔，《政治经济学原理》，第6版，第5册，第1章，第1—3节，第479—483页。

62　关于意识形态的复杂性和矛盾性，参见布雷布纳，《自由放任和国家干预》。另可参见奥利弗·麦克唐纳（Oliver MacDonagh），《十九世纪政府革命：重新评估》（The Nineteenth Century Revolution in Government: A Reappraisal），载《历史杂志》（1958年）第1卷，第52页；J. D. 钱伯斯（Chambers），《世界工厂》（The Workshop of the World），第2版（Oxford University Press, 1968），第130—139页；罗伯茨，《维多利亚时代英国福利国家的起源》，第22—34页。

63　卢贝诺，《政府扩张的政治》，第89—95页。参见约书亚·图尔明·史密斯，《委员会制政府，非法与有害》（Government by Commissions, Illegal and Pernicious）（London: S. Sweet, 1849）。图尔明·史密斯在消费税领域也提出自己的疑问，参见图尔明·史密斯诉请的相关文件：HCPP (1846) (167) xxxiii 395。

64　约书亚·图尔明·史密斯，《集中还是代表？致大都会疗养院专员的信》（Centralization or Representation? A Letter to the Metropolitan Sanatory Commissioners），第2版（London: S. Sweet, 1848），第5页和第8页。

反对，尤其是在那些本就属于私人性质的领域。中央集权被普遍称作"官僚主义"，而且充满贬低的意味。[65]

反对国家干预的理由很多。它破坏了占主导地位的自由放任学说，该学说引入了国家不干预或干预最小化的原则，除非真正必要，该意识形态的拥护者反对其他任何形式的干预；[66]国家干预遭到了财产既得利益者的强烈不满，认为这无异于破坏私有财产的神圣性。那些坚持个人主义、独立自主和自力更生等传统价值观的人士对国家干预感到不满；[67]那些崇尚普通法、认为制定法独断专行且不体恤个体特性的人不信任国家干预；所有重视地方自治的人士也都表示反对。个人自由受到严格的保护，尤其是在19世纪初，法国大革命对人民和议会而言仍然记忆犹新。英国人在情感和现实层面对地方自治强烈的依赖感，正是来源于这种独立性，而这反过来又会对中央政府干预产生广泛、长期和强烈的不信任感。

在围绕国家干预主义立法的意识形态讨论中，对纳税人法律保障的侵蚀始终占有一席之地。税收是国家干预的缩影，它是中央政府对私人财产权的强制性干预，虽然不受人民欢迎，但已经成为既

---

65 《官僚主义的发展》(The Growth of Officialism)，载《泰晤士报》1893年4月5日，第3页d栏；《反官僚主义的回击》(Counterblast against Officialism)，载《泰晤士报》1895年6月1日，第11页e栏。参见C. 斯特宾斯，《官僚主义：维多利亚时代晚期英国的法律、官僚制度和意识形态》("Officialism": Law, Bureaucracy and Ideology in late Victorian England)，载安德鲁·刘易斯（Andrew Lewis）和迈克尔·洛班（Michael Lobban）主编，《法律与历史，当代法律问题》(Law and History, Current Legal Issues)(Oxford University Press, 2003)，第6卷，第317页。

66 亚瑟·J. 泰勒（Arthur J. Taylor），《十九世纪英国的自由放任和国家干预》(Laissez-faire and State Intervention in Nineteenth-century Britain)，载《经济史研究》(London: Macmillan, 1972)；弗雷泽，《英国福利国家的演变》，第91—114页。

67 罗伯茨，《维多利亚时代英国福利国家的起源》，第315—326页。

定事实。税收原则不被视为创新性中央集权措施,而是被当做必要的恶。然而,税收明确的干预性特点导致一种特殊的敏感性,不是针对其内容,而是针对它的实施方式和机制。反对国家对税收的干预,就是要反对行政机关对纳税人法律保障措施的侵犯。虽然这一点已经遍及每一项保障措施,但对于侵蚀地方税收征管,反对的声音尤为普遍,特别是面对所得税这样涉及职权调查的税种。因此,在国民生活的其他领域,非专业的裁判庭被视为对特殊时代挑战的回应,是政府中央集权和国家干预的体现。但在税收领域,情况恰恰相反。它们是陈旧的地方主义、既得利益、个人主义以及独立于中央政府的表现。它们是对中央集权的抵制,而非中央集权的体现。对于督察员支配地方税收征管的强烈不满,其根源在于反感国家干预。消费税一直由中央管理,这在传统上更加剧了人民对它的强烈反感。尽管时间已经让纳税人习惯了这一税种,但是1842年所得税的重新引入导致这种传统的不满和恐惧复活。随着税务机关工作人员的数量与日俱增,以及对地方税收程序的影响越来越大,这种情况越发严重。中央税务机关职员人数众多,遍布全国各地,执行大量的立法、规范、政策、通知和指示。人们对这种税务官僚机构和所有国家干预都感到反感。这种反感情绪包含了一种看法:它通过令人不满的权力扩张取代了地方机构,不仅如此,包括税务官员在内的所有官僚都更关心程序而非实质内容,[68]他们缺乏灵活性,由于每天经手大笔资金而容易出现不当行径,容易滋生腐败。国家步步蚕食的做法,强化了人们的看法,即,地方税收征管应该交给公正和

---

68 《官僚主义的罪恶》(The Evils of Bureaucracy),载《泰晤士报》1866年10月17日,第10页c栏。

第六章 纳税人、宪法与同意权

独立机构，这是纳税人保护领域不可或缺的原则。中央集权让人民的反对声音有增无减，这一点在税收领域更加明显。例如，1883年提出的改革虽然从表面上来看是合理的，即国内税务局未来有权委任征税员以填补空缺岗位，却被谴责为"朝着中央集权的方向迈出重要的一步"，[69]1915年的改革被视为"官僚控制的显著延伸"，[70]而以法定形式明确决议征税的惯例也被视为一种极度危险的"官僚主义"类型。[71]

与同一时期法国人和美国人的态度相比时，就可以清楚地看出英国人对中央政府干预税收事务的不满程度。法国和美国都曾经历过中央干预税收征管的情形，但是人民的反应截然不同。在法国，中央集权主义占据着主导地位。拿破仑在法国大革命后引入高度集权的行政国家。[72]不过，税收领域的反对声音并不强烈。地方税收征管散见于税收程序中，既未受到追捧，也未受到重视，[73]尽管它反映了

---

69 《议会辩论》第279卷，第3辑，第492栏，1883年5月10日（下议院），报告人：约翰·斯拉格（John Slagg）。

70 《议会辩论》第76卷，第5辑，第1118栏，1915年12月6日（下议院），报告人：乔治·巴恩斯。

71 《议会辩论》第51卷，第5辑，第1033栏，1913年4月8日（下议院），报告人：阿尔弗雷德·克里普斯爵士。

72 参见路易斯·伯格伦（Louis Bergeron），《拿破仑统治下的法国》（*France under Napoleon*），R. R. 帕默（Palmer）译（New Jersey: Princeton University Press, 1981），第37—51页；阿兰·福雷斯（Alan Forrest），《法国大革命》（*The French Revolution*）（Oxford: Basil Blackwell, 1995），第57—64页；勒内·斯托姆（René Stourm），《预算》（*The Budget*），塞迪乌斯·普拉津斯基（Thaddeus Plazinski）译，W. F. 麦卡莱布（McCaleb）主编（New York and London: D. Appleton & Co., 1917），第393—421页；杰弗里·埃利斯（Geoffrey Ellis），《拿破仑帝国》（*The Napoleonic Empire*）（Basingstoke and London: Macmillan Education Ltd, 1991），第26—35页。

73 René Stourm, *Les Finances de l'Ancien Régime et de la Révolution*, 2 vols. First published Paris, 1885 (New York: Burt Franklin, 1968), vol. i, p.176.

法国大革命的意识形态,并在宪法中加以规定。[74]虽然有一些证据表明,地方行政管理获得了支持,但是这种支持却很少。赋予中央税务官员以调查职权,[75]引发对中央税收征管最强烈的不满,但这是所有商业社会的普遍抱怨。在商业社会中,财产具有社会和经济层面的重要性。法国纳税人的主流观点是,支持中央税收征管提供的统一性、控制力和高效率。[76]事实上,人们认为地方主义破坏了宪法追求的行政一致性,可能导致无政府状态。[77]美国人对中央政府参与税收征管的态度更加复杂,这主要是源于美国宪法的制度设计。美国纳税人与各州拥有深厚的感情,而非联邦政府,这使得他们更偏爱州政府机关,而非联邦机关。事实上,美国人看待他们的州议会,就像是英国人看待他们的议会一样。[78]由于宪法规定各州制定的财产税

---

74 1793年宪法规定:"所有公民都有权参与税收的制定、监督税收的使用,并要求对其进行解释说明。"参见:Jacques Godechot (ed.), *Les Constitutions de la France depuis 1789* (Paris: Garnier-Flammarion, 1970), p. 82。

75 参见:Félix Ponteil, 'Le Ministre des Finances Georges Humann et les Emeutes Antifiscales en 1841', *Revue Historique* 179 (1937), 311; Robert L. Koepke, 'The Loi des Patentes of 1844', *French Historical Studies* 11 (1980), 398 at 412。

76 从1790年开始,新的土地税引入了地方行政管理,但是被证明是失败的,此后受到严格的限制和控制,参见:斯托姆,《财政》(*Finances*),第1卷,第178—180页;斯托姆,《预算》,第395—396页。关于对中央集权的偏好,参见:Koepke, 'Loi des Patentes', 414。

77 Ponteil, 'Emeutes Antifiscales', 351-2. 在19世纪的大部分时间里,法国处于政治动荡状态,1789年至1875年间出现了11部宪法,参见:Maurice Duverger, *Le Système Politique Français*, 21st edition (Paris: Presses Universitaires de France, 1996), pp. 21-105。

78 大卫·拉姆齐(David Ramsay),《美国革命史》(*The History of the American Revolution*),莱斯特·H. 科恩(Lester H. Cohen)主编(Indianapolis: Liberty Classics, 1990),第18—19页。

凌驾于联邦税之上,[79]美国纳税人已经拥有一套制度化的权力下放机制,它承认人们对地方的效忠并且限制中央政府的权力。由于联邦官员无法参与各州的税收事务,地方主义和中央集权主义之间不存在英国那样的冲突。然而,对于联邦官员征管的联邦税则是另一回事,人民的不满情绪显而易见。[80]

第五节 合宪性

尽管维多利亚时代的民众不喜欢中央政府,但是他们对宪法的崇敬更加强烈。宪法是他们国家认同的根源,是英国人自由的体现,承载着数百年的变迁,展现出他们在内战中取得的来之不易的胜利。当纳税人法律保障遭受侵蚀,他们的反感情绪远比单纯的行政机关扩张更为强烈,因为在他们看来,这种行径无异于违背宪法。因此,他们几乎总是以合宪性的视角,表达他们对违背法律保障的不满。尤其是,19世纪发生在法国和美国的政治动荡,致使他们的神经更为紧绷,关注着任何可能违宪的行为。当然,这并不局限于税收领域,因为人们同样会援引宪法,反对其他领域的政府集权措施,或那

---

79 参见 W. 埃利奥特·布朗利(Elliot Brownlee),《美国联邦税收》(*Federal Taxation in America*),第 2 版(Cambridge University Press, Washington DC: Woodrow Wilson Center Press, 2004),第 13—21 页。

80 参见《国会议事录》(*Congressional Globe*, 37 Cong., 1 sess.),1861 年 7 月 24 日,第 247 页;1861 年 7 月 25 日,第 272 页、第 285—286 页;查尔斯·F. 邓巴(Charles F. Dunbar),《1861 年直接税》(The Direct Tax of 1861),载《经济学季刊》(*Quarterly Journal of Economics*)(1889 年)第 3 卷,第 436 页;约瑟夫·A. 希尔,《内战时期的所得税》(The Civil War Income Tax),载《经济学季刊》(1894 年)第 8 卷,第 416 页。

198 些减少非专业人士参与政府的措施。一个典型的例证是有关于验尸官的调查权,这与当代税收征管的发展过程存在着众多相似之处。验尸官作为"英国自由的制度堡垒",[81]可以制衡中央权力的滥用,但是却越来越多地由医学专业人士主导,并且以牺牲地方非专业的陪审团为代价,这一发展一再被谴责为违宪。[82]关于上议院在课税过程中充当何种角色性质的辩论,最终导致上议院被排除在课税过程之外,破坏了议会对纳税人权益的保障,而这完全属于宪法性的辩论。在1860年上议院否决纸张税法案的背景之下,这是一场关于两院之间权力平衡的辩论。这虽然合乎法律,却不符合宪法的规定。[83]它违反了两院之间的默契,即下议院在财税法案领域拥有至高无上的地位。那些反对破坏下议院特权的全国性集会,也都是在运用宪法术语表达他们的不满。英国宪法的基本原则是,除非他们选举产生的议会代表同意,否则不得向人民征税;一些人认为,上议院的过度干预导致它与下议院之间发生了"危险的冲突",并且"颠覆了健全的宪法原则",即只有人民的代表才拥有征税的合法权力。[84]下议院为了维护其宪法特权而大声疾呼,强烈谴责上议院的行径是"不可思

---

81 伊恩·A. 伯尼(Ian A. Burney),《证据》(*Bodies of Evidence*)(Baltimore and London: John Hopkins University Press, 2000),第16页;唐顿,《信任利维坦》,第182页。关于维多利亚时代英格兰的破产和资不抵债情况,另可参见V. 马克汉姆·莱斯特(V. Markham Lester),《维多利亚时代的破产》(*Victorian Insolvency*)(Oxford: Clarendon Press, 1995)。

82 参见伯尼,《证据》,第7、19、20、27、29页;唐顿,《信任利维坦》,第182页。

83 《议会辩论》第158卷,第3辑,第1458栏,1860年5月21日(上议院),报告人:格兰维尔伯爵(Earl Granville);同上文献,第1521栏,报告人:阿盖尔公爵(Duke of Argyll)。

84 《泰晤士报》1860年5月18日,第8页b栏。

第六章 纳税人、宪法与同意权

议的篡权行动"、[85]"特权的扩张"、[86]一个"硕大无比的新东西"[87]以及"轻率且不正当的行径"。[88]政府认为,上议院的行为不"符合宪法的精神,也不符合正义或智慧的要求"。[89]半个世纪后,当两院在财税法案领域不成文的宪法关系被1911年《议会法》赋予法定形式后,有人对两院制立法机构的整体可行性提出了合宪性质疑。纳税人意识到,即使《议会法》反映出适当的宪法立场,却导致其在议会中的代表面对课税措施时,几乎没有约束行政机关的权力,针对财税法案的辩论和审议也会减少,哪怕是由议会中非代议的因素推动的。通过剥夺议会体制中关键的一环,这部法律改变了议会征税同意权的含义,破坏了《权利法案》的基本精神。现在,财税法案成为单一议院的工作,议会同意已经演变成下议院同意,安全保障程度降低了。

反对通过议会决议的形式征税,其核心来自宪法层面。1913年,吉布森·鲍尔斯提出合法性挑战的依据是,这种做法破坏了议会同意征税的实质宪法原则,该原则构成人民保障的"宪法现实",是法律中一个基本和无可取代的部分。[90]这种做法让下议院丧失了课税领域的独立性,并被认为有违宪法。事实上,法官承认,它提出了一个在宪法和法律层面相当重要的问题。[91]当这一决定迫使1913年

---

85 《议会辩论》第159卷,第3辑,第1424栏,1860年7月5日(下议院),报告人:爱德华·利瑟姆(Edward Leatham)。

86 同上文献,第1430栏,报告人:埃德温·詹姆斯。

87 同上文献,第1457栏,报告人:费莫勋爵。

88 同上文献,第1501栏,报告人:约翰·罗素勋爵。

89 《议会辩论》第158卷,第1457栏,1860年5月21日(上议院),报告人:格兰维尔伯爵。

90 T. 吉布森·鲍尔斯,《鲍尔斯诉英格兰银行:法庭诉讼和法庭正式文书》,第79页。

91 Bowles v. Bank of England [1913] 1 Ch 57 at 66.

《临时征税法》通过，以法定形式将决议征税的惯例确立下来时，它被视为国家不成文宪法崩溃的证据。[92]这一部法律被称为是"宪法上的暴行"[93]"骇人听闻"[94]以及"违宪、不必要并且有害的"。[95]作为著名律师和宪法论辩的坚定支持者，阿尔弗雷德·克里普斯爵士（Sir Alfred Cripps）提醒议会注意其职责。"我们作为这个国家纳税人的代表，不会因为任何政府的命令，或者仅仅因为财政部出于便利的建议，而放弃我们现在拥有的伟大的宪法保障。"[96]在财政领域，下议院是人民的"守卫者和监护人"，该法律削弱了下议院的这一角色。[97]《议会法》破坏了《权利法案》的精神，而《临时征税法》则是违背其文义。[98]

尽管直接税的地方征管不同于议会同意原则，它不是一项明确的宪法性保障，但是针对它的侵蚀总是被视为对税收宪法原则的削弱。纳税人认为，地方政府机构是他们自由的体现，其重要性一直

---

92 参见例如《议会辩论》第51卷，第5辑，第882栏，1913年4月7日（下议院），报告人：詹姆斯·霍普（James Hope）；第924栏，报告人：亚瑟·斯蒂尔-梅特兰（Arthur Steel-Maitland）。奥斯汀·张伯伦将其视为一个跳脱出宪法的要素，参见第851栏。

93 同上文献，第1219栏，1913年4月9日（下议院），报告人：威廉·乔文森-希克斯。

94 同上文献，第1033栏，1913年4月8日（下议院），报告人：阿尔弗雷德·克里普斯爵士。

95 同上文献，第1670栏，1913年4月14日（下议院），报告人：费利克斯·卡塞尔。

96 同上文献，第873栏，1913年4月7日（下议院），报告人：阿尔弗雷德·克里普斯爵士。

97 《议会辩论》第52卷，第5辑，第74栏，1913年4月21日（下议院），报告人：威廉·菲舍尔。

98 《议会辩论》第51卷，第5辑，第889—890栏，1913年4月7日（下议院），报告人：费利克斯·卡塞尔。

无可撼动。事实上，他们认为宪法存在于这些地方机构中，而非在议会中。[99]他们认为，在自己的社群中评定和征收自己税款的权利是一项宪法权利。[100]由于"自我赋课"[101]或"自我评定"是税收领域政府自治的表现，因此反对破坏自治行径的意见一直以宪法作为理由。[102]早在1842年，当罗伯特·皮尔在某些情况下设置特别专员评定经营所得时，就已经有人评论说，现在的税收甚至更加违宪，因为它让政府任命的专员参与其中。[103]1883年，允许国内税务局任命征税员的提案以微弱劣势未获得通过，因为这是一个"引人瞩目的变化，其真正的目的在于改变宪法规定的所得税征收模式"。[104]一位议员引述1842年皮尔的表述，并且指出，税收征管中地方主义的宪法原则是"符合人性的正确原则"。[105]1887年，另一次尝试也遭遇失败，当纳税人自我评定的宪法权利受到强烈和广泛拥护时，该法案被迫撤回。[106]同样，1915年由督察员对领取周薪的纳税人评定税款、由国内税务局的征税员征收的提案，被认为破坏了"宪法的惯例"而遭到反对。[107]所得税纳税人协会的目标是"保障纳税人的自由与权

99　阿莫斯，《英国宪法五十年》，第137—138页。

100　参见法恩斯沃思，《所得税专员》，载《法律评论季刊》（1948年）第64卷，第388页，他称之为"神圣不可侵犯的宪法原则"。

101　《国内税务局主管专员第十二次报告》，第635页。

102　唐顿，《信任利维坦》，第193—194页。

103　《议会辩论》第62卷，第3辑，第1001栏，1842年4月22日（下议院），报告人：查尔斯·布勒。

104　《议会辩论》第279卷，第3辑，第492栏，1883年5月10日（下议院），报告人：约翰·斯拉格。

105　同上文献，第501栏，报告人：威廉·史密斯。

106　参见《泰晤士报》1887年8月15日，第14页a栏；1887年8月19日，第10页c栏。

107　《议会辩论》第76卷，第5辑，第1101栏，1915年12月6日（下议院），报告人：约翰·布彻（John Butcher）。另可参见《泰晤士报》1915年10月25日，第9页e栏。

利"，[108] 同时捍卫"作为宪法重要议题的独立于官僚机构的评定权免受进一步的侵蚀"。[109] 甚至，中央税务机关也承认地方税收征管是"伟大的宪法原则"，[110] 认为它"毫无疑问是我们宪法中公认且珍贵的原则"。[111]

纳税人的不满情绪以及谴责其违宪不仅仅限于议会同意和地方征管被侵蚀。人们已经意识到，在理论层面上，议会征税权的法律表述清晰明确，但是在现实中并非如此，因为虽然律师可能可以理解和领悟它的含义，但是普通纳税人却无法做到这一点。税法的复杂性对法官提出挑战，并且导致议员无法就税收问题进行辩论、质询并追究政府的责任，同样导致纳税人无法确定其代表在税收征管中的法律权威和能力。事实上，它更进一步让纳税人无法充分利用那些仍然有效的残存保障措施。越来越多的人认为，税法知识准入门槛的提高让纳税人无法确定他们即将缴纳的税收，甚至对此一无所知，这构成对纳税人法律保障普遍和潜在的侵蚀，致使他们无法利用这些保障，而这本身就是违宪的。约翰·布莱特再次指出那些违宪行径，这次是针对税法中法律参并的做法。1853年他提到，"用人们无法理解的法律来课税，这毫无疑问是违宪的"。[112]

---

108 《纳税人的保障》，载《泰晤士报》1921年7月28日，第11页e栏。
109 《所得税征管》，载《泰晤士报》1931年4月10日，第13页c栏。
110 《国内税务和关税机构特别委员会的证据记录》，HCPP (1862) (370) xii 131, q. 1630, 报告人：托马斯·多布森，国内税务局首席秘书。
111 《国内税务局主管专员第六次报告》，第351页。
112 《议会辩论》第127卷，第3辑，第723栏，1853年5月27日（下议院），报告人：约翰·布莱特。另可参见第724—725栏，报告人：约翰·菲利莫尔；H. 劳埃德·里德，《英国纳税人的权利》，第263—265页。

第六章 纳税人、宪法与同意权

一、宪法论辩的合法性

尽管宪法和法律一样，对他们来说基本上是难以企及的，但是维多利亚时代的纳税人不同于中世纪，[113]他们拥有敏锐和丰富的宪法意识。大多数人无法理解那些复杂而又晦涩的宪法关系，但是"个体自由"这一表述代表着他们对宪法的理解，[114]纳税人认为，他们对税收的合宪性与否拥有非常清晰的认识。事实上，尽管他们很难以一种系统且连贯的方式进行阐述，但是他们与美国人和法国人一样，都拥有高度的宪法意识。无论是情感层面还是理性层面，他们都相信，任何对税收法律保障的破坏，就等同于对他们基本自由的侵犯，从而违背宪法，这是"下议院在自由和权利争斗场"上的另一场小规模冲突。[115]

虽然纳税人坚持认为，破坏法律保障等同于破坏宪法，但是这一点并非不言自明。事实上，这是存疑的，因为真正破坏法律保障措施的是行政机关的非正式做法，而这些做法没有反映在法律中。尽管从实际情况来看，这些保障措施确实丧失了很多的功效，不过有关保障措施的法律表述基本保持不变，仍然在很大程度上保留着17世纪时期的完整表述。这让人们很难说有任何原则遭到破坏，更不用说宪法原则。当然，每当纳税人抱怨他们的法律保障受到破坏时，官方都会出面澄清，辩称没有发生这样的恶化情况，因为保障措施的立法表达基本保持完整，而且在理论层面仍旧坚不可摧。[116]普遍的

---

113 布朗，《中世纪晚期英格兰的统治（1272—1461）》，第207页。

114 阿莫斯，《英国宪法五十年》，第422—423页。

115 《议会辩论》第159卷，第3辑，第1430栏，1860年7月5日（下议院），报告人：埃德温·詹姆斯。

116 关于法律和宪法之间区别的讨论，参见杰弗里·戈德斯沃西，《议会主权》，第190—191页，另外参见该处的引注文献。

观点认为，这些破坏行径违宪的言论纯属空谈。然而，可以这样说，纳税人的观点有理有据。中央税务机关通过非正式做法和零散立法破坏各项法律保障措施，这不仅仅是一个法律演进的自然过程，也是对征税同意权这一基本原则的挑战。征税同意权是一项根本且无可争议的宪法权利，破坏这一权利等同于破坏宪法。这不仅仅是法律与实践之间的矛盾，它不亚于一场宪法冲突。

我们看到，在法国和美国这些与英国财政体制截然不同的国家，面对中央政府参与课税，尤其是参与税收征管，都或多或少地存在着不信任和不满。然而，面对行政机关对税收的介入，没有人表现出如此一致的敌意，也没有人援引如此明确的宪法条文为其辩护。事实上，只有英国人替他们的抱怨寻求宪法依据。和英国一样，美国和法国的征税权也是建立在人民同意和私有财产神圣不可侵犯的观念之上，但是在美法两国，这些原则不会总是出现在宪法中，它们的宪法在税收领域更加详细和精确，有时还包括更加精细化的规定。无论是在一般大众层面还是在法律专业层面，税收的合宪性问题都限定在狭义的范围内，任何税收违宪行为可以直接被识别和归类。[117]

---

117 在美国，宪法辩论讨论了各州之间的税收分配和直接税的性质等问题，参见布鲁斯·阿克曼（Bruce Ackerman），《税收与宪法》（Taxation and the Constitution），载《哥伦比亚法律评论》（1999年）第99卷，第1页；罗伊·布洛夫（Roy Blough），《联邦税收程序》（The Federal Taxing Process）（New York: Prentice-Hall, 1952），第195—197页；M. A. S.，《第十六修正案对国会征收任何收入（无论其来源）的权力的影响》（The Bearing of the Sixteenth Amendment on the Power of Congress to Tax Any Income Regardless of its Source），载《弗吉尼亚法律评论》（1920年）第7卷，第136页；J. H. 里德尔（Riddle），《最高法院关于直接税的理论》（The Supreme Court's Theory of a Direct Tax），载《密歇根法律评论》（1917年）第15卷，第566页。在法国，由于《人权宣言》第13条规定了税收平等，因此关注的往往是平等问题，参见戈德霍特（Godechot），《宪法》（Constitutions），第35页，另可参见第36、102、134、219、247、264、266页。

有了这样一部明确又容易理解的宪法,美国和法国的纳税人就可以更加清楚地知道一项税收是否违宪。然而,英国不存在这种单卷本的成文宪法。我们已经看到,英国法律将议会作为纳税人的最终保障,英国法律的首要原则是,只有经过议会同意才能征税。[118]这项关于征税权的宽泛宪法条文拥有共识基础,不仅显著、明确、易于理解,而且具有重大的公众意义,构成国家意识和国家认同的一环。在英格兰和其他地区,人们普遍认为,宪法的优点之一,就是确立征税需要经过议会同意,为纳税人提供保障。[119]而这一点得到了他们的精心守护。

纳税人主张的合法性源于对征税法律同意的双重理解。首先,通过纳税人在议会中代表的同意,获得形式层面的法律同意,制定财税法案所需的复杂议会程序可以确保这一点。其次,最重要的是实质同意。[120]政治领袖意识到,在人民心目中,征税同意权的议题远远超出议会同意的形式要求。要想成功征收不受欢迎的税收,人民对税收的积极同意不可或缺。[121]如果存在大量的反对意见,逃避税和单纯不遵从的行为就会增加,税收收入也会受到影

118　14世纪后,这一观点没有再受到质疑,参见布朗,《中世纪晚期英格兰的统治》,第224—225页。参见辛迪妮·诺克斯·米切尔(Sydney Knox Mitchell),《中世纪英格兰的税收》(*Taxation in Medieval England*),西德尼·派特编辑(New Haven: Yale University Press, 1951),第156—235页。对于未经纳税人同意而以税收形式开征的什一税,参见劳拉·布莱斯(Laura Brace),《十七世纪英国的财产观念:什一税与个人》(*The Idea of Property in Seventeenth-Century England: Tithes and the Individual*)(Manchester University Press, 1998),第96页。

119　Jean-Louis De Lolme, *Constitution de L'Angleterre ou Etat du Gouvernement Anglois*, 2 vols. (London: G. Robinson and J. Murray, 1785), vol. i, p. 236.

120　布莱克斯通提到了税收的"实质和自愿"同意,参见威廉·布莱克斯通爵士,《英国法释义》,1783年版,第1卷,第140页。

121　唐顿,《信任利维坦》,第180—204页。

响，因为"同意、信任和合法性对税收的历史而言至关重要"。[122] 1799年，在上议院关于威廉·皮特所得税的辩论中，霍兰勋爵（Lord Holland）指出，"一个明智的立法机构应当权衡国家的坚守和利益，既要注意不让前者受到侵犯，又要当心不让后者受到损害"。[123]

形式同意体现在《权利法案》的文字表述中，实质同意则体现在它的法律精神中。尽管形式同意没有遭受破坏，它早已被限缩并且局限于明确的条文中，即议会的同意，但是实质的征税同意观念正在被有效消解，这一点让英国纳税人感到震惊，导致他们用激烈措辞来表达其感受。如果法律保障措施确实是实质同意的体现，且可以在英国法律体系的税收基本宪法性原则中找到合法性来源，那么对实质同意的破坏就等同于违背宪法，因为它违反了《权利法案》的精神。

实质同意是一个体现自愿主义、知情默许以及约束控制等理念的概念。尽管非自愿的税收已经在19世纪确立，[124]但是税收的自愿主义仍然受到重视。纳税人始终将税收视为是对政府的馈赠，因此明确地建立在同意的基础上。[125]非自愿的税收不得人心，而作为一项国家财政政策，则可能违反宪法。纳税人认为，他们应当有权选择纳税与否，通过他们的个人行为来改变自己的财政义务。由于剥夺了纳税人的选择权，非自愿税收被视为侵犯私人权利，显示出它对

---

122 唐顿，《信任利维坦》，第7页，并参见第1—31页。
123 《议会历史》第34卷，第187栏，1799年1月8日。
124 威廉·普尔特尼爵士（Sir William Pulteney）在1798年所得税辩论中的发言，参见《议会历史》第34卷，第134—135栏，1798年12月22日；威廉·菲利普斯，《所得税的起源》，载《英国税务评论》（1967年），第118—119页。
125 约翰·邓恩（John Dunn），《约翰·洛克政治理论中的同意》（Consent in the Political Theory of John Lock），载《历史杂志》（1967年）第10卷，第169—171页。

第六章 纳税人、宪法与同意权

个人自由和自由宪法中私人财产权的蔑视。[126]因此，这一问题成为当代选择直接税还是间接税的争议焦点。尽管最终英国的政策在这方面保持相对的平衡，但是它不可避免地导致英国人倾向于对奢侈品消费课税。只有在这种情况下，个人才能通过选择消费与否来决定是否纳税。故此，对于评定税、消费税和关税，尽管它们不受欢迎，但是仍然可以接受，因为他们可以通过选择来纳税。无法通过这种方式规避的税收总是受到激烈抵制。1798年皮特开征的三倍评定税就打破了自愿原则，因为它完全基于过去的消费支出。这种对自愿原则的破坏就是对同意原则的破坏，所以受到强烈的谴责。依据过去的消费支出征税是"所有可能采用的规则中最不公正的"，[127]与罗伯斯庇尔推行的税种相比，三倍评定税并不讨喜。[128]强制性征税"与自由和商业国家的精神格格不入"，[129]与"每一种理性的自由观念"相悖。[130]查尔斯·詹姆斯·福克斯对违反自愿主义的行径感到愤怒，他说：

依据人们对未来的谨慎来管理未来的税课，这在特定情况下可

---

126 《议会历史》第33卷，第1111—1112栏，1797年12月14日，报告人：查尔斯·詹姆斯·福克斯；第1187—1188栏，1798年1月4日，报告人：本杰明·霍布豪斯（Benjamin Hobhouse）；第34卷，第134—135栏，1798年12月27日，报告人：威廉·普尔特尼爵士。
127 《议会历史》第33卷，第1117栏，1797年12月14日，报告人：查尔斯·詹姆斯·福克斯。
128 同上文献，第1280—1281栏，1798年1月9日，报告人：霍兰勋爵。
129 同上文献，第1203栏，1798年1月4日，报告人：理查德·沙里登（Richard Sheridan）。另可参见第1080—1083栏，1797年12月4日，报告人：约翰·尼科尔斯（John Nicholls）、威廉·普卢默（William Plumer）、本杰明·霍布豪斯。
130 同上文献，第1190栏，1798年1月4日，报告人：本杰明·霍布豪斯。

能是一项公平的税收规则；但你并没有被要求这样做，而是要求遵循所有可能的规则中最不公正的，那就是依据过去的消费支出。[131]

次年，所得税对自愿主义形成了更为彻底的冲击。对所得的强制性征税，以及按严格制度执行，是一项令同时代人感到震惊的新原则。[132]不允许纳税人拥有任何选择余地，构成"一种新的税收制度，导致对税收的大部分控制权被放弃"。[133]有人认为，这种违背自愿原则的行径成为反对新所得税的主要理由。[134]由于自愿主义与征税同意这一基本权利相吻合，当一个税种呈现出非自愿性特征时，出现违宪的质疑并不是完全空穴来风。

普遍的观点认为，下议院中代议制议员通过辩论和表决方式实现对税收的默许。透过下议院的代表，纳税人直接参与了对自己的课税。虽然仅限于形式层面，但是传统观点认为，这在税收领域构成一种类似的实质同意。17世纪国家和人民之间的血腥冲突在税收和代表权之间建立起牢固而明确的关系，行政机关只能征收经过议会民选代表授权的税收。事实上，在争论上议院是否应该被完全逐出征税过程，从而让征税的实质同意不受影响时，这一原则成为了焦点。17世纪，议员作为土地所有者和专业人士，在某种意义上真正代表了那些需要缴纳直接税的阶层，他们拥有共同的价值观，尽管

---

[131] 《议会历史》第33卷，第1117栏，1797年12月14日，报告人：查尔斯·詹姆斯·福克斯。

[132] 《议会历史》第34卷，第86栏，1798年12月14日，报告人：约翰·辛克莱爵士。

[133] 同上文献，第135栏，1798年12月27日，报告人：威廉·普尔特尼。

[134] 参见威廉·菲利普斯，《1799年所得税的实质反对意见》，载《英国税务评论》(1967年)，第177页。

并不被承认代表了大多数消费应税商品并缴纳间接税的纳税人。因此，在某种程度上，纳税人和他们的议会代表之间最初存在着一种实质联系，这种实质联系让形式同意与实质同意相融合，因为议会议员可以真正代表普通纳税人同意征税。19世纪，因为议员对纳税人阶层的代表性逐渐弱化，这种形式层面的议会同意遭到削弱。由于直接税范围的扩大，导致非土地所有者和所得相对较低的纳税人不可避免地成为直接税的纳税主体。此外，选举权也未相应地扩大，而扩大选举权可能让纳税人在选择其代表时拥有更大的发言权。[135]尽管1832年《改革法》[136]将权力从有头衔的贵族转移给新兴的中产阶级，但是选举权也仅仅扩大到有产者，因此并没有改善威廉·佩利指出的"人民代表的不规范性"。[137]直至1867年《二次改革法》[138]之后，议会代表的征税同意才开始接近实质的代表。

当至少在某种程度上代表纳税人的议员们也无法理解要求他们同意的税收政策时，实质同意权受到严重的威胁。[139]人们已经看到，随着社会及其商业环境的复杂化，财政体制也越发复杂。税收政策表现为复杂的技术性立法，在19世纪，对于普通议员而言，他们的迷茫程度不亚于尝试执行税法的非专业专员，以及试图找出适用于自身情况的普通纳税人。大多数议员对技术性的税收政策一无所知，因此对辩论的内容也是知之甚少，这就削弱了税收立法领域中实质

---

135 参见科尼什、克拉克，《1750—1950年英国的法律与社会》，第9—16页；诺曼·麦考德（Norman McCord），《1815—1906年英国历史》（*British History 1815-1906*）（Oxford University Press, 1991），第135—136页。
136 2 & 3 Will. IV c. 45.
137 佩利，《威廉·佩利作品集》，第390页。
138 30 & 31 Vict. c. 102.
139 参见门罗，《危机中的宪法》，载《英国税务评论》（1969年），第27页。

同意的理念。同一时代的人都意识到了这一点。图尔明·史密斯坦言，将匆忙通过议会或者仅有少数议员出席的一项政策当成法律，是"对宪法的嘲弄和对公众的欺骗"。[140]具体而言，任何向人民的征税都必须经议会同意，该要求必须是"现实的，而非空洞的形式"。[141]在缺乏实质同意和仔细审阅[142]的情况下，这样做"明显且公然违背了国家的基本法律"。[143]迟至1927年，德希斯勋爵指出，税收立法的语言"即使普通百姓无法理解，议会的议员也应当能够理解"。他认为，目前的文字表述甚至无法理解，而且存在着非常现实的危险。议员还不了解其全部意涵，立法就已经通过。同样，对独立议员的限制以及政党制度的发展，进一步削弱了议会对税法的独立审议程度，从而弱化了税收政策的实质同意。独立性、自愿主义以及知情同意，所有这些税收因素都不复存在。如此一来，税收的基本宪法原则本身就遭到了破坏。

最后，实质同意原则引入了纳税人对征税过程的控制，这是对自愿赠与理念的强化，在直接税中具有格外重要的意义，因为自愿主义并非这种税收所固有。这种控制被视为是自愿征税传统的一部分，其形式是由纳税人自己管理税收。例如，传统上土地税的征收完全遵循着纳税人的实质同意，由具有强烈公民责任感的地方人士管理。尽管缺乏健全的法律渊源，但地方主义的税收征管制度无疑凸显出税收的自愿性，[144]将税收作为一种贡献，由纳税人自己评定，

---

140 图尔明·史密斯，《委员会制政府》，第98页。
141 同上书，第95页。
142 同上书，第98—100页。
143 同上书，第92页。
144 参见科林·布鲁克斯（Colin Brooks），《公共财政和政治稳定》（Public Finance and Political Stability），载《历史杂志》（1974年）第17卷，第281页。

并且通过他们的议会,以礼物的名义自愿交给政府。证据表明,地方征管体系在确保纳税人同意方面已经走得很远,[145]更进一步,它本身就是宪法和法律所要求的同意原则的正式表达。地方征管确保纳税人对征税过程拥有一定的控制权,在某种程度上,他们是在向自己征税,因此,"自我赋课"和"自我评定"这类流行术语反映出纳税人隐含的征税同意。[146]因此,地方主义原则成为17世纪英国人民在和国王之间的宪法冲突中赢得自由的体现。它是英国宪法自由的核心。正是在这种情况下,在纳税人的眼中,地方征管不仅是为了提醒立法者,何为税收征管的最优行为准则,它显然是公众认可的税收征管制度的一个指标,从根本而言,它更是征税同意权的合法表达,因此,违反地方征管就是违反宪法。基于这一推论,中央政府的税收征管显然破坏了征税同意的基本理念,也挑战着私有财产的神圣性。因此,人民认为由中央管理的税收违反宪法,这一观点具有形式合法性,也获得了人民的支持。可见,在法律和文化层面,地方征管的法律保障建立在同意的基础之上。

英国宪法的性质允许实质同意这一流行概念的存在。宪法缺乏成文形式和精确性,只规定了一些宽泛的原则,对这些原则的理解也是基于传统的。因此,与法国和美国的宪法相比,英国宪法展现出更少的限制性和更小的刚性。此外,作为宪法性文件的1688年《权利法案》是一种妥协,并非完全立足于人民基本权利和国家主权的新兴思想。相反,由于不得不处理退位君主的问题,《权利法案》只是要求恢复盎格鲁-撒克逊时代的旧秩序,即国王在代议机关的同意

---

145 唐顿,《信任利维坦》,第182—194页。
146 《国内税务局主管专员第十二次报告》,第635页。

下进行统治。因此,《权利法案》并未创制任何新的同意理念,而是继承了一个通过习惯建立起来的理念。这种建立在普通法传统和惯例基础上的宪法观念,强化了广义的议会同意原则,认为它包含了实质意义上的同意。[147]宪法的灵活性、不确定性和形式限制的缺乏,让行政机关破坏纳税人保障措施有了可乘之机,也让纳税人可以主张这种破坏是违宪的,面对贪婪的行政机关,纳税人丧失了充分和有效的宪法保障。

因此,在18世纪和19世纪的英国,"合宪性"一词被广泛地使用,而且倾向于运用长久以来既定的惯例,而非一个明确的法律原则来表达。事实上,布莱克斯通曾经指出,私人财产权作为一项基本权利,征税同意是其表现形式之一,和所有"自由"一样,"被广泛地讨论,却无法被彻底地理解"。[148]因此,当1799年的新所得税被广泛谴责为违宪时,一位杰出的律师和政治家坦言,"任何一项政策都可以很轻易地被断言违宪"。他说,"这是一种广泛存在的声音,而且是为了保持警惕性"。[149]他继续说,他并不会"对此感到遗憾。这个国家的人民应当时刻保持警惕,一项税收政策可能违宪。他们应当珍惜这一部给他们带来幸福的宪法,这不会有错"。[150]征税同意原则的广泛程度及其在宪法中的突出地位,导致它容易受到宽泛和不稳定的通俗解释[151]的影响,纳税人可能仅仅由于一项税收出现某种程度

---

147 卡尔·S.舒普,《英国、法国和美国公共财政体系的显著特征》,载《美国经济评论》(1957年)第47卷,第187页。

148 布莱克斯通,《释义》,第1卷,第144页。

149 《议会历史》第34卷,第145栏,1798年12月31日,报告人:查尔斯·阿博特(Charles Abbot)。

150 同上。

151 阿莫斯,《英国宪法五十年》,第462—468页。

的苛刻或者不公平,就谴责其违反宪法,因为这是他们能找到的最为强烈的谴责方式。然而,由于纳税人保障措施是实质同意原则的体现,其本身就是法律同意中固有的法定内容,所以纳税人并没有完全误解"合宪性"一词,也没有把它和个人私利混为一谈,而还是在主张合法性。[152]对纳税人保障措施的破坏,明显削弱了法律同意这个整体概念所固有的实质同意,因为它减少了纳税人对征税过程的控制,从而弱化了税收的自愿性。因此,虽然形式同意仍然完整地反映在法律中,但法律保障措施的破坏削弱了实质同意。这一共识基础,让纳税人的法律保障措施和反对破坏保障机制的立场都具有宪法上的正当性。破坏保障措施确实等于破坏了"只有议会同意才能征税"的税收宪法性规范。

二、宪法渊源的影响

纳税人法律保障措施的宪法渊源在所有方面都没有很好地帮助到纳税人。这些保障措施在理论上无法撼动,在形式层面也没有变动,只能在实践层面开展非正式的侵蚀。由此产生的法律与实践之间的错位,无法援引任何宪法渊源做遮掩,成为隐性侵蚀产生的真正原因。这可能是破坏保障措施所带来的最具破坏性的产物,甚至比破坏行径本身更具威胁性。这种错位允许不合时宜的法律始终存在,造成在整个19世纪,英国税收制度饱受内部冲突和紧张关系的困扰,只有在造成困难和不一致时才能得到解决。特别是,它所赋予税收征管机制的一些特点,而且往往是主要特点,是造成现在税务裁判庭在结构和程序上存在问题的根因,而这些问题一直持续到今天。

---

152 佩利,《威廉·佩利作品集》,第4卷,第372页。

在法律层面，地方专员独享所得税评定权的法律条文仍然没有改变，即使实际职权已经落到督察员的手中，这导致首席专员在角色和管辖权方面存在着不明确和矛盾现象。将首席专员作为地方税收征管机构的最初构想，造成其管辖权既不是明确的职权调查式，也不是当事人对抗式。继续坚持只任命具备地方知识的专员，在文化上不愿意为其决定提供理由，以及申诉审理的非公开性，在一个对人权问题高度敏感、倡导问责精神和成本意识的现代社会中，以上这些构想已经越来越不合时宜。但是，正是由于督察员的非正式主导地位，造成最具破坏性的现代产物，即人们认为裁判庭在国内税务局面前缺乏独立性。正是这种独立于行政机关的特质，让税收征管中的地方主义原则成为人民支持和采纳它的原因，这一点很有讽刺意味。实际结果却是，法律与实践之间的错位，让纳税人难以接近和理解税法，税收征管制度则沦为一片混乱。

税法和实践之间的错位并没有像英国其他法律部门那样产生有益的影响。这种错位可能推动法律改革的进程。在一个社会、政治或者经济环境不断变化的时代，如果一个法律部门的规范无法满足使用者的需求和愿望，这些使用者就会试图规避法律。这个情况会变得十分普遍，如果不加制止，法律改革就会产生新的规范。这种基于刺激的调适展示了法律的成长与活力。法律必须以这种方式不断发展，如果不这样做，就有可能丧失目标群体的忠诚，进而失去存在的理由。这是英国各个部门法普遍的发展脉络。简而言之，这是法律的命脉。当然，在19世纪初，这样的法律改革进展缓慢而艰难，政府对法律改革十分谨慎，而律师本就不热衷改革，对改革持怀疑态度。[153]因此，

153　参见曼彻斯特，《1750—1950年英格兰和威尔士现代法律史》，第1—20页、第402—410页。

在几乎所有领域，法律改革的实现都需要经历长期且持续的斗争。然而，从19世纪中叶起，改革开始取得成果，尽管成效不大。官方深入调查所揭示的结果是，面对新兴工业时代的社会和经济挑战，政府必须采取行动，而任何行动都仰赖法律及其机构的实施，因此，政府必然对法律改革持更加开放的态度。尽管传统上来说，在应对国家商业和金融环境变革时，包括法官造法和制定法在内的法律反应迟缓，但是为了因应新兴工业时代的挑战，大量英国部门法都在实践中做出调整，并且选择恰当的时机把这些修改方案写入法律。它们成为英国法律中最具活力和创造力的部分，有助于国家维持经济增长和改善社会。在1914年第一次世界大战爆发时，在很多新兴领域，英国均制定了法律，[154]例如公共卫生、劳工安全、未成年人教育、公司注册成立、高效的破产程序以及日益协调的商法。英国还拥有一个创新务实的非诉争议解决机制，成为19世纪持续时间最久的遗产之一。[155]

然而，税法没有遵循这一模式。税收的动态环境和法律的静态形式必然导致法律和实践的错位，但是并没有反过来导致税法的调整，即使是缓慢的调整也没有。调整局限于实践领域，因此错位现象持续存在。造成这一现象的原因很多。纳税人法律保障措施深具宪法渊源，导致其改革必须修改宪法中的"贵族基因"（noble pile），[156]从而可能与公众舆论格格不入。宪法渊源也使得此类保障措施保留

154　参见法律教育委员会，《法律改革的世纪》。

155　参见C. 斯特宾斯，《十九世纪英格兰裁判庭的法律基础》（*Legal Foundations of Tribunals in Nineteenth Century England*）（Cambridge University Press, 2006）。

156　布莱克斯通，《释义》，第4卷，第435—436页。参见曼彻斯特，《现代法律史》，第11—12页。

法律中的形式表述成为政治需要，并使得该种形式表述保持不变。因此，税法中纳税人法律保障措施的性质，决定了它们在形式层面并不灵活。由于传统政治不愿意在税收领域进行创新，这种倾向得到进一步强化。[157]就所得税而言，在整个19世纪，它都缺乏法律和征管改革的动力。那时的所得税仍然顽强地保留临时税的特征，每次征收持续两至三年。1853年，格莱斯顿确认所得税将再征收七年，当这一征收期限届满时，战争的需要导致所得税被保留下来。永久征收的所得税实践（如果不是理论）始于1874年。[158]由于担心给人留下税收是永恒的印象，只要政治需要税收保持临时性，政府就不愿意修改法律。

面对英国维多利亚时代的新环境，税法之所以未能及时因应，主要是因为税法的特殊性质，导致其无法像其他法律部门一样自然演变。纳税人法律保障的理论研究是一个具有启示性和重要意义的背景，因为它表明税法是英国法律中最孤立的部门之一。从法律的角度来看，税法是一个特殊的法律部门，在很多领域都努力自成体系。税法是一个自成一体的系统，与其他部门的法学理论、法律制度或者现实中的法律实践缺乏互动。1919年一名税务督察员提到，"所得税问题和普通的法律问题不属于同一类"。[159]在19世纪，从理论、实践以及大众认知层面，将税法及其机构纳入法律、法律制度和法律

157　大卫·W.威廉姆斯，《三百年过去了，我们的税收法案还依旧正确吗？》，载《英国税务评论》（1989年），第385页。

158　利昂·列维，《所得税和财产税的重建》，载《伦敦统计协会杂志》（1874年）第37卷，第157页；马修，《格莱斯顿》，第121—123页。

159　《皇家所得税委员会的证据记录》，HCPP (1919) (288) xxiii, q. 4910, 报告人：亚瑟·埃雷奥特，前税务督察员。

第六章 纳税人、宪法与同意权

教育，在某种程度上是一件具有挑战性的事情，即使在今天也一样。造成税法自成一体的因素很多。

　　税法的宪法支撑是其中一个因素，它导致税法具有公共事务和基本权利的特殊属性，具有其他法律部门所不具备的强大政治背景和宪法基础。对大多数法律实务人士而言，他们通常不熟悉税法的公共性，他们在日常生活中更加关注财产、合同、遗嘱、信托以及个人之间的家庭关系等私法领域。然而，主要的因素是，人们认为税法并不是普遍接受的法律，这种观念在税收领域的持续时间比在其他领域更久。例如，铁路管理是一个比税收更为新兴的主题，在19世纪50年代被法官斥为纯粹的内部管理，因此不适合进入普通法院程序，然而仅仅二十年之后，就有人提议在高等法院设立铁路法庭。当然，税法是严格意义上的法律，通过制定法和少数被承认的判例法得以体现。不过，税法有别于其他法律部门，连律师也对税法感到陌生。这并不是由于税法格外复杂，当时税法的技术性远没有后来那么高，而且无论如何，维多利亚时代的律师早已习惯高度技术性的法律，例如土地法。之所以不熟悉税法，是因为税法本身特殊的复合性质。即使是最简单的案件，也经常涉及数字计算和账目，因此需要掌握一些会计知识，而这是律师非常讨厌的学科。在一定程度上，这让律师很难掌握税法知识。一位评论家在维多利亚时代初期指出，"精通法律的人，可能最不具备从事商事交易或者处理会计账目的能力"；[160]一位税务律师协会的领导1919年指出了一种持续存在的观点，"就我个人而言，我非常厌恶数字，我无法处理它们，我很乐意将

---

160 《消费税机构调查专员第二十次报告》，第644页，报告人：彼得·阿伯特（Peter Abbott）。

这些算术问题交给有能力的人处理"。[161]税法中会计的重要性,揭示了律师避免从事税法业务的一个文化原因:金钱和生意方面的铜臭味,有违律师对自己作为法律职业中高阶群体的定位。造成税法孤立的最主要原因,既不是法律,也不是会计,而是行政事务。

  税法的实施机构是一个兼具行政和司法职能的复合机关。税务裁判庭的组织法明确指出,各个专员机构的职能是实施具体立法,该职能是一项行政职能。各个地方专员、所得税特别专员、消费税裁判庭和中央税务机关都可以对税务争议进行裁决,并且承担行政性职能。就所得税特别专员而言,它们负责实际的纳税评定。如果裁决的职权是独立的,那么就具备司法性质,但是它却并非如此。中央税务机关和各个专员机构的裁决仅被视为个人纳税评定行政程序的最后环节。他们的司法权既不是基于司法目的而享有的,也不是独立的权力,而是嵌入行政程序之中,并且被裁判庭的整体行政目的所吸纳。与其他法律部门相比,税收法律与管理的密切关系模糊了二者之间的明确界限。区隔税法与税收征管非常困难,以至于很难明确地确定法律权利和程序。即使法院越来越多地受理税务案件,也没有改变人们认为税收是行政事务而非法律的观点。相较这一观点,将税法视为特别法律领域的看法更加根深蒂固。毕竟,普通法院早已熟悉税务诉讼。自18世纪中叶以来,评定税就已经拥有上诉权,判例汇编中也出现了大量印花税和消费税的案例。此外,自中世纪以来,财政法庭一直在审理税务案件,该法庭的法官长期积累税务争议的裁判经验,高等法院也会通过提审令的方式将税务案件移送给

---

  161 《皇家所得税委员会的证据记录》,*HCPP* (1919) (288) xxiii, q. 15,994,报告人:A. M. 布雷姆纳,大律师,代表英格兰律师协会总理事会。

自己裁判。

　　税务申诉案件的裁决被视为行政程序的一环，而非司法程序的一部分。它因此长期游离于法律体系之外，未受到其价值和标准的约束，这也被认为是合法的。税法具有行政管理的特殊性质，而税务裁决又是税收行政程序的一环，这些特点让行政机关可以用这种方式破坏纳税人保障措施。行政机关认为，税法的特殊性要求行政机关发挥更大作用，并为此提供了理由。例如，国内税务局通过特别专员和税务局本身的内部税务申诉制度，构成行政机关控制税收征管的重要例证。这些内部申诉制度之所以被允许蓬勃发展，是因为税务领域的申诉裁决不被视为司法行为。税务局并不认为它的各项裁决权拥有独立性，更不用说具备司法属性。它认为这些权力是其监督和管理公共收入职能的一环，属于税收征管的一部分。在普通法律体系中，没有法律资格的裁判人员和缺乏独立性是完全无法被接受的，因为长期而深入的法律专业训练和毋庸置疑的独立性，是普通法律体系的两大突出特点。而在税收中，它们被描绘为合法与正当，尽管不是美德。由于税收是一项行政职能，缺乏独立性与宪法传统的分权理念基本一致，法律培训不仅没有必要，也不合适。因此，对于实施法律的专员，无论是非专业的还是国家雇佣的，甚至是他们的书记员，都无须任何正规的法律专业知识，也几乎没有寻求专家法律咨询的规定。这一点表明，在税法实施的过程中，法律条文和法律技能不那么重要。人们认为，提交给税务裁判庭的问题不是法律问题，而是财务和会计之类的事实问题。确实，在全部财政裁判庭中，只有土地税买断的申诉专员明确有权寻求专业的法律意见。同样，我们已经看到，在大多数的税务裁判庭中，诉讼代理人被认为没有必要，在19世纪的大部分时间里，禁止委任诉讼代理人。这些因素强化了

216

人们对税法的普遍印象，认为它不是公认的法律。

否认对具备法律专业知识的需求必然导致一种观点，即坚持认为需要具备一种完全不同的专业知识，即税务专业知识。行政机关坚持认为，税法只能由该领域的专家来管理，基于19世纪税法的状况，这是一个极具说服力的观点。只有专业从业人员才能够掌握复杂的技术性法律和法规，适用这些法律，并且最终用它们来裁决。我们已经看到，直接税领域拥有反对非专业裁决的有力证据，这可以证明，由特别专员及消费税法庭等正式裁判机构做出官僚制裁决的流行文化具有正当性，也证明所有中央税务机关都在以非正式方式实际行使广泛的申诉管辖权。就消费税而言，人们认为消费税法"特殊和异常的特性是众所周知的"，[162] 组成消费税法庭的消费税专员在该领域中确实拥有丰富的经验，具备管理消费税法的"卓越能力"，与治安法官相比，他们对案件有"更准确的理解"。[163]

税法长期被归入纯粹行政管理的范畴，而且基本上处于封闭状态，这是一种由发展中的公务员制度、官僚制国家以及税收特性共同培育的文化。受此影响，税法的管理逐渐自成体系。在法律的世界中，税法及其裁判庭是孤立的，税务裁判庭对19世纪其他法定裁判庭的影响甚微，可以证明这一点。尽管税务裁判庭是最古老的法定裁判庭之一，并且有效运行多年，但没有一个新的裁判庭套用税务裁判庭的模式。税务裁判庭这种自成一体的性质强化了这一趋势。这一点可以从土地税专员得到体现，他们构成评定税专员、土地税买断专员和所得税首席专员的基础。此外，同一裁判庭会不断被赋予新

---

162 《消费税机构调查专员第三次报告：简易管辖》，第97页。
163 同上文献，第140页。

第六章 纳税人、宪法与同意权

的职能，例如，评定税专员在1798年就额外承担了三倍评定税的征管任务。

只有在一种情况下，税法机构才能克服这种显著和持续的孤立，在普通法律体系中获得一席之地，尽管它仍然是一个独特存在。这是司法的成就，是不断发展的裁决和监督保障的成果。司法保障措施一直受到准入门槛的困扰，但在纳税人法律保障措施中，他们获得了实际的强化。尽管法官们对税法和税务裁判庭在法律体系中的地位并不看好，但法官们实力强劲，基本上能够抵御行政机关在税收问题上的任何侵犯。上诉权得到加强，它们本身就是对纳税人宪法权利的肯定，意味着纳税人有权在法院行使法定权利，司法监督也得以延伸至税收领域。如此一来，税务裁判庭在普通法律体系中拥有更加稳固的地位。虽然税务裁判庭仍然处于从属地位，受到高等法院的制约，但它确保税务裁判庭的运作不会完全脱离司法体系。它们不可避免地卷入与司法系统的某种关系中，这也在一定程度上消除了税法和税务裁判庭的封闭性。此外，我们已经看到，中央税务机关自己解释税法，破坏了纳税人的司法解释保障机制，这些行政解释在受到质疑前始终有效。由于上诉条款的数量不多，就更加剧了这种破坏。不过，随着上诉条款的增多，行政解释对司法解释保障机制造成的破坏也随之减少。

纳税人法律保障机制的宪法渊源是造成法律与实践错位的重要原因，并且导致了破坏性和持续性的后果，不过，它的影响远远超出这一点。正是由于这些宪法渊源的存在，确保了法律保障措施的存续。现代政府基于政治和财政需求，和法律为了保护纳税人而构建的传统保障机制之间不断角力，我们看到行政机关成为了赢家。然而，对于行政机关来说，这不是一场彻底的胜利，因为法律保障措施并没有被涤除。这些保障措施之所以能够留存下来，就是因为它们的宪法渊源，而且其影响深远。

第一，宪法渊源确保立法者在税收立法中保留有关保障措施的正式表述。《权利法案》中关于形式同意的表述不可能修改，因为作为税收和人民自由的基石，它在政治上是无法撼动的。这一点与19世纪的法国宪法之间形成鲜明对比。在法国宪法中，虽然征税同意的要求是毫无疑问的，但是并非总是赋予它明确的形式。[164]因此，只有征得纳税人在议会中代表的同意后才能征税，直接税的管理必须由他们在地方的代表负责，这在英国仍然是一项明确的立法规定。事实证明，由地方专员进行纳税评定，并且向同一机构提出申诉的权利，是纳税人保护最持久也最重要的工具。事实上，从20世纪中期开始，向地方专员提出申诉的权利是法律在行政程序中给予纳税人唯一的正式保护，以确保行政机关不充当纳税评定的最终裁决者。作为一项法律权利，只有基于议会同意和地方机构征收，税收才能受到法院的保护。

第二，法律条文没有变动的事实有助于支持立法者的观点，即保障机制根本未遭破坏，这种有关纳税人保障措施的立法表述，还可以确保对行政机关的权力侵蚀构成持续提醒和持久制约，并且减缓破坏的进程。它们的合法性不断获得强化。基于维护实质同意的法律表述的政治需要，政府和立法者被迫以最谨慎的方式行事。当出

164　1789年《人权宣言》确认这是一项基本自由。参见：S. Caudal, 'Article 14', in Gérard Conac, Marc Debene, Gérard Teboul (eds.), *La déclaration des droits de l'homme et du citoyen de 1789* (Paris: Economica, 1993), pp. 299-315. 后来的宪法明确或含蓄地重申了这一点，参见戈德霍特，《宪法》，第64—65页，第84、86页，第134—136页、第194、222、266、295、316页。

现任何被视为违反保障措施原则的动向时,政府和立法者都要替它们寻找理由和解释。它让保障措施拥有巨大的政治影响力,以至于政府不愿意轻易地违反,只有在一些不可避免的情况下才会这样做。事实上,即使是最轻微的合宪性质疑也是强有力的。例如,纳税人认为,带有职权调查性质的税收涉嫌违宪。尽管这个观点只是勉强基于征税同意的基本权利,但它仍然拥有巨大的政治敏感性,以至于制定了复杂的禁止披露的法律条文,这些条文的保护力度甚至超过征税同意权原本的保护范围。[165]保障措施的合宪性构成了抵御侵蚀的强大力量。纳税人反对将上议院完全逐出税收程序,提倡多分配议会辩论时间给税收政策,争取让议员可以理解税收立法,以及反对通过议会决议征税,这些主张都因合宪性而得到强化。它也是保留地方征管机制的关键,皮尔在1842年就承认,"这更符合宪法"。[166]然而,在某种程度上,基于惯例的宪法渊源,其力量可能会对保障措施产生负面影响。例如,在20世纪初,针对地方主义原则的正式和非正式破坏已经侵蚀了宪法渊源,以至于面对反对1915年提案的议员时,财政大臣回应称,"这并不违宪,也不是一个新事物"。[167]无论是申诉审理过程中的督察员,还是议会中的大臣,基于征税同意原则的基本法律要求,他们必须向纳税人或者其代表阐明自己行为的合法性。

第三,同意原则的基本要求在税收领域催生出讨论、协商和妥

---

165 参见C. 斯特宾斯,《1798年预算:所得税保密的立法规定》(The Budget of 1798: Legislative Provision for Secrecy in Income Taxation),载《英国税务评论》(1998年),第651页。

166 《议会辩论》第61卷,第3辑,第912栏,1842年3月18日(下议院)。

167 《议会辩论》第76卷,第5辑,第1112栏,1915年12月6日(下议院),报告人:雷金纳德·麦肯纳。

协的文化。尽管地方征管的保障措施在实践中遭到严重削弱，但是它为英国财政体制留下了真正重要的遗产，在英格兰地区尤其明显。纳税人通过地方专员及其下属官员密切参与税收征管，比起自身独立参与征管，这拥有更加深远的意义。与那些缺乏地方机构参与税收征管的地区相比，它让英国的税收制度更加均衡。纳税人成为税收征管制度的一环，并被视为政府在税收领域的伙伴，尽管不是平等的关系。这有助于实现纳税人利益和国家利益之间的平衡，并因此限制了一个潜在、强大且专制的税收国家。

最后，由于保障机制的法律表述没有变动，这意味着法官不可能破坏它们。法官们继续履行适用和解释生效法律的宪法职能，而且他们会采取严格的字面文义解释方法。这是对司法解释保障的有力表达，也是对课税基本原则的强化，即纳税人只依据生效法律中的明确条款纳税。这有助于强化既有保障措施的法律表述，可在一定程度上抵制行政机关的侵蚀。税法的模糊性一定程度上削弱了司法解释保障的效力，然而也正是这种模糊性，促使法官恪守限制性和字面文义的税法解释方法。在法院的法官面前，由于保障措施在法律中有明确表述，纳税人才会有信心运用这些保障措施。而法官坚持课税必须拥有明确的法律授权，则可保护纳税人免遭国家的肆意征税。

结　语

维多利亚时代，很多领域都开始重新评估个人权利，税收领域尤为突出。法律保障条款是纳税人与法律之间关系的核心构成要素，这种重新评估导致其遭到全面侵蚀。对这种重新评估的研究，暴露了这种侵蚀的性质与程度，也揭示出纳税人法律保障并没有因此被摧毁。事实上，这些保障措施具有欺骗性，它们其实非常强大。对保障措施的侵蚀更多地表现为一种重塑，其目的是为了适应不断变迁的新时代。这些保障措施之所以通过改变得以存续，是因为正如纳税人出于本能所理解的，它们不是冷漠的议会在历届政府的唆使下可以随便修改的法律规范，而是具有更加深远的意义。由于税收构成了国家和人民之间的核心关系，行政、议会和司法作为国家权力的组成部分，19世纪不断发展的法律保障措施反映出这些权力板块的变动。纳税人保障措施的历史先例表明，它们并不是缺乏内在关联的个别规范的集合。相反，尽管有时表现得不那么明显，这些法律保障措施是基本、普遍且至关重要的宪法同意原则的一个分支：议会的形式同意，以及在议会的知情辩论和地方征管中展现出的实质同意。维多利亚时代纳税人的安全感几乎完全源自这一宪法原则，因此他们享受着最高效力的形式保障。

与政治考量、现实考虑以及公共需求等影响因素相结合后，这一宪法准则形塑了纳税人与法律之间的关系。形式层面的法律保障措施能够适应新时代的国家财政体制。[168]它们不能，也无法确保始终实现政府与纳税人之间的"绝对公平"。甚至可以说，这是不可能实现的。[169]相反，法律中固有的同意理念渗透到国家与纳税人的关系之中，尽管纳税人一方处于弱势地位，这仍然有助于确保行政机关

168　参见菲利普·贝克（Philip Baker）、安妮-米克·格伦哈根（Anne-Mieke Groenhagen），《纳税人权利保护——国际汇编》（*The Protection of Taxpayers' Rights, An International Codification*）（London: European Policy Forum, ICOM, 2001）。

169　参见：*AG v. Earl of Sefton* (1863) 2 H & C 362 at 375 *per* Wilde B。

无法滥用其优势地位。宪法规定的法律保障措施在法律中产生的效果和后果,确保税务机关无法绕过它们,而立法机关也无法忽视它们。同意原则已经根植于立法者、法官、行政机关工作人员和纳税人的潜意识中,且在三项法律保障措施中得到一致的体现,并反过来确保这些保障措施具有基本的一致性、合宪性和法律层面的完整性。它们的出现,展现了法律应当如何保护纳税人的共识,构成了规范税收征收和管理的行动指导。这种纳税人保护的普遍概念不是某一税种所特有的:它超越了不同税收类型和不同税种之间的常规区别,尽管有时它的侧重点有所不同。在重新定义纳税人与法律之间的关系时,尽管保障措施毫无疑问遭到了削弱,但是这些保障措施本身反映出来的通过征税同意保护纳税人的普遍观念,成为税收在历史延续过程中真正强大的力量,为纳税人提供了灵活而有力的保障,超越并克服了不断变迁的社会经济环境。作为人民和国家之间关系的一部分,纳税人与法律之间的关系至关重要,而不仅仅只是代表一种法律联系。它在法律文本中的表述,是渗透在英格兰财政文化中更为复杂的文化、政治和经济要求的外在表现。

法规列表

（页码为原书页码，即本书边码）

1225	Magna Carta, 9 Hen. III c. 29	2
1628	Petition of Right, 3 Car. I c. 1	15
1640	Ship Money Proceedings Act, 16 Car. I c. 14	17
1640	Subsidy Act, 16 Car. I c. 8	17
1660	Tenures Abolition Act, 12 Car. II c. 24	106
1689	Bill of Rights, 1 Will. & M. sess. 2 c. 2	17
1692	Land Tax Act, 4 Will. & M. c. 1	21, 22
1694	Stamp Duty Act, 5 & 6 Will. & M. c. 21	6, 52, 83
1707	Scottish Acts Repeal Act, 6 Anne c. 2	119
1747	Houses and Windows Duties Act, 20 Geo. II c. 3	21, 23, 26, 27, 81
1748	Houses and Windows Duties Amendment Act, 21 Geo. II c. 10	26, 35
1777	Servants Duties Act, 17 Geo. III c. 39	27, 35
1778	Inhabited House Duty Act, 18 Geo. III c. 26	27, 35, 81
1780	Legacy Duty Act, 20 Geo. III c. 28	7
1785	Taxes Management Horses and Carriages Duties Act, 25 Geo. III c. 47	27
1796	Legacy Duty Act, 36 Geo. III c. 52	7

1797	Land Tax Act, 38 Geo. III c. 5	
		5, 21, 22, 26, 27, 35, 36, 43, 89
1798	Triple Assessment Act, 38 Geo. III c. 16	
		5, 21, 23, 26, 29, 36
1798	Land Tax Commissioners Qualification Act, 38 Geo. III c. 48	
		28
1798	Redemption of Land Tax Act, 38 Geo. III c. 60	5, 23
1799	Income and Property Taxes Act, 39 Geo. III c. 13	
		5, 11, 21, 23, 27, 28, 43, 81
1799	Income and Property Taxes Amendment Act, 39 Geo. III c. 22	
		41, 43
1799	Commercial Commissioners Amendment Act, 39 Geo. III c. 42	
		41
1803	Excise Act, 43 Geo. III c. 69	155
1803	Taxes Management Act, 43 Geo. III c. 99	
		35, 44, 81, 89, 125, 163
1803	Income and Property Taxes Act, 43 Geo III c. 122	
		6, 11, 22, 23, 27, 28, 43, 81, 143
1805	Income and Property Taxes Act, 45 Geo. III c. 49	107
1805	Income and Property Taxes Amendment Act for Scotland, 45 Geo. III c. 95	100
1806	Income and Property Taxes Act, 46 Geo. III c. 65	11, 81
1808	Taxes Management Amendment Act, 48 Geo III c. 141	125
1810	Taxes Management Amendment Act, 50 Geo. III c. 105	41, 125
1816	Consolidated Fund Act, 56 Geo III c. 98	52

1823	Customs and Excise Boards Consolidation Act, 4 Geo. IV c. 23
	48, 52
1827	Excise Consolidation Act, 7 & 8 Geo. IV c. 53
	52, 106, 132, 155
1827	Boards of Stamps Consolidation Act, 7 & 8 Geo. IV c. 55
	49, 52
1832	Uniformity of Process Act, 2 Will. IV c. 39　　　162
1832	Representation of the People Act, 2 & 3 Will. IV c. 45　　207
1833	Taxes Management (Scotland) Act, 3 & 4 Will. IV c. 13　　52
1833	Real Property Limitation Act, 3 & 4 Will. IV c. 27　　162
1834	Excise Management Act, 4 & 5 Will. IV c. 51　　106
1834	Boards of Stamps and Taxes Consolidation Act, 4 & 5 Will. IV c. 60　　48, 49
1836	Tithe Commutation Act, 6 & 7 Will. IV c. 71　　187
1841	Excise Management Amendment Act, 4 & 5 Vict. c. 20　　106
1841	Copyhold Act, 4 & 5 Vict. c. 35　　187
1842	Income and Property Taxes Act, 5 & 6 Vict. c. 35
	11, 81, 107, 125, 137, 150, 158
1845	Inclosure Act, 8 & 9 Vict. c. 118　　187
1846	Act for the More Easy Recovery of Small Debts and Demands in England, 9 & 10 Vict. c. 95　　162
1849	Board of Inland Revenue Act, 12 & 13 Vict. c. 1　　48, 49, 129
1852	Common Law Procedure Act, 15 & 16 Vict. c. 76　　162
1853	Income and Property Taxes Act, 16 & 17 Vict. c. 34
	101, 120, 136

1853	Succession Duty Act, 16 & 17 Vict. c. 51	136
1853	Lunacy Regulation Act, 16 & 17 Vict. c. 70	188
1853	Lunacy Regulation Amendment Act, 16 & 17 Vict. c. 96	188
1853	Lunatic Asylums Act, 16 & 17 Vict. c. 97	188
1853	Vaccination Act, 16 & 17 Vict. c. 100	188
1853	Customs Consolidation Act, 16 & 17 Vict. c. 107	56, 83, 155
1854	Taxes Collection Act, 17 & 18 Vict. c. 85	102
1854	Common Law Procedure Act, 17 & 18 Vict. c. 125	162
1859	Queen's Remembrancer Act, 22 & 23 Vict. c. 21	137
1864	Contagious Diseases Prevention Act, 27 & 28 Vict. c. 85	188
1866	Contagious Diseases Act, 29 & 30 Vict. c. 35	188
1867	Representation of the People Act, 30 & 31 Vict. c. 102	207
1869	Appointment of Land Tax Commissioners Act, 32 & 33 Vict. c. 64	168
1869	Contagious Diseases Amendment Act, 32 & 33 Vict. c. 96	188
1870	Income Tax Assessment Act, 33 & 34 Vict. c. 4	57
1870	Stamp Act, 33 & 34 Vict. c. 97	132, 155
1870	Stamp Duties Management Act, 33 & 34 Vict. c. 98	155
1870	Inland Revenue Acts Repeal Act, 33 & 34 Vict. c. 99	155
1871	Assessment of Income Tax Act, 34 & 35 Vict. c. 5	57
1873	Assessment of Income Tax and Assessors in the Metropolis Act, 36 & 37 Vict. c. 8	57, 101
1873	Customs and Inland Revenue Act, 36 & 37 Vict. c. 18	156
1873	Supreme Court of Judicature Act, 36 & 37 Vict. c. 66	136, 162

1874	Customs and Inland Revenue Act, 37 & 38 Vict. c. 16	
		57, 101, 137
1875	Supreme Court of Judicature Act, 38 & 39 Vict. c. 77	162
1876	Customs Consolidation Act, 39 & 40 Vict. c. 36	52, 56
1878	Customs and Inland Revenue Act, 41 & 42 Vict. c. 15	138
1879	Customs and Inland Revenue Act, 42 & 43 Vict. c. 21	102
1880	Taxes Management Act, 43 & 44 Vict. c. 19	
		52, 89, 137, 156, 163
1887	Isle of Man (Customs) Act, 50 & 51 Vict. c. 5	57
1890	Customs and Inland Revenue Act, 53 & 54 Vict. c. 8	57, 58
1890	Inland Revenue Regulation Act, 53 & 54 Vict. c. 21	
		49, 52, 103
1891	Taxes (Regulation of Remuneration) Act, 54 & 55 Vict. c. 13	97
1891	Stamp Duties Management Act, 54 & 55 Vict. c. 38	155
1891	Stamp Act, 54 & 55 Vict. c. 39	155
1894	Finance Act, 57 & 58 Vict. c. 30	139
1898	Finance Act, 61 & 62 Vict. c. 10	164
1910	Finance (1909–10) Act, 10 Edw. VII c. 8	58
1911	Parliament Act, 1 & 2 Geo. V c. 13	
		68–70, 125, 177, 180, 188, 199, 200
1913	Provisional Collection of Taxes Act, 3 Geo. V c. 3	
		60, 69, 71–2, 147, 178, 199–200
1918	Income Tax Act, 8 & 9 Geo. V c. 40	141, 164
1923	Finance Act, 13 & 14 Geo. V c. 14	164
1942	Finance Act, 5 & 6 Geo. VI c. 21	141

案例列表

（页码为原书页码，即本书边码）

AG v. Duke of Richmond [1909] AC 466	128
AG v. Carlton Bank [1899] 2 QB 158	113
AG v. Coote (1817) 4 Price 183	33
AG v. Earl of Sefton (1863) 2 H & C 362	115, 123, 221
AG v. Earl of Sefton (1865) 11 HLC 257	115
AG v. Hallett (1857) 2 H & N 368	115
AG v. Heywood (1887) 19 QBD 326	118
AG v. Sillem (1863) 2 H & C 431	117
Allen v. Sharpe (1848) 2 Exch 352	131, 133
Bates' Case (1606) 2 ST 371	15
Becke v. Smith (1836) 2 M & W 191	31
Board of Education v. Rice [1911] AC 179	144
Boulter v. Kent Justices [1897] AC 556	141, 143
Bowles v. Attorney-General [1912] 1 Ch 123	57, 58
Bowles v. Bank of England [1913] 1 Ch 57	59, 115, 199
Braybrooke v. Attorney General (1861) 9 HLC 150	113, 122
Briggenshaw v. Crabb (1948) 30 TC 331	152
Brown v. National Provident Institution [1921] 2 AC 222	152
Bruce v. Wait (1840) 1 Man & G 1	36

Cape Brandy Syndicate v. IRC [1921] 1 KB 64　　　　　　115

Chabot v. Lord Morpeth (1844) 15 QB 446　　　　　37, 140, 144

Church v. Inclosure Commissioners (1862) 31 LJ CP 201　　　144

City of London v. Wood (1702) 12 Mod 669　　　　　　　36

Clerical, Medical, and General Life Assurance Society v. Carter (1889) 2 TC 437　　　　　　　　　　　　　　　121, 127

Cliff ord v. CIR [1896] 2 QB 187　　　　　　　　　　113

Collier v. Hicks (1831) 2 B & Ad 663　　　　　　　　164

Colquhoun v. Brooks (1889) 2 TC 490　　　　　　　　120

Coltness Iron Company v. Black (1881) 1 TC 287　　　　　122

Compañía General de Tabacos v. Collector 275 US 87 (1927)　　1

Cooper v. Wandsworth Board of Works (1863) 14 CB NS 180　140

Copartnership Farms v. Harvey-Smith [1918] 2 KB 405　　　141

Cox v. Rabbits (1878) 3 App Cas 473　　　　　　　　114

Darnel's Case (1627) 3 ST 1　　　　　　　　　　14, 15

Dickson v. R (1865) 11 HLC 175　　　　　　　　　114

Dr Bonham's Case (1610) 8 Co Rep 113b　　　　　　　36

Drummond v. Collins [1915] AC 1011　　　　　　　　121

Dyson v. AG [1911] 1 KB 410　　　　　　　　　　132

Dyson v. Wood (1824) 3 B & C 449　　　　　　　　　36

Edwards v. Bowen (1826) 5 B & C 206　　　　　　　　39

Ex parte Phillips (1835) 2 Ad & E 586　　　　　　　　39

Ex parte Wallace & Co (1892) 13 NSWLR 1　　　　　　56

Farr v. Price (1800) 1 East 55　　　　　　　　　　　33

Gildart v. Gladstone (1809) 11 East 675　　　　　　　　33

Gosling v. Veley (1850) 12 QB 328　　　　　　　　　　47
Grainger and Son v. Gough (1894) 3 TC 311　　　　115, 116
Gresham Life Assurance Society v. Styles (1890) 2 TC 633　　113, 116
Grey v. Pearson (1857) 6 HLC 61　　　　　　　　　119, 120
Groenvelt v. Burwell (1697–1700) 1 Ld Raym 454; 1 Salk 144; Carth
　　491; 12 Mod 386　　　　　　　　　　　　　　36, 37, 38
Gundy v. Pinniger (1852) 1 DGM & G 502　　　　　　117
Hall v. Norwood (1663) 1 Sid 165　　　　　　　　　　37
Heydon's Case (1584) 3 Co 7a　　　　　　　　　　　31
Hopkins v. Smethwick Local Board of Health (1890) 24 QBD 712　140
Horan v. Hayhoe [1904] 1 KB 288　　　　　　　　　113
IRC v. Herbert [1913] AC 326　　　　　　　　　　　118
IRC v. Priestley [1901] AC 208　　　　　　　　　　118
IRC v. Tod [1898] AC 399　　　　　　　　　　　　113
Jaques v. Caesar (1670) 2 Wms Saund 100 n　　　　　36
Jepson v. Gribble (1876) 1 TC 78　　　　　　　　　116
Kingston upon Hull Dock Company v. Browne (1831) 2 B & Ad 43　116
Leeds Permanent Benefit Building Society v. Mallandaine (1897) 3 TC
　　577　　　　　　　　　　　　　　　　　　121, 126, 128
Lord Advocate v. AB (1898) 3 TC 617　　　　　　　128
Lord Advocate v. Fleming [1897] AC 145　　　　　117, 122
Mayor and Aldermen of City of London v. Cox (1867) LR 2 HL 239
　　　　　　　　　　　　　　　　　　　　　　　37, 139
Mersey Docks and Harbour Board v. Lucas (1881) 51 LJ QB 114　120
Millar v. Taylor (1769) 4 Burr 2303　　　　　　　　118

Miller v. Seare (1777) 2 Black W 1141	39
Partington v. AG (1869) LR 4 HL 100	114, 132
Pryce v. Monmouthshire Canal and Railway Companies (1879) 4 App Cas 197	112
R. v. Hampden (1637) 3 ST 825	15-17, 31
R. v. Assessment Committee of St Mary Abbotts, Kensington [1891] 1 QB 378	141, 142
R. v. Board of Education [1910] 2 KB 165	142
R. v. Cambridge University (1723) 1 Stra 557	34
R. v. Coles (1845) 8 QB 75	37
R. v. Commissioners for the General Purposes of the Income Tax for Kensington [1913] 3 KB 870	140
R. v. Commissioners of Income Tax for the City of London (1904) 91 LT 94	144
R. v. Commissioners of Taxes for St Giles and St George, Bloomsbury (1915) 7 TC 59	139
R. v. Electricity Commissioners [1924] 1 KB 171	143, 144
R. v. General Commissioners of Taxes for the District of Clerkenwell [1901] 2 KB 879	140
R. v. Inhabitants in Glamorganshire (1701) 1 Ld Raym 580; see too S.C. The Case of Cardiffe Bridge (1700) 1 Salk 146	38
R. v. Johnson [1905] 2 KB 59	143
R. v. Justices of County of London and London County Council [1893] 2 QB 476	135
R. v. Lediard (1751) Sayer 6	38, 39

R. v. Legislative Committee of the Church Assembly [1928] 1 KB 411
                                                                143
R. v. Light Railway Commissioners [1915] 3 KB 536   144
R. v. Local Government Board (1882) 10 QBD 309   142
R. v. London County Council [1892] 1 QB 190   143
R. v. North Worcestershire Assessment Committee [1929] 2 KB 397
                                                                143
R. v. Poor Law Commissioners (1837) 6 Ad & E 1   144
R. v. Smith (1831) 5 Car & P 107   99
R. v. Special Commissioners of Income Tax (1888) 2 TC 332
                                                    114, 116, 118, 140
R. v. Sunderland Justices [1901] 2 KB 357   143
R. v. Swansea Income Tax Commissioners (1925) 9 TC 437   140
R. v. Winstanley (1831) 1 C & J 434   113, 115, 117
R. v. Woodhouse [1906] 2 KB 501   143
Re Castioni [1891] 1 QB 149   124
Re Constables of Hipperholme (1847) 5 Dow & L 79   141
Re Crosby Tithes (1849) 13 QB 761   37, 144
Re Dent Commutation (1845) 8 QB 43   144
Re Glatton Land Tax (1840) 6 M & W 689   22
Re J Thorley [1891] 2 Ch 613   114
Re Micklethwait (1855) 11 Exch 452   113, 122
Royal Aquarium and Summer and Winter Garden Society Ltd v.
    Parkinson [1892] 1 QB 431   141, 143
Ryder v. Mills (1849) 3 Exch 853   114

Scott v. Bye (1824) 2 Bing 344	36, 39
Scruton v. Snaith (1832) 8 Bing 146	116
Sharp v. Wakefi eld [1891] AC 173	141, 142
Shell Company of Australia Ltd v. Federal Commissioner of Taxation [1931] AC 275	141
Simpson v. Teignmouth and Shaldon Bridge Co [1903] 1 KB 405	113
Stevenson v. The Queen (1865) 2 Wyatt, W & A'B 143, 176	55–6
Stockton and Darlington Railway v. Barrett (1844) 11 Cl & Fin 590	114
Swayne v. IRC [1899] 1 QB 335	113
Tennant v. Smith (1892) 3 TC 158	117
Th ellusson v. Rendlesham (1859) 7 HLC 429	120
Warburton v. Loveland (1828) 1 Hud & Br 623	119
Warburton v. Loveland (1832) 11 Dow & Cl 480	119–20
Warrington v. Furbor (1807) 8 East 242	32
Whiteley v. Burns [1908] 1 KB 705	113
Wilcox v. Smith (1857) 4 Drew 40	116, 136
Wood v. Woad (1874) LR 9 Ex 190	140
Worthington v. Jeffries (1875) 10 LR CP 379	37
Wroughton v. Turtle (1843) 11 M & W 561	114
Young v. IRC (1875) 1 TC 57	4

索　引

（页码为原书页码，即本书边码）

accountants 会计师 173-174
Addington, Henry 亨利·阿丁顿 6, 11, 21-22, 23, 81
administration of taxes 税收征管，参见 boards; commissioners; localism; surveyors
advice 建议 168-174
　　accountants 会计师 173
　　board 国内税务局 170-172
　　clerk 书记员 169
　　self-help groups 互助组织 174
　　solicitor 事务律师 172-173
　　surveyor 督察员 169-170
appeals 申诉/上诉
　　boards to 向中央税务机关 105-106, 215, 216
　　commissioners to 向专员 22-23, 26, 102
　　　accessibility 可及性 43-44, 157-158
　　　administrative context 行政背景 140-141, 214-216
　　　expense 费用 43-44, 163-165
　　　general commissioners of income tax 所得税首席专员 23, 34-35
　　　initiation 提出 161-162
　　　land tax commissioners 土地税专员 22-23, 35
　　　legal representation 诉讼代理人 44, 163-164
　　　location 位置 166-168
　　　notice 通知 43, 157-159
　　　special commissioners of income tax 所得税特别专员 107-109, 158-159, 167-168, 186, 215
　　courts of law to 向法院 131-139
　　　attitudes to 态度 131-135
　　　case stated 案件要点陈述 35, 44, 131-132, 137-139, 162
　　　expense 费用 165-166
　　　extension of right of appeal 上诉权的扩张 132-139
　　　legal representation 诉讼代理人 165-166
　　　restrictive 限制性 34, 131-132
　　　Treasury to 向财政部 106
assessed taxes 评定税 5, 11, 42, 48, 94, 100-101。另见 commissioners
assessors 评税员，参见 commissioners; subordinate officials

索引

Bates' Case 贝茨案 15
Bill of Rights 1689 1689年《权利法案》 17, 31, 47, 115, 180, 199, 200, 204, 209, 218
Blackstone, William 威廉·布莱克斯通 3, 6, 10, 19, 31, 38-39, 73, 204n, 209
boards, revenue 中央税务机关
 advisers as 充当顾问 170-172
 appeals to 申诉，参见 appeals
 collection of taxes by 由征收税款 102-103, 200-201
 consolidation of 合并 48
 control of by Parliament 议会的控制 52-53
 control of by Treasury 财政部的控制 52-53
 control of officers 对官员的控制 96-97
 demands of 要求 47-48, 82, 129-130
 duties of 职责 48-49
 misconduct of officers 官员的不当行为 97-99
 powers of 权力 49-50, 81-84
 practices of 惯例 49-52
 support for 支持 185-186
 另见 statutory interpretation; surveyor
Bowles v. Attorney-General (1912) 鲍尔斯诉总检察长（1912） 57, 58
Bowles v. Bank of England (1913) 鲍尔斯诉英格兰银行（1913） 59, 115, 199
Bright, John 约翰·布莱特 128, 150, 183, 184, 201
Brougham, Lord Henry 亨利·布劳厄姆勋爵 41, 44, 162

case law, tax 税收判例法 42-43, 153
certiorari 提审令，参见 courts of law; supervisory jurisdiction
clerk 书记员，参见 advice; commissioners
collectors 征税员，参见 commissioners; subordinate officials
commercial income 经营所得 28, 86-88, 107-108, 151, 200
commissioners 专员
 additional commissioners 附加专员 22, 81, 86-88, 159
 appeals to 申诉，参见 appeals
 assessed taxes commissioners 评定税专员 21, 22-23, 27, 35, 78, 81, 160
 clerk to 书记员 28, 85, 86, 89-93, 138, 164, 169, 190, 216
 commercial commissioners 商业专员 21-22, 28
 duties of 职责 26, 140-141, 181, 214-215
 failings of 失败 88, 184-185
 general commissioners of income tax 所得税首席专员 21-22, 26-27, 29-30, 81, 86-87, 138, 160-161, 211
 independence of 独立性 26-27, 81, 189-190
 land tax commissioners 土地税专员 21-23, 26-27, 29, 35, 87, 91, 160, 217
 legal knowledge of 法律知识 28
 local knowledge of 地方知识 27-28, 86-88, 184-185
 oaths 宣誓 29, 36, 42-43, 108
 property qualifications of 财产资格 28, 29, 81, 108

293

英国维多利亚时代的纳税人与法律

special commissioners of income tax　所得税特别专员　105–109, 158–159, 167–168, 186, 200
　expertise　专长　109
　lack of independence　缺乏独立性　109, 186
　little known　不甚了解　158–159, 176
　popularity　普及程度　108–109
　status as courts　法院的地位　140–141
　subordinate officials of　下属官员　21, 26
　　assessors　评税员　94, 97, 100, 169, 190
　　calibre　能力　89–90
　　clerk　书记员，参见 commissioners; clerk to collectors 90–92, 97, 102–103
　　defalcations　侵吞公款　91–93
　　remuneration　薪资　91
　另见 localism; Scotland
consent to taxation　征税同意
　fundamental right to　基本权利　13–14, 17, 203–204
　history of　历史　13–17
　parliamentary　议会的　13–14, 47–61, 204
　real　实质　205–210
constitution　宪法
　attitudes to　态度　197–198, 202, 209–210
　knowledge of　知识　40
　nature of　本质　209–210
courts of law　法院
　appeals to　上诉，参见 appeals
　judges of

adjudication by　裁判　34–35
constitutional role　宪法职责　30
state of　地位　44, 78
supervisory jurisdiction of　司法监督　35–39
　certiorari　提审令　37–39, 139–144
　error　再审令　36–37
　mandamus　执行令　37, 139–140
　natural justice　自然正义　35–36
　prohibition　禁止令　37–38, 139–140, 144n
customs duties　关税　6, 15, 41, 83, 155
estate duty　遗产税　12, 70, 73, 74–75, 84, 127, 133, 139, 149n
excise courts　消费税法庭　106–107, 109, 132, 140–141, 160, 216
excise duties　消费税　6, 11, 48, 83, 94–95, 97, 98, 101, 148, 149, 150–151, 155, 171–172, 216
executive　行政
　dominance of　主导　178–180
　growth of power of in House of Commons 下议院中势力的增强　71–72
　interpretation of statutes by　法律解释　128–131
　localism and　地方主义和　84–94
　parliamentary consent and　议会同意和　47–53
fiscal system　财政体制
　eighteenth century 18 世纪　4–7
　nineteenth century 19 世纪　9–13
forms, tax　纳税申报表　151, 156–157, 158–159, 174

294

索引

France 法国
    centralisation 中央集权 196-197
    consent to taxation in 征税同意 203, 218
    tax administration in 税收征管 78-79, 189

general commissioners of income tax 所得税首席专员, 参见 appeals; commissioners; localism
Gibson Bowles, Thomas 托马斯·吉布森·鲍尔斯 58-61, 73n, 75, 128。另见 *Bowles v. Attorney General*; *Bowles v. Bank of England*; taxation, by parliamentary resolution
Gladstone, William 威廉·格莱斯顿 55, 62, 64, 79, 85, 105, 110, 154, 213

Hampden's Case 汉普顿案 15-17, 31

income tax 所得税
    administration of 征管, 参见 commissioners; localism
    introduction of (1799) 1799年引入 5, 10, 21, 23, 25, 29, 40n, 41, 204
    rates 税率 12, 54, 65, 72, 95, 102, 124
    reintroduction of (1842) 1842年重新引入 11, 78
    temporary 临时 12, 54, 55, 94, 213
    另见 commissioners; Ireland
Income Taxpayers' Society 所得税纳税人协会 74, 174, 192, 201
industrial revolution 工业革命
    conditions before 之前的环境 4-5
    effects of 影响 7-9

Ireland 爱尔兰
    appeals, 申诉 136
    excise courts 消费税法庭 106-107, 168
    income tax 所得税 74, 80
    tax administration 税收征管 101, 171, 186

Justices of the Peace 治安法官 23-24, 27, 29, 79, 88, 132, 141, 160, 167

land tax 土地税 5, 9-10, 11, 21, 22, 41, 48, 51, 149
legacy duty 遗产税 7, 12, 48, 84, 106, 170
localism 地方主义
    assessors and collectors 评税员和征税员, 参见 commissioners; subordinate officials
    boards' attitudes towards 中央税务机关的态度 82-83, 84-86, 89-90, 92-94, 100-101
    commissioners 专员, 参见 commissioners
    constitutional basis of 宪法基础 200-201
    control of by boards 中央税务机关的控制 90-94
    executive and 行政机关和 77-78, 79-81, 84-94
    formal incursion into by boards 中央税务机关带来的正式侵蚀 94-103, 190-191
    opposition 反对意见 190-191
    government alternatives to 政府替代品 105-109

history of 历史 20-22

importance of 重要性 23, 77-78, 79-81

informal erosion of by board 中央税务机关带来的非正式侵蚀 103-105, 191-192

nature of 本质 20-23

protection by 保障 25-30

reasons for adoption of 采用的理由 23-25

resistance to undermining of 抵御破坏 189-192

taxpayers' attitudes towards 纳税人的态度 200-201

Locke, John 约翰·洛克 17, 30

Paper Duty Bill 1860 1860年《纸张税法案》62-64, 73, 183-184, 188, 198

Parliament 议会

  debate in 辩论 18

    limitation 限制 69-71

    quality 质量 73-75

  House of Commons, dominance of 下议院的主导地位 68-69

  money bills in 财税法案 18-19, 61-63, 65-66,67, 188-189

  procedures of 程序 17-19, 61-62

  representation in 代表 14, 206-207

  relationship between the houses 议院之间的关系 18-19, 61-68, 180, 188-189, 198-199

  tacking "大头钉"策略 67

Parliament Act 1911 1911年《议会法》64-70, 125, 177, 180, 188, 199, 200

Peel, Sir Robert 罗伯特·皮尔爵士 9, 11, 12, 77, 80-81, 107, 110, 200

Pitt, William 威廉·皮特 5, 10, 21, 24, 25, 27, 28, 29, 42

privacy 隐私

  attitudes to 态度 42-43, 107-108, 185-186

  statutory provisions for 法律条文 42-43, 160-161, 219

private property 私有财产 1-2, 3, 11, 14, 17, 31, 78, 187, 205, 209

probate duty 遗嘱检验税 7

Provisional Collection of Taxes Act 1913 1913年《临时征税法》53-61, 69, 71-72, 147, 178, 180, 199-200

reform, law 法律改革

  generally 普遍 211-212

  inhibited in tax 税收领域的限制 212-217

Scotland 苏格兰

  tax administration in 税收征管 100-101, 186

separation of powers 权力分立 30, 31

ship-money 造舰税, 参见 Hampden's Case

solicitors 事务律师 172-173

special commissioners of income tax 所得税特别专员, 参见 appeals; commissioners

stamp duties 印花税 6-7, 83-84, 155

state 国家

  relationship with taxpayer 与纳税人之间的关系 1-4, 110

state intervention 国家干预

  attitudes to 态度 192-197

  coroner 验尸官 198

growth of　扩张　10–11, 192–194
　　undermining of individual rights　侵蚀个人权利　187–188
statutes, tax　税收制定法
　　bulk　篇幅　41, 127, 149–150
　　clear words needed　需要清晰的表述　32–33, 147–148
　　complaints concerning　对……的抱怨　126, 127–128
　　complexity of　复杂性　41–42, 73–75, 124–127, 149–150, 152–153, 207–208
　　consolidation of　合并　41, 154–156
　　drafting of　起草　122–124, 154–155
　　interpretation of　解释　31–33, 111–131
　　legislation by reference　参引援用　125–126, 150, 201
　　nature of　本质　122–128
　　obscurity　晦涩难懂　33, 125, 151–152
　　parliamentary scrutiny of　议会审查　73–75
　　penal　刑事　116
　　physical accessibility　实际接触的途径　40, 148
　　simplification of　简化　153–154
　　另见 statutory interpretation
statutory interpretation　法律解释
　　absurdity　荒谬　119–121
　　ambiguity　含混不清　115–116
　　favouring taxpayer　有利于纳税人　114, 116–117
　　golden rule　黄金规则　31
　　literal rule　字面文义规则　31–33
　　　　constitutional importance　宪法上的重要性　112–114
　　　　criticism　批评　112
　　　　effect　影响　33
　　　　maintained in nineteenth century　在19世纪维持　111–122
　　　　protective nature　保护性的本质　113
　　　　reasons for adoption　采纳的理由　121–122
　　mischief rule　缺陷纠正规则　31, 32, 33
　　revenue boards by　中央税务机关作出的　51–52, 128–31
succession duty　继承税　11–12, 48, 50n, 70, 73, 84, 114–115, 115–116, 118, 122–123, 124, 128, 133, 136, 150, 166
surveyor　督察员
　　adviser as　建议　169–170
　　assessment by　评定　100–101
　　control of by board　税务局的控制　96–97
　　expertise of　专家　95–96, 103–104, 164, 175
　　growth of power of　权力扩张　104–105, 181, 191
　　misconduct　不当行为　97–99
　　oaths of　宣誓　42
　　remuneration of　薪资　97
　　role of　职能　27, 94–95, 99

tax law, isolation of　税法的封闭性　212–217
taxation　征税
　　arbitrary　肆意　15–16
　　avoidance of　规避　12–13, 122

297

constitutional importance of 宪法上的重要性 1, 15–16
dislocation between law and practice 法律和实践的错位 180–182, 210–218
parliamentary resolution, by 议会决议
   Bowles v. Attorney General 鲍尔斯诉总检察长案 57, 58
   Bowles v. Bank of England 鲍尔斯诉英格兰银行 58–59, 115, 199
   history 历史 53–55
   judicial challenges 司法挑战 55–56, 58–59

statutory 法定的 60–61
unconstitutional 违宪的 199–200
voluntaryism in 自愿主义 12, 205–206
triple assessment 三倍评定税 5, 10, 23, 24, 25, 35, 205–206

United States of America 美国
   centralisation in 中央集权 197
   consent to taxation 征税同意 203
   tax administration in 税收征管 189
   taxpayers in 纳税人 76

图书在版编目(CIP)数据

英国维多利亚时代的纳税人与法律：以宪法冲突为视角/(英)尚塔尔·斯特宾斯著；熊伟，毛彦译. —北京：商务印书馆，2023
（财税法译丛）
ISBN 978-7-100-22509-0

Ⅰ.①英… Ⅱ.①尚… ②熊… ③毛… Ⅲ.①税法—法制史—英国—近代 Ⅳ.① D956.122

中国国家版本馆CIP数据核字（2023）第093851号

权利保留，侵权必究。

财税法译丛
英国维多利亚时代的纳税人与法律
——以宪法冲突为视角
〔英〕尚塔尔·斯特宾斯 著
熊伟 毛彦 译

商务印书馆出版
（北京王府井大街36号 邮政编码100710）
商务印书馆发行
北京艺辉伊航图文有限公司印刷
ISBN 978-7-100-22509-0

2023年11月第1版　　开本 880×1230　1/32
2023年11月北京第1次印刷　印张 9 7/8
定价：76.00元